Gabriele Frydrych
Man soll den Tag nicht vor dem Elternabend loben

W0094123

PIPER

Zu diesem Buch

Lehrer könnte so ein schöner Beruf sein. Ein wenig Anerkennung und Wohlwollen, ein klitzekleines bisschen Dankbarkeit – und die Pädagoginnen und Pädagogen wären glücklich! Aber nein. Zeitungen und Hirnforscher hauen ihnen um die Ohren, wie unflexibel sie sind – und beim Elternsprechtag erscheinen inzwischen mehr Anwälte als Väter. Gabriele Frydrych rächt sich an Eltern, Lehrern und Kritikern so charmant wie bissig – und anscheinend mit Erfolg: »Lehrer sind für mich die Helden des Alltags!« hat Ex-Bundespräsident Köhler gesagt. Na also, geht doch!

Gabriele Frydrych arbeitet seit Jahren an Berliner Gesamtschulen. Wie alle Lehrer ihrer Generation hat sie sich seit der Weimarer Republik nicht mehr fortgebildet und genießt die viele Freizeit auf ihrem Segelboot oder bei Bildungsreisen in die Toskana.

Gabriele Frydrych

MAN SOLL DEN TAG NICHT VOR DEM ELTERNABEND LOBEN

Von Schülern, Lehrern
und anderen Hochbegabten

PIPER

Mehr über unsere Autoren und Bücher:
www.piper.de

MIX
Papier aus verantwor-
tungsvollen Quellen
FSC® C083411

Originalausgabe
ISBN 978-3-492-31369-8
Januar 2019
© Piper Verlag GmbH, München 2019
Umschlaggestaltung: zero-media.net, München
Umschlagabbildung: FinePic®, München
Satz: Uhl & Massopust GmbH, Aalen
Gesetzt aus der Centaur
Druck und Bindung: CPI books GmbH, Leck
Printed in the EU

Inhalt

I. Teil:

Von Schülern

Auf ein Neues!
Gute Vorsätze und Ideen zum Jahreswechsel,
Böller im Schulflur und Heizungsausfall

Die Feiertage sind vorbei. Braten, Magenbitter und Familienzusammenführungen haben deutliche Spuren hinterlassen. Zerrupfte Weihnachtsbäume warten am Straßenrand auf die Müllabfuhr, letzte Klausuren und Aufsätze warten auf Korrektur. Die Zeit der Askese und des Entzugs ist angebrochen: kein Alkohol – zumindest nicht bis Karneval. Kein Marzipan, kein Nugat, kein Fernsehen. Das hebt die Stimmung ungemein, genau wie der erste Arbeitstag im neuen Jahr. Zensurenkonferenzen stehen an, das Zeugnisprogramm auf dem Computer muss aktualisiert werden, damit es am Tag des Ausdruckens keine Tobsuchtsanfälle oder Selbstmordversuche gibt

Als ich – gefühlte zwei Stunden nach Weihnachten – in meine 9. Klasse komme, sitzen alle mit Schals, Handschuhen und leidendem Blick vor mir. Valeska klappert vorwurfsvoll mit den Zähnen. Die Heizungsanlage hat es nicht geschafft, rechtzeitig hochzufahren. Der erste Schultag kommt ja auch jedes Mal völlig überraschend. Nach der dritten Stunde gibt es »Kältefrei«. Denn auch die Schulleitung in ihrem Wellness-Biotop hat mittlerweile blaue Lippen und abgestorbene Finger. Das Tempo, mit dem meine Schüler in die Freiheit flüchten, würde ich mir gelegentlich wünschen, wenn im Unterricht Bücher, Hefte und Stifte ausgepackt werden sollen. Ja, es ist schrecklich: Wir sind noch eine Schule fast ohne Laptops, White Boards und iPads. Sogar Frontalunterricht soll hin und wieder vorkommen. Es gibt bei uns Kollegen, die offen propagieren, es komme im Unterricht vor allem auf die Persönlichkeit des Lehrers an und nicht auf elektronisches Spielzeug!

Der verkürzte Schultag erfreut auch einige Lehrkräfte. Anscheinend haben sie ihre Korrekturen noch nicht geschafft. Allerdings ist es im Deutsch-Lehrerzimmer gut geheizt, sodass spontan eine Fachkonferenz einberufen werden kann. Jemand muss das dreistufige Binnendifferenzierungsmaterial fürs nächste Halbjahr ausarbeiten. Wir spielen »Wer sich zuerst bewegt, hat verloren«, sehen angestrengt aus dem Fenster oder in den Lehrerkalender, nur nicht dem Fachbereichsleiter in die Augen. Blickkontakt hat enormen Aufforderungscharakter: »Ach, Karin, du willst das übernehmen? Das ist ganz toll!« Letztendlich macht es wie immer die Kollegin, die das Schweigen und Warten am wenigsten aushalten kann. Also ich.

An den folgenden Tagen gibt es leider kein Kältefrei, obwohl jemand hartnäckig die Heizkörper im Klassenraum abdreht. Ob das der Mathe-Kollege ist oder mein Lieblingsschüler Konrad? Ich wünsche meiner Klasse ein erfolgreiches neues Jahr: bessere Zensuren, mehr Medienkompetenz und Leselust. Diegos rechte Hand ist dick verbunden. Ein illegaler Kracher wollte Silvester einfach nicht wegfliegen. Diegos Finger sind glücklicherweise alle noch dran. Er präsentiert mir triumphierend ein Attest, das ihn bis Ostern von allen schriftlichen Aktivitäten befreit, Mensadienst und Tafelputzen inklusive. Aber in den Pausen schippt Diego vor der Cafeteria Schnee, weil er dafür von unserer Küchenfee kostenlos Brötchen bekommt.

Viele Schüler berichten stolz von der Preisgestaltung ihres Silvesterfeuerwerks. Ich murmle: »Ach, 500 Euro für Böller sind locker drin? Da bleiben selbstverständlich keine 2,20 Euro für ein Reclamheft übrig.«

Einige Schüler haben sich extra ein paar Böller aufgehoben, weil es im Schulgebäude so schön hallt. Und in den vielen Gängen und Treppenhäusern einer großen Gesamtschule hat man exzellente Flucht- und Versteckmöglichkeiten. Kein Lehrer findet einen auf Anhieb. Und sollte man doch von irgendeiner sportlichen Aufsicht eingeholt werden: Wie will sie ohne Handy-Foto beweisen, dass man gerade einen Böller geworfen hat? »Ohne meinen Anwalt sag ich gar nichts!«

Wer nichts mehr zum Zündeln hat, legt in der Mittagspause auf dem Schulhof Eisbahnen an oder knetet knüppelharte Schneebälle. Ich bin froh, dass ich zurzeit Mensa-Aufsicht habe. Anstatt im Hof Schneeball- und Böllerwerfer zu jagen, entferne ich nur Schulergesäße und Restmüll von den Esstischen und verhindere lustige Kampf- und Fangspiele in der überfüllten Mensa, die von vielen jetzt als Wärmehalle genutzt wird. »Nein, hier drinnen wird kein Softball gespielt.«

Unsere Jahrgangsleiterin hat auf der ersten Sitzung im neuen Jahr eine zündende Idee: Alle Kollegen schreiben ihre guten pädagogischen Vorsätze auf, diese Selbstverpflichtungen kommen in den Schulsafe, und ein Jahr später kontrollieren wir, wer am erfolgreichsten war. Ich nehme mir vor, nicht immer so destruktiv zu grienen, wenn gegen gesellschaftliche Missstände lustige neue Unterrichtsmethoden propagiert werden. Ich will mich auch nicht mehr so echauffieren, wenn die Lokalzeitung behauptet, dass jede, wirklich jede Brennpunktschule erfolgreich sein kann, wenn die Lehrer es nur wollen und sich endlich gezielt fortbilden. Ich frage auch nicht mehr auf den Gesamtkonferenzen nach, woher all die begnadeten Fortbilder eigentlich kommen sollen, die uns das Leben erklären. Die uns befähigen, gegen Mobbing, Antisemitismus, Nationalismus, falsche Ernährung, falschen Medienkonsum und gegen unterirdische Denkfähigkeit vorzugehen. Und ich will auch nicht mehr darüber räsonieren, warum viele Kollegen anscheinend eher an den Weihnachtsmann als an die Relevanz von Gewerkschaftsarbeit glauben.

Unterrichtsqualität
Bürokratie und Formalien behindern
pädagogische Ansprüche

Ich würde in meiner 9. Klasse so gern mal eine Stunde lang Deutsch unterrichten! Oder Geschichte. Von mir aus auch Ethik, dieses tolle neue Schulfach, in dem zwei Wochenstunden alles ausbügeln sollen, was Fernseh- und Computermüll an Empathie, Respekt und Achtung vor der Menschenwürde zerstört haben. »Na und, warum tun Sie es dann nicht? Unterrichten ist doch wohl Ihr Job?«, fragt der unbekümmerte Leser. Tja, so einfach ist das nicht.

Es klingelt. Die Schüler strömen in die Klasse, kauen noch und unterhalten sich fröhlich. Einige suchen in ihren riesigen Taschen nach Deutschsachen oder neuen Brötchen, andere stellen sich sofort um den Lehrertisch auf. Ich werde gern dicht umzingelt, deshalb fühle ich mich auch in vollen Bussen und auf ausverkauften Pop-Konzerten so wohl. Konrad drückt mir eine winzige Entschuldigung in die Hand. Luise gibt ein zerknülltes Attest ab, das sie vom Sportunterricht befreit, nicht aber vom Schulbesuch, wie sie es eine Woche lang zu ihren Gunsten ausgelegt hat. Valeska möchte so ein »Dings«, na, so einen Zettel, damit das »Dings« (das Jobcenter) die »Dings« (Klassenfahrtskosten) übernimmt. Ach, so was braucht Max auch unbedingt. Er hat sein »Dings« leider verloren. Diego will mir seine Silvesterverletzungen vorführen und wickelt schon drohend an seinem Verband. Thymian beklagt sich, dass sein Sitznachbar in der Nase bohrt. Koschka möchte unbedingt weiter vorn sitzen. Angel-Marie will ihr Wahlpflichtfach tauschen. Darstellendes Spiel sei blöd, vor allem die Lehrerin sei voll peinlich. Angel-Marie möchte lieber zu Naturwissenschaften wechseln (klar, da ist ja auch ihre Freundin Sara-Belle). Oksana hält einen Euro für unser afrikanisches Patenkind in der Hand. In Fünf-Cent-Münzen. Manchmal überkommen mich leise Mordgelüste.

Die ersten fünf Anfragen bearbeite ich, dann schicke ich alle energisch auf ihre Plätze. Da wird die Tür aufgerissen. Draußen steht ein wichtiger Kollege mit geschwollenem Kamm. Angeblich hat er jetzt hier in meinem Raum Unterricht. Weil er den schriftlichen Beweis dafür nicht antreten kann, muss er sich ein anderes Plätzchen suchen, um Kafkas Käfergeschichte zu behandeln. Seine Oberstufenschüler verfolgen grinsend unseren dezent-giftigen Wortwechsel.

Nun überprüfe ich die Hausaufgaben. Nachdem ich schon die Hefte von zehn Schülern kontrolliert habe, fängt Jeremy in seinem Riesenrucksack zu wühlen an. Manche Schüler suchen dann besonders intensiv, wenn sie genau wissen, dass sie nichts finden werden. Ich widme mich also den Krakeleien von Lorenz. Er benutzt zum Schreiben einen breiten Filzstift. Nee, einen Füller hat er nicht, bekommt er auch nicht. Und schöner schreiben könne er eben nicht. Verächtlich sieht er mich an. Sicher weiß er aus der Zeitung, dass weibliche Lehrkräfte an Knaben immer noch völlig verfehlte feinmotorische Anforderungen stellen. Virginia konnte ihre Hausaufgaben leider nicht machen, weil sie bei der Oma übernachtet hat. Bestechende Logik. Auf Robins Aufsatz hat der kleine Bruder Gemüsebrei geschmiert. Rein farblich käme auch etwas anderes in Betracht. Koschka liest ihre Aufgabe mit so leiser Piepsstimme vor, dass ich sie mehrfach auffordern muss, lauter zu sprechen. Das Publikum in den hinteren Reihen schläft sonst weg. In den Pausen hat Koschka ein sehr kräftiges, fast schon ordinäres Organ.

Wir schlagen die Deutschbücher auf. Ich muss die richtige Seitenzahl heute nur fünfmal nennen. Während René schon zwei Absätze gelesen hat, blättert Max noch orientierungslos im Buch. Thymian starrt aus dem Fenster. Nach vier Monaten Unterricht hat er immer noch kein Deutschbuch. Lioba muss ganz dringend auf die Toilette. Klar, die große Pause ist ja auch erst fünfzehn Minuten her. Markus bohrt sich ein Lineal ins Ohr, und Edgar kippelt mit gesundheitsbedrohender Intensität. Vielleicht sollte ich seinen Stuhl festschrauben, anstatt den Jungen ständig zu ermahnen. Grace nutzt die Gelegenheit, um sich über einen frischen Kaugummi unter ihrem Tisch zu beschweren. Sofort gehen fünf weitere Hände hoch. »Bei uns kleben auch ganz viele Kaugummis. Immer, wenn Frau Rolands Gruppe hier im Raum Spanisch hatte!« Ich winke ab. Jetzt nicht! Während wir weiterlesen, füllt Nils Tinte in seine Wasserflasche. Ja, davon bekommt man eine königsblaue Zunge. Luises spitze Ekelschreie übertönen meine durchdachten Leitfragen.

Es ist die 7. Stunde. Ich weiß, die Kinder sind müde. Ich lasse sie aufstehen und alle Fenster aufreißen. Wir singen laut ein Lied über die liebe Sonne und machen Bürogymnastik. Der Sauerstoff strömt nur so in die kindlichen Hirnzellen. Nach einer ganzen Weile kehrt auch wieder Ruhe ein.

Als ich zum Stundenschluss die Tafel aufklappe, ist sie mit kryptischen Zeichen vollgeschmiert. Ist das Sanskrit? Hebräisch? Mengenlehre? Manchmal richtet sich meine Mordlust auch gegen Kollegen. Angel-Marie ist erst mal lange im Schulgebäude unterwegs, um frisches Wasser zu holen und den ranzigen Schwamm auszuwaschen. Um noch mehr Zeit zu schinden, wischt sie die Tafel besonders langsam und gründlich. Die Schüler schaffen es nicht mehr, meine Zusammenfassung von der Tafel abzuschreiben. Das liegt daran, dass man an der klatschnassen Tafel (danke, Angel-Marie!) meine Schrift noch nicht lesen kann, aber auch daran, dass es bei manchen Schülern ewig dauert, sich Stift und Papier auszuleihen. Es ist auch wirklich überraschend und zudem völlig unmodern, dass im Unterricht etwas von Hand geschrieben werden soll.

Gleich muss die Klasse im fliegenden Wechsel zum Physikunterricht ins Nebengebäude in den dritten Stock. Also schreiben wir in der nächsten Deutschstunde weiter. Falls wir dazu kommen. Die halbjährliche Schülerbewegungsstatistik wartet noch, alle »Mutti-Hefte« müssen regelmäßig auf Kommunikationswünsche hin überprüft werden, das Wandertagziel steht noch nicht fest. Einige Schüler wollen dringend den Vertrauensschüler abwählen. Ich muss Geld für die Klassenfotos kassieren, Fehlzeiten und Verspätungen abmahnen,

Verträge für die Schließfächer austeilen, eruieren, wer Kais Federtasche geklaut hat, zwei Streithähne zu den Mediatoren schicken, überprüfen, ob alle an einer verpflichtenden Arbeitsgemeinschaft teilnehmen, und die Impfpässe für die Klassenfahrt einsammeln. Außerdem möchte eine Praktikantin mit den Schülern noch in dieser Woche eine Umfrage zur Unterrichtsqualität durchführen. Nur zu!

Keine Ahnung!

Mit welchen Sprüchen sich Jugendliche Erwachsene vom Leib halten

Erwachsene nerven. Sie wollen Jugendliche entschlüsseln und enträtseln. Ständig bohren sie mit Fragen in ihnen rum: »Na, wie war's in der Schule?« oder »Habt ihr den Mathe-Test schon zurück?« Jugendliche müssen also ständig Mittel und Wege suchen, um sich abzuschotten und sich zu wehren. Zum Beispiel mit Geheimsprachen und eigenen Codes. Mit kryptischen SMS-Mitteilungen und Piktogrammen. Manche Eltern kriechen ihren Kindern bis ins Smartphone und ins Internet hinterher und denken, sie könnten dort Lösungen für die Rätsel der Pubertät finden. Lächerlich. Es gibt keine Teenie-Website, die ein Erwachsener verstehen könnte. (Eben. Soll er auch gar nicht.) An Elternsprechtagen klagen besorgte Mütter ihr Leid: »Er erzählt mir überhaupt nichts mehr!« Ich bemühe mich dann um neutrale, wenn nicht gar empathische Gesichtszüge. Ich kann ja schlecht sagen: »Ich kann Ihren Sohn voll verstehen!«

Besonders engagierte Eltern und Großeltern folgen dem Kind zu Facebook und posten hemmungslos Baby-Fotos, Strick-, Koch- und Pflanzversuche, die preisgekrönten Rammler, sportliche Exzesse und weise Aphorismen. Zum Beispiel: »Reife bedeutet, das Richtige zu tun – auch wenn die Eltern es empfohlen haben!« Das arme Kind flüchtet sich zu Instagram und Snapchat in der Hoffnung, dass Mutti es dort nicht so bald wiederfindet.

Als Übersetzungshilfe für Eltern und Erzieher geben Linguisten jährlich Wörterbücher der Jugendsprache heraus. Beim gemeinsamen Abendessen schlägt der Vater unterm Tisch nach, wovon seine Tochter gerade redet. Hopfensmoothie? Evolutionsbremse? Vollpfostenantenne? Alimentenkabel??? Da wird Vati Pech haben. In der Zeit, die das Lexikon zum Erscheinen brauchte, hat die aktuelle Jugendsprache längst andere Wörter und Begriffe entwickelt. Notgedrungen. Denn raffinierte Werbetexter greifen jede Wortschöpfung sofort auf, denken sich auch jede Menge selber aus und biedern sich damit in ihren Fernsehspots an. Elemente der angeblichen Jugendsprache sind längst in den Duden eingezogen. Sogar in Schulbüchern gibt es ganze Kapitel darüber. Mittlerweile finden selbst die Altvorderen eine Sendung »cool«, »hammer« und »geil« oder haben »keinen Bock«, heute noch Yannicks Jeans umzunähen. Sie haben auch im Internet eruiert, was »rofl«, »lol« und »yolo« bedeutet. Und es ist ihnen nicht peinlich, diese Kürzel auch noch zu benutzen: »Essen steht im Kühlschrank. Hdl.«

Also müssen die Teenies immer neue Wörter finden, um sich abzugrenzen.

Manchmal bin auch ich ein wenig ratlos. Was, die neuen Sneaker sind »voll fett«? Meine Lederjacke ist »gangsta«? Der junge Sportlehrer echt »killer«, »bombe«? Als Lehrerin studiere ich an Hunderten von Jugendlichen neue Sprachphänomene. Aus Tonfall, Mimik und Gestik kann ich meistens dunkel erahnen, was einzelne Wörter bedeuten. »Fett«, »gangsta«, »killer« sind Ausdrücke tiefster Bewunderung. Die größten Komplimente, die man sich vorstellen kann. Zumindest zu dem Zeitpunkt, an dem ich das hier schreibe.

Ein richtiges Kompliment ist es übrigens auch, wenn ein Neuntklässler mir in der Pause aufgeregt etwas erzählt und mich dabei spontan duzt. Vielleicht noch ein liebevolles »Weißte, Alter?« hinzufügt. Wobei ich als pädagogisches Vorbild gleich wieder darauf hinweise, dass ich als Frau auf der Anrede »Ey, Alte!« bestehe. Damit habe ich das vertrauensvolle Gespräch natürlich sofort abgewürgt. Beim nächsten Mal bin ich vorsichtiger! Der vorlaute Ömer fragt mich im Schulflur: »Na, Frau Frydrych, alles fit im Schritt?« Da er das auf seine Art nett meint, verzichte ich darauf, ihm den wörtlichen Sinn seiner Frage zu erklären. Das wäre ihm vermutlich doch peinlich. Ich antworte locker: »Ja, alles chic. Alles volle Möhre.« Ömer geht zufrieden weiter.

Meine Schüler haben derzeit eine Lieblingsfloskel, mit der sie _jede_ Frage beantworten. Egal, worum es geht. »Wo steht in diesem Satz das Akkusativobjekt?« – »Keine Ahnung.« – »Warum hast du schon wieder deine Hausaufgaben nicht gemacht?« – »Keine Ahnung.« – »Was ist mit dir los, du wirkst so bedrückt?« – »Keine Ahnung.« – »Kommst du nun mit auf die Klassenfahrt?« – »Keine Ahnung.«

Diese Antwort ist schnell, bequem und definitiv. Der Lehrkörper reagiert irritiert. Er versteht diese Schüler-Ahnungslosigkeit noch, wenn es um Vokabeln und Lerninhalte geht. Aber handelt es sich um Beziehungen, Wünsche und Befindlichkeiten, ist »Keine Ahnung« irgendwie voll uncool.

Meine Schüler haben noch diverse andere Mittel, Eindeutigkeit zu vermeiden. »Hast du das Buch eigentlich gelesen?« − »Nicht wirklich.« − »Hast du den Klassenraum gefegt?« − »Nicht wirklich.« Das klingt verbindlicher und netter als ein krasses »Nein, habe ich nicht. Hatte keinen Bock. Haben Sie ein Problem damit?«

Beliebt in Aufsätzen und mündlichen Antworten ist das Satzende »und so weiter«. Damit wird dem Lehrer suggeriert, dass hier ein immenses Wissen ruht, so immens, dass es die Grenzen einer einzelnen Schulstunde, einer einzelnen Klassenarbeit sprengen würde. Eine ähnliche Funktion hat das Wort »irgendwie«. Es deutet ebenfalls auf großes Hintergrundwissen hin, man kann es nur momentan nicht in die Worte fassen, die der Lehrkörper versteht. Ziel all dieser Floskeln ist es, nebulös zu bleiben und sich insistierenden Erwachsenen zu entziehen.

Aber wie schon erwähnt: Auch Erwachsene sind lernfähig. »Wann korrigieren Sie endlich unsere Aufsätze?«, fragt mich Lorenz. Ich grinse: »Keine Ahnung. Bleib mal cremig, Digga!«

Lorenz findet das überhaupt nicht witzig. Meine Schüler haben eben keinen Humor.

Im Härtetest
Qualitätsprüfung durch kundige Schülerhände:
Was halten Bücher, Fotos, Sportschuhe und
Besen aus?

Paul von der Schülerzeitung will dringend ein Kinderfoto von mir. Seine Leser sollen bei einem Preisrätsel herausfinden, welches süße Kleinkind zu welchem verkniffenen Pädagogen mutiert ist. Ich suche mein Lieblingsfoto heraus, auf dem ich als Baby unbefangen in die Kamera lächle und von meiner Zukunft noch nichts ahne. »Ich habe davon kein Negativ mehr. Also seid vorsichtig mit dem Original«, bitte ich Paul. »Ehrensache, Frau Frydrych! – Oh, das ist ja noch Schwarzweiß! Das bekommen Sie gleich morgen zurück, ohne Fettflecke und Eselsohren. Versprochen!«

Viele Wochen und Mahnungen später kommt Paul schuldbewusst zu mir, das verknitterte und eingerissene Foto in der Hand. Es hat bei der redaktionellen Bearbeitung sehr gelitten. Vermutlich haben es sich die jungen Redakteure keckernd aus der Hand gerissen: »Zeig mal! Das ist die Frydrych? Hahaha.« Paul weiß ein Spezialgeschäft, in dem man alte Fotos rekonstruieren lassen kann. Dorthin bringt er es, und nach weiteren Wochen bekomme ich ein kitschig koloriertes Babyfoto zurück.

Nicht nur private Erinnerungsstücke der Lehrer werden auf ihre Widerstandsfähigkeit hin getestet. Ich habe abgegriffene und schmuddelige Bücher schon als Kind nicht gemocht, Manche Werke aus der Stadtbücherei hatten ganz seltsame Flecken und Gebrauchsspuren. Was gibt es Schöneres als druckfrische Lektüre? Das kann die E-Book oder überhaupt nicht lesende Generation natürlich nicht verstehen. Ganz stolz verteile ich in der Klasse einen Satz jungfräulicher Jugendbücher. Sofort werden die ersten wie Heftchenromane geknickt – der schnellste Weg, die Seiten zu lockern. »Stellen Sie sich nicht so an«, steht im Blick meiner Schüler, als ich darüber meckere. Nach einem Monat sammle ich die Bücher wieder ein. Da haben sie bereits eine Menge erlebt. »Meine Wasserflasche ist in der Tasche ausgelaufen«, erklärt Luise und hält mir ihr aufgeschwemmtes Exemplar unter die Nase. Das nächste Buch klebt wie Fliegenleim, das dritte hat der Wellensittich bearbeitet, das vierte riecht nach Fritteuse, im fünften fehlen zwanzig Seiten. »Das war schon so! Ich schwöre!«, behauptet Robin. Beim Lesen ist ihm dieser Defekt gar nicht aufgefallen.

Im Tanzunterricht verleihe ich häufig CDs oder USB-Sticks, damit die Schülerinnen sich daheim die Musik überspielen, üben und choreografieren können. Ich habe einen enormen Schwund an Speichermedien. Manchmal bekomme ich als Ausgleich ein wenig Geld vom Verwaltungschef. Manchmal bringen mir die Mädchen die CDs und USB-Sticks auch wieder mit. Meist ohne Hülle oder Schutzkappe.

Wenn die Anverwandten meiner Schülerinnen und Schüler wüssten, wie oft sie als Ausrede herhalten müssen! »Meine kleine Schwester hat das Diktat zerrissen« oder »Mein Vater hat gesagt, das Buch ist Schrott, das brauche ich nicht zu lesen«. Hunde, Katzen, Meerschweinchen: Sie alle zernagen und fressen mutwillig Schuleigentum. Omas, Opas und Mütter räumen anscheinend ständig in den Kinderzimmern auf und werfen alle schulischen Fundstücke in den Müll. So verschwinden Zeitungsordner, Liederbücher, Zeichnungen, Plakate und Sporttrikots. Und meine Tanz-CDs.

Einmal gebe ich Abzüge von unserer Klassenfete herum. Man kann Fotos vorsichtig am Rand anfassen und trotzdem alles gut erkennen. Ich bekomme einen Stapel gewellter Fotos mit fettigen Fingerabdrücken zurück. Mein Klassenlehrer-Kollege hat wie üblich kein Mitleid: »Warum hast du die Bilder vorher nicht in Plastikhüllen getan?«

Für die nächste Chorprobe stopfe ich die Liedtexte in dreißig Plastikhüllen, in der Hoffnung, dass sie bis zum Auftritt in zwei Wochen halten. So eine Chorprobe zerrt bei den Kindern sichtlich an den Nerven. Die Hüllen werden gerollt, zerknüllt und geknickt. Sie überleben die Probe nicht.

Mit ihren eigenen Sachen gehen die lieben Kleinen genauso um. Im Elchtest sind derzeit Federtaschen und Sportbeutel. Sie dienen als Wurfgeschosse und Fußabtreter. Jeden Freitag finde ich in einer Ecke einen Turnschuh oder einen Kugelschreiber.

Zeugnisse sind in den Augen der Erwachsenen wichtige Dokumente. Ich kaufe dafür ein neues Computerprogramm, extrastarkes Papier und versaue 50 Probedrucke, bevor ich am letzten Schultag tadellose Exemplare überreichen kann. Ein paar Kinder haben Hüllen und Mappen dabei. Die anderen falten ihr Zeugnis, damit es in die Hosentasche oder in die winzige Clutch passt. Wenn sie sich später mal bewerben wollen, werden sie im Sekretariat um ein neues Zeugnis betteln und die schönsten Ausreden ersinnen, wohin das alte entschwunden ist.

Nach den Ferien hänge ich Zeichnungen meiner Schüler auf. Die Rahmen habe ich, blöd wie viele Lehrer sind, von meinem eigenen Geld gekauft. Es gibt auch Kollegen, die auf ihre Kosten Teppichboden in der Klasse verlegen lassen oder Gardinen mit kleinen Elefanten aufhängen. Bei meinen zehn großen Glasrahmen fehlt am nächsten Tag bereits eine Ecke. Das war natürlich niemand aus meiner Klasse. Vielleicht ein Troll, ein Gnom? Diese Unholde entwenden Klebstoff, Scheren und Locher, beschädigen Türschlösser und Fenstergriffe und verschwinden danach klammheimlich. Dass der Klassenschrank völlig verzogen ist und sich kaum noch öffnen lässt, geht auch aufs Konto der Trolle. Die springen nachts dagegen. Kein Besen überlebt in meiner Klasse länger als einen Monat. Gnome prügeln sich so lange damit, bis der Besen in zwei Teile zerfällt. Auch Zimmerpflanzen werden in meiner Klasse nicht alt. Entweder ersaufen sie, oder sie vertrocknen still und leise. Ich beklage mich auf dem nächsten Elternabend über diese Nachlässigkeit und Zerstörungswut. »Können Sie denn beweisen, dass das unsere Kinder waren?«, fragt die Elternvertreterin spitz. »Vielleicht sollten Sie höherwertiges Material anschaffen!«, rät Edgars Vater.

Ein Kollege ist so mutig und stellt ein Aquarium in seinen Klassenraum. »Man muss den Jugendlichen auch mal vertrauen!«, erklärt er mir, als ich ihm dringend rate, ein Schloss am Deckel anzubringen. Nach zwei Monaten ist das Aquarium wieder abgebaut. Das Problem an so großen Schulen

ist die Anonymität: Viele Gruppen nutzen die Unterrichts-
räume – und nicht nur die eigene Klasse.

Mittlerweile kassiere ich Pfand für schulische Leihgaben,
laminiere wichtige Unterlagen und erhebe Abnutzungsge-
bühren bei Marmeladenflecken in Büchern. Private Dinge
verleihe ich prinzipiell nicht mehr, seit der Videofilm von
unserer ersten Klassenfahrt in Diegos Haushalt verschollen
ist. »Ein altes Video, das ist doch nicht so schlimm«, findet
seine Mutter. Erst als der Goldsohn in der Schule ihr Smartphone verhökert, kommt sie vorwurfsvoll zu mir: »Haben
Sie denn überhaupt nicht im Blick, was die Schüler in den
Pausen so machen?«

Voll gruselig
Wenn Lehrer auf Klassenfahrten spuken

Zu einer Klassenfahrt gehört ein ordentliches Gespenst! Eine liebe Kollegin hat damit gute Erfahrungen gemacht. In der letzten Nacht ist der Herbergsvater mit Eisenketten auf dem Dachboden herumgeschlurft, und die Zehntklässler in den Betten darunter waren schwer beeindruckt. Bis heute sind sie davon überzeugt, dass es in der Jugendherberge Windischleuba spukt. Eisenketten und Herbergsvater stehen mir leider nicht zur Verfügung. Aber ein Neffe, der mir aus dem Internet Geräusche für die Geisterstunde zusammenstellt.

Wir haben mit unserer 9. Klasse ein Haus für uns allein. Auf Wunsch verrate ich gern die Adresse. Abends schließe ich unten die Tür ab, und wir sind völlig ungestört. Im »Sockenraum« können wir die täglichen Ereignisse besprechen, singen, tanzen und rappen. Bei der Planung der Fahrt hielt ich den »Sockenraum« für eine Art Umkleidebereich, in dem man seine nassen Klamotten parkt. In Wirklichkeit ist es der Gemeinschaftsraum, der nur schuhlos betreten werden darf, damit man auf dem sauberen Teppichboden in allen Positionen meditieren, rumsitzen und rumliegen kann.

Am zweiten Abend lösche ich das Licht und erzähle mit Grabesstimme von einem einsamen Feriencamp im Wald: Ein paar muntere Teenager sollen dort alles für die Sommersaison vorbereiten. Nachts muss eins der Mädchen auf die Toilette. Der Weg führt aus der Ferienhütte durch dunkles Gelände. Die Sanitärbaracke befindet sich am anderen Ende des Camps. Jaja, die Idee habe ich aus einem romantischen amerikanischen Film. Die Stellen mit der blutigen Axt lasse ich beim Erzählen natürlich weg. Während sich meine Heldin im düsteren Waschraum ängstigt, rollen meine Schüler kreischend und kichernd übereinander. Ich bin froh, dass ich das Licht aus Sicherheitsgründen wieder anmachen kann. Ich bin nämlich noch am Grübeln, wie meine Geschichte eigentlich enden soll.

In der dritten Nacht kommt die CD meines Neffen zum Einsatz. Mein Kollege und ich sagen Gute Nacht und bewachen im Flur das Einschlafen. Es wird nicht ruhig. Flüstern, Gackern und besser nicht näher beschriebene Körpergeräusche dringen aus den Zimmern. Ständig muss noch jemand aufs Klo. Als endlich Ruhe eingetreten ist, versteckt sich das Lehrpersonal unter der Tischtennisplatte im Freizeitraum und stellt den CD-Player an: Ein hoher Schrei hallt durch die Gänge, schlurfende Schritte folgen, begleitet von Scheppern und gehässigem Lachen. Es klopft laut an eine Tür. Jemand zersägt etwas. Seufzen, Stöhnen und Wimmern in allen Stimmlagen ertönt.

Fast umgehend schießen meine Jung-Machos aus ihren Zimmern. Mit Paddeln und Tischtennisschlägern bewaffnet entdecken sie sofort ihre Lehrer im Freizeitraum. Schade, ich hätte die CD gern bis zum Schluss gehört. Als alle wieder in den Betten sind, taucht Luise vor meiner Tür auf. In der Schule ist sie ein rotzfreches Mädchen, das mit fast allen Lehrern Zoff hat. Jetzt steht sie in ihrem Bärchennachthemd vor mir und weint. Sie habe als Kind heimlich zu viele Gruselfilme gesehen und müsse jetzt unbedingt zu Koschka ins Bett. Dann wäre aber ihre Zimmernachbarin allein. Die will das auf gar keinen Fall.

Also schlafen in dieser Nacht acht Mädchen in einem Raum, eng aneinandergekuschelt, jeweils zwei in einem Bett. Die Jungen haben ihre Paddel vorsorglich neben sich gelegt. Mir fällt die Nachtwanderung ein, von der man im Kollegium erzählt: Zwei Klassenverbände gehen durch einen Wald. Taschenlampen sind verboten. An jede Lehrerin klammern sich ca. sechs Schülerinnen. Der vierte Lehrer hat Migräne vorgetäuscht, hält sich aber im Gebüsch versteckt und springt – mit einem Bettlaken getarnt – auf den Weg und ruft »Buh!!!« Ehe er sichs versieht, stürzen sich einige Knaben auf ihn und verprügeln ihn. Seine Stimme erkennen sie in ihrer Angst (angeblich) nicht. Erst als das Laken fällt, lassen sie von ihm ab. Der Lehrer nimmt ihnen das sehr übel ...

Einige meiner Jungen wünschen sich für den nächsten Abend die erneute Vorführung der CD. Ich treffe mich mit ihnen im Sockenraum. Heute ist Gruselstunde nur für Freiwillige. Um wenigstens eine kleine Überraschung zu bieten, bitte ich Jeremy um seinen Einsatz. Ich weiß, dass er eine scheußliche Gummimaske im Koffer versteckt hält. Aber statt Jeremy erscheinen fünf aufgeregte Mädchen im Türrahmen. Ich müsse unbedingt zu Kismet kommen. Kismet ist älter als die anderen, ein toughes Mädchen, stark und temperamentvoll. Aber jetzt schluchzt und hyperventiliert sie gleichzeitig. Auf dem Weg zur Dusche hat sie einen Einbrecher mit Gummimaske gesehen. Sie hätte um Hilfe gerufen, aber niemand hätte sie gehört. So eine Maske kennt sie aus den Schlachtsequenzen einer Videofilmreihe. Es beruhigt Kismet nicht im Geringsten, dass hinter dieser Maske nur ihr Mitschüler Jeremy gesteckt hat. In der Nacht schlafen alle 13 Mädchen gemeinsam in einem Zimmer.

Ich habe daraus gelernt. Auf Klassenfahrten werden nur noch fröhliche Lieder und freundliche Tiergeschichten zu Gehör gebracht. Nachtwanderungen erfolgen allenfalls in der Dämmerung, wenn man Lehrer noch von Gespenstern unterscheiden kann. In den Fluren vor den Schülerzimmern brennt die ganze Nacht Licht. Die Erziehungsberechtigten bitte ich darum, den Medienkonsum ihrer Kinder stärker zu kontrollieren und häufiger das Gespräch darüber zu suchen. Ich selber schließe mich der Initiative »Mehr Qualität im Fernsehen« an.

Die Grusel-CD habe ich zu Halloween einem Skelett geschenkt, das mit Gummimaske und Axt vor meiner Wohnung stand. »Lass den Quatsch, Jeremy! Eine Lehrerin lässt sich durch nichts schrecken!«

Man muss mit den Schülern auch mal reden!

Großartige Fachkräfte führen ein Schwänzerprojekt durch

Tumult im Publikum. Der Absesandte einer »Leuchtturm-schule« erklärt uns, wie man das Problem der »Schulabsti-nenz« bekämpft. Aber alles, was er da lang und breit erzählt, wissen wir bereits. Wir haben schwänzende Schüler telefo-nisch geweckt oder auch von daheim abgeholt, bzw. von der Polizei abholen lassen. Wir haben bei Hausbesuchen versucht, mit den Eltern ins Gespräch zu kommen. »Was, unser Sascha schwänzt die Schule? Das kann gar nicht sein! Er verlässt jeden Morgen um 7.30 Uhr das Haus!« – »Mag ja sein. Aber in der Schule kommt er leider nicht an!« Wir haben dreiseitige Schulversäumnisanzeigen ausgefüllt und zum Bezirksamt ge-schickt. Das stellt dann irgendwann Bußgeldbescheide aus, die lediglich im Schülerbogen abgeheftet werden, weil die betrof-fenen Eltern in der Regel kein Geld haben.

Heute findet mal wieder ein pädagogischer Tag statt. Die Schüler haben frei, und wir werden von echten »Fachkräften« fortgebildet. Der Mann am Rednerpult ist wegen unserer Unruhe erzürnt. Er droht, den Saal zu verlassen: »Ich bin Beamter, ich bekomme mein Geld auch, wenn ich hier nicht referiere!« Wir schweigen betreten, ahnen aber, dass auch diese Fortbildung nicht viel bringen wird. PowerPoint und hochtrabende Begrifflichkeiten für banale Erkenntnisse, aber wenig, was uns im Schulalltag wirklich nützt.

Doch ab jetzt wird alles anders! Begeistert stellt der Schulleiter der Gesamtkonferenz sein neues Kompetenzteam vor: Frau Wilke und Herr Jahn vom Projekt »Durchstarten« werden sich unserer Schulabstinenten annehmen. Das Quartiersmanagement der umliegenden Großraumsiedlung stellt eine renovierte Ladenwohnung und Gelder zur Verfügung, das Kompetenzteam innovative pädagogische Module. Die beiden präsentieren ein wenig herablassend ihr Projekt: Schüler müssten sich in der Schule wohlfühlen. Es gelte, ihre Potenziale zu entdecken. Und ein guter Rat für uns Lehrer: »Man muss mit den Schülern auch mal reden!«

Wir Lehrer im 9. Jahrgang dürfen pro Klasse ein, zwei Delinquenten vorschlagen. Die lieben Kleinen sollen für ein Jahr in die renovierte Ladenwohnung ausgelagert und professionell betreut werden. Danach haben sie bestimmt unbändige Lust auf Schule und kehren hoch motiviert zurück. Unsere ewige Nörglerin kritisiert, dass in der Ladenwohnung genau die Lehrkräfte zum Einsatz kommen, denen die Schwänzer jetzt schon aus dem Weg gehen. Der Schulleiter wedelt ihren Einwand mit einer Handbewegung weg.

Das Kompetenzteam begutachtet die Kandidaten im Unterricht und im Einzelgespräch. Man merkt deutlich, wie wenig sie von unserem mittelalterlichen Unterricht halten. Herr Jahn blättert beim Hospitieren dezent in einer Fachzeitschrift (Fußball), Frau Wilke wischt auf ihrem Smartphone herum. Aus meiner Klasse sollen Mirko und Justin ins Projekt. Im Vorstellungsgespräch fragt Frau Wilke in zuckersüßem Ton nach Mirkos Hobbys. »Kickboxen«, nuschelt der Junge. »Super!« Frau Wilke flippt vor Begeisterung fast aus. Mirko ist irritiert. Bisher sind seine aggressiven »Potenziale« in der Schule auf kein positives Echo gestoßen. Ich erkenne: Hier bahnt sich etwas Wunderbares an, was ich bisher ausgebremst habe!

Wochen später hört man Seltsames aus der Ladenwohnung: Einige Schüler schwänzen weiterhin. Viele huldigen der gleitenden Arbeitszeit. Gewiss ist, dass Frau Wilke ein ordentliches Frühstück serviert und genug Raucherpausen anbietet. Eine Anwesenheitsliste wird nicht geführt. Die Schüler lümmeln auf den Sofas herum und können entscheiden, ob sie wirklich Englisch machen wollen. »Och nö, heute nicht«, meint Justin. »Na gut, dann vielleicht morgen?«, flötet Frau Wilke. Wenn zu wenig Klienten erscheinen, ist manchmal schon um elf Uhr mit dem Unterricht Schluss. An den wöchentlichen Projekttagen geht es ins Kino, zum Burgerbrater oder zum Bowling. »Die wollen sich bei den Schülern nur einschleimen«, meint der Mathekollege mürrisch, als er in der Ladenwohnung mal wieder keine Interessenten vorfindet.

Nach einem Jahr kommen Mirko und Justin in unsere Klasse zurück. Justin fand das Projekt doof und fühlte sich abgeschoben. Er hat jetzt einen eifrigen jungen Familienhelfer, der ihn täglich zur Schule bringt und im Unterricht neben ihm sitzt. Mirko und seine Familie ziehen in einen anderen

Bezirk. Das dortige Jugendamt freut sich bestimmt über die dicke Akte. Quartiersmanagement und Schulleiter sind unzufrieden mit dem Projektverlauf. Bis heute warten sie auf die Dokumentation und den Abschlussbericht. Aber Frau Wilke und Herr Jahn haben sich in die Uckermark abgesetzt. Es heißt, sie betreiben dort einen Erlebnis-Bauernhof.

Meine Schüler sind mittlerweile in der 10. Klasse. Darunter zwei 18-jährige Mädchen, die das Jahr freiwillig wiederholen, weil sie einen besseren Abschluss erreichen wollen. Leider erscheinen sie nur zu unserer Klassenfahrt in die Türkei. Die Reise wird vom Jobcenter bezahlt. Die Eltern der Mädchen reagieren weder auf Telefonate noch auf Einschreiben. Ein Kollege rät mir, die Kindergeldkasse zu informieren. Ich ringe mit mir, ob das politisch korrekt ist. Dann schreibe ich der Kindergeldkasse, dass sie zwei volljährige Schülerinnen unterstützt, die überhaupt nicht mehr in der Schule auftauchen. Zwei Wochen später lerne ich endlich die Eltern der Mädchen kennen. Wort- und tränenreich führen sie mir ihre Töchter zu, die von nun an brav in der Klasse sitzen.

Die Klassenparty
Von den Schwierigkeiten der sexuellen Annäherung

Ein-, zweimal im Jahr ereilt einen das Schicksal: bettelnde Kinderaugen, Schülerfinger, die am T-Shirt zerren, Hände, die einem liebevoll den Rücken klopfen: »Och, bitte, Frau Frydrych, wir haben so lange keine Klassenparty mehr gemacht. Wir organisieren auch alles selber!« Da lassen sich nur schwer Ausreden konstruieren, wie man diesem Ungemach entgehen könnte. Vier Stunden lang höllisch laute Musik, und nicht ein einziger Titel von Mick Jagger darunter! Die Schüler akzeptieren leider widerspruchslos alle meine Regeln, Angel-Marie geht sogar den Hausmeister »bestechen«, damit die Party abends stattfinden kann. Hülya macht eine Liste, was alles mitgebracht werden soll. Für die Musik wird Edgar sorgen. »Sie müssen sich um gar nichts kümmern! Sie müssen nur Aufsicht führen!« – »Aber keine Schulfremden mitbringen!

Und hinterher wird widerspruchslos aufgeräumt. Und auch die Jungen machen mit sauber und bringen was zu essen mit! Und es gibt nicht nur Chips und Gummibärchen, sondern auch was Gesundes! Und wenn ich sage, dass Schluss ist, dann muss auch Schluss sein.« – »Na klar doch, Frau Frydrych, gar kein Problem, machen wir alles.« Die Hoffnung, dass vielleicht der Hausmeister keine Lust haben könnte, abends die Schule zu öffnen, zerschlägt sich auch.

Der große Tag ist gekommen. Ich packe zu Hause eine Tasche mit Putzlappen, Küchenpapier, Besteck und Party-Spielen und wandere abends wieder zurück in die Schule. Mein Kollege hat den kahlen Raum schon mit den Schülern geschmückt. Die grellen Neonlampen sind mit Krepppapier verhängt. Das Büfett sieht sehr einladend aus. Heimlich klaue ich ein Stück Köfte (türkische Boulette, aber viel besser!) und stelle nicht zum ersten Mal fest, dass meine deutschen Schüler Kuchen, Käse und Süßigkeiten aus dem Supermarkt angebracht haben, während alle fein geschnitzelten Salate, mühsam gebackenen Kekse und Blätterteigspeisen von den türkischen und arabischen Mädchen und Müttern stammen. Meine Schülerinnen sind kaum wiederzuerkennen. Schicke, enge Kleider, viel Make-up und hohe Plateau-Schuhe, in denen ich keinen Schritt machen könnte, ohne umzuknicken. Hülya hat zur Feier des Tages ihr Kopftuch abgenommen und präsentiert ihre wunderschönen langen Locken. Hoffentlich petzt das niemand ihrem älteren Bruder, der sie stets und ständig kontrolliert. Sogar die Jungen haben sich in feines Tuch geschmissen: weiße Hemden und schwarze Hosen. Dazu den ersten Flaum kräftig mit Rasierwasser eingerieben und viel Gel in die Haare eingearbeitet.

Die Musik dröhnt seit zwei Stunden. Meine »Kinder«

haben sich mit großen Chips-Tüten in die Ecken zurück-
gezogen und zucken rhythmisch mit den Füßen, aber niemand traut sich zu tanzen. Die Mädchen probieren ab und
zu am Rand der Tanzfläche drei Schritte, um anschließend
kichernd auf die Toiletten zu rennen, wo sie stundenlang ihr
Make-up überprüfen und wichtige Strategien entwickeln.
Die Mädchentoiletten sind in der Schule ohnehin ein attraktiver Sammelpunkt. Anscheinend gibt es keinen schöneren
und ungestörteren Ort, an dem man in Ruhe alles besprechen kann. »Also, die Party findet hier im Jahrgangsraum
statt, nicht im Flur und auch nicht auf den Toiletten!« –
»Frau Frydrych, machen Sie doch mal was. Die wollen alle
nicht tanzen.« Mein Kollege und ich verteilen unsere in weiser Voraussicht vorbereiteten Loszettel. Die Schüler werden
per Zahl und Kennwort für den nächsten Tanz verkuppelt.
Doch sobald einer der Tanzpartner »geoutet« ist, scheint
sein Pendant in der Menge einfach unauffindbar. Wir zählen diktatorisch ab und jagen alle auf die Tanzfläche. Das
klappt auch zwei Lieder lang ganz gut, aber beim nächsten
langsamen Stück desertieren die ersten Jungen wieder auf
die Sessel in den Ecken. (Beim nächsten Mal lasse ich alle
bequemen Sitzmöbel entfernen!). »Frau Frydrych, es ist so
langweilig. Wissen Sie keine anderen Tanzspiele?« Also binden wir den Kindern Luftballons an die Hufe. Beim Tanzen
müssen die gegnerischen Ballons zerstampft werden. Wer seinen Ballon retten kann, hat gewonnen. Dieser Ringkampf
kommt gut an. Zum Schluss sind noch sechs Jungen übrig,
die sich tanzend umzingeln. Der Sieger Mustafa dreht ein
paar Break-Dance-Spins auf dem Kopf, danach ist erst mal
wieder Schluss mit den tänzerischen Aktivitäten. Meine lustigen Mitmachtänze treiben nur mir den Schweiß auf die

Stirn. Die angedrohte Damenwahl leert den Raum blitzartig. Frustriert greifen sich die Lehrer die Erdnussflips.

Das Ende der Fete naht. Der Hausmeister steht schon im Flur und rasselt mit seinem großen Schlüsselbund. Eifrige Helfer stapeln Teller und kippen Getränkereste zusammen. Der letzte Blues! Wie auf ein geheimes Zeichen hin finden sich plötzlich alle paarweise auf der Tanzfläche ein. Drei Mädchen zerren meinen Kollegen und mich dazu und beobachten gerührt, wie wir weisungsgemäß Hand aneinanderlegen. Es wäre äußerst grausam, gerade jetzt die Fete, wie geplant, zu beenden. »Also gut, noch drei Tänze. Aber dann ist wirklich Schluss!« Misstrauisch werde ich, als die drei Lieder überhaupt kein Ende nehmen wollen. Es gibt anscheinend CDs, auf denen ein Stück nahtlos ins nächste übergeht. Kleine Mistviecher! Als endlich alle mit Schüsseln, Tüten und Pfandgut vor der Schule stehen (Hülya hat wieder das Kopftuch aufgesetzt, weil ihr großer Bruder sie gleich abholt), glänzen die Augen. »Wann machen wir die nächste Party? Es war richtig toll!« Vier Stunden rumsitzen, dreißig Minuten tanzen – das war richtig toll? Und muss sofort wiederholt werden? Verstehe einer die Jugend von heute. Bei uns war das früher gaaanz anders!!!

Ein Rohrbruch

Was macht man, wenn man unerwartet
schulfrei hat?

Ein Rohrbruch überrascht uns an einem warmen Junimorgen. Das Erdgeschoss der Schule ist überschwemmt. Vollgesogene Deckenplatten beginnen sich zu lösen. Im gesamten Gebäude muss das Wasser abgestellt werden. Schon vor Wochen, wenn nicht gar vor Monaten hat unser Direktor die Verwaltung darauf hingewiesen, dass das Rohrsystem der Schule völlig marode ist. Aus Ventilen tropft es, aus Abflüssen stinkt es. Niemand hat reagiert. Leider berichtet auch die Lokalpresse nicht mehr von diesen Zuständen. Spätestens dann würde die Verwaltung nämlich mal einen Klempner vorbeischicken. Aber in Berlin sind so viele Schulen in einem traurigen Bauzustand, selbst im reichsten Bezirk, dass die Misere kaum noch eine Zeitungsmeldung wert ist.

Ohne funktionierende Toiletten kann man keinen Ganztagsbetrieb aufrechterhalten. Außerdem ist eine der Deckenplatten ins Foyer gekracht. Glücklicherweise stand dort gerade niemand. Der Hausmeister hat einen Schock erlitten und wird von den Schulsekretärinnen betreut. Alle Schüler und Lehrer werden heimgeschickt. Die meisten Schüler sind verschwunden, bevor es dem pädagogischen Personal einfällt, ihnen Hausaufgaben mit auf den Weg zu geben. Ich weise Luise, die zu langsam war, an, die Aufgaben per WhatsApp zu verbreiten. Man kann nicht sagen, dass die Kinder traurig sind, weil ihr wertvoller Unterricht ausfällt. Auch die Kollegen, die auf dem Parkplatz in ihre Autos steigen, scheinen guter Dinge zu sein. Ein paar Siebtklässler planschen noch im Wasser rum, bevor der Direktor sie mehr als deutlich auffordert, endlich das Schulgebäude zu räumen, bevor sich noch ein Deckenteil löst. Ich überlege, was ich mit dieser unverhofften Freizeit anfangen soll. Die Klausuren korrigieren, die seit zwei Wochen warten? Shoppen gehen? Im nächsten See baden und Enten füttern? Pflichtbewusst entscheide ich mich für die Klausuren.

Am nächsten Tag wird ein außerordentlicher Wandertag anberaumt, weil in der Schule immer noch alles feucht ist und müffelt. Wir haben Glück: Die Sonne strahlt, der Busfahrer hat gute Laune und lässt uns einsteigen, obwohl meine Klasse nicht angemeldet ist und eine weitere Klasse auf dem Oberdeck herumtobt. Wir bleiben unten im Bus. Ercan ist charmant und bietet einer giftig dreinblickenden Rentnerin seinen Sitzplatz an. »Sie könnten sich ruhig bedanken«, ermuntere ich die immer noch giftig dreinblickende Frau. Ich habe schließlich einen Erziehungsauftrag! Anscheinend sucht die unfreundliche Passagierin irgendeinen Grund, sich zu beschweren, und ist sauer, dass sie keinen findet. Meine

Schüler werfen nicht mit Chips, schaukeln nicht an den Haltestangen und grölen nicht durcheinander. Aber zwei muslimische Mädchen tragen ein Kopftuch. Endlich hat die Frau etwas, worüber sie sich ereifern kann. Als niemand reagiert, stellt sie ihre kultursoziologischen Betrachtungen wieder ein.

Wir landen in der Nähe eines idyllischen Berliner Gewässers. Meine Schüler halten verzweifelt Ausschau nach einem Supermarkt. Wir entdecken nur eine Tankstelle und einen winzigen Tante-Emma-Laden mit Bierausschank. Notgedrungen lasse ich meine Schüler kurz zum Einkaufen frei. Sie sinken mir sonst unterzuckert am Ufer nieder oder verdursten auf der einstündigen Wanderung. Zumindest brauche ich eine Stunde, wenn ich den See umrunde. Meine lauffaulen Kinder werden dafür vermutlich zwei Stunden brauchen. Jeremy borgt sich von mir zwei Euro und wird sie mir zwei Wochen später nur unwillig und auf ausdrückliches Nachfragen hin zurückgeben. Fehlt noch, dass er sagt: »Stellen Sie sich nicht so an! Ich bin jung und brauche das Geld!« Die lieben Kleinen kommen mit Großfamilienpackungen Chips und Flips zurück und mit Zwei-Liter-Flaschen Cola. Der Tankstellenbesitzer und Tante Emma freuen sich über ihren Umsatz. Meine netten Schüler bieten mir von ihrer Marschverpflegung an, aber auf Flips, Chips und Cola war ich nur als Teenager scharf, als das Zeug innerfamiliär rationiert und mit drei Geschwistern zu teilen war.

Wir gehen die Treppe zum Seeufer hinunter. An Wochenenden und Sommerabenden tobt hier das Leben. Jugendliche veranstalten Wettläufe mit Bierkästen, obwohl die Polizei das verboten hat. Tierliebe Berliner schicken ihre erhitzten Doggen und Rottweiler ins Wasser, obwohl das Bezirksamt das verboten hat. Ruderer und Paddler rasten in den geschützten Schilfgürteln, obwohl das absolut verboten ist. In jeder zweiten Bucht sitzen fröhliche Gruppierungen um Lagerfeuer und Einweg-Grills, obwohl Schilder vor der erhöhten Waldbrandgefahr warnen. Aber »freie Bürger« lassen sich nicht von kleinmütigem Regelwerk einschränken. Die Müllabfuhr hat gerade ihre Tour am See beendet und alle Schnapsflaschen, Grillreste, Pizzakartons und Windeln eingesammelt und die übervollen Papierkörbe geleert. Krähen und Wildschweine begeistern sich an diesem Müllaufkommen, zerren Tüten aus den Eimern und verteilen den Inhalt großzügig rund um den See. Obwohl das natürlich verboten ist. Die meisten Wildschweine an diesem Ufer sind allerdings menschlicher Herkunft.

Ein grimmiger Jogger hat den Ehrgeiz, mitten durch meine Klasse zu sprinten. Koschkas Chipstüte fällt beim Anrempeln runter, und sechs Schwäne stürzen sich gierig auf die Krümel. René ruft dem älteren Sportler hinterher: »Wat is, Opa? Probleme? Ist die Glocke länger als das Seil?« Ich sage nichts. Der »Opa« hat schließlich angefangen, sich schlecht zu benehmen. Glücklicherweise rennt er weiter und sucht nicht das Gespräch mit René. Vielleicht ahnt er auch, dass ich meine Schüler erbittert verteidigen würde.

Wir umrunden vorsichtig einige Angler, um ihre Lachse und Karpfen nicht zu vertreiben. Oder was auch immer sie hier fangen wollen. Es soll in dem See Riesenwelse geben, die den Schwimmern in die Waden beißen, wenn sie sich den Laichgebieten nähern. Angeblich sind auch schon einzelne Dackel den Welsen zum Opfer gefallen.

Schweres Stampfen und Keuchen nähert sich. Diesmal retten sich meine Schüler gleich an den Wegrand, um von der männlichen Weight-Watchers-Gruppe nicht plattgewalzt zu werden! Schwaden von Rasierwasser und Schweiß hüllen uns ein. Ein riesiger Hund interessiert sich für Oksanas Rucksack. Die kreischt und versteckt sich hinter meinem Rücken. Der Hund hechelt drohend. »Der will nicht spielen. Der will nur beißen!«, vermutet Edgar. Aus der Ferne trillert jemand, und der Hund rennt los. »Der darf hier doch gar nicht frei rumlaufen!«, Oksana zeigt auf eins der vielen Schilder, auf dem ein dicker roter Strich eine schwarze Hundesilhouette durchstreicht. Das Hunde-Herrchen ist offensichtlich auch ein »freier Bürger«.

Im Schilf singt und knarzt ein Teichrohrsänger. Normalerweise verstecken sich diese raffinierten Vögel gut, aber der hier schaukelt deutlich sichtbar auf einem Halm. »Seht mal, ein Teichrohrsänger«, erkläre ich meiner Klasse. »Den sieht man so gut wie nie.« Meine Schüler heucheln Interesse an Natur und Umwelt, um mich nicht zu vergrämen, aber viel mehr sind sie an Humanbiologie interessiert. An diesem See lagern in jeder Bucht FKK-Anhänger, deren Kronjuwelen der Junisonne entgegenhängen. Mustafa und Kai wandern alles ab und betreiben intensive Körperstudien, bis ich sie auf den Weg zurückrufe. »Und steckt gefälligst die Handys weg. Wollt ihr Ärger bekommen?« – »Darf man die nicht fotografieren?«, fragt Mustafa unschuldig. »Hier stehen gar keine Verbotsschilder.« Ich knurre drohend.

Auf unserem Weg rund um den See treffen wir auf drei Sportvereine und zwei fröhliche Schulklassen. Die süßen Grundschulkinder reißen Zweige von jungen Bäumen ab und hauen sich damit gegenseitig auf die Waden. Vielleicht regt das die Durchblutung an? »Frau Frydrych, die machen die Bäume kaputt. Dürfen die das?« – »Nein, eigentlich nicht«, erkläre ich. Eine Mutter-Kind-Gruppe rollt vorbei. Insgesamt zählen wir auf unserem Spaziergang durch die »unberührte Natur« 35 frei laufende Hunde aller Größen, Formen und Farben. An der großen Badewiese müssen meine erschöpften Schüler eine Rast einlegen. Auch hier kann man viele Nacktbader betrachten. Woher Hochglanzmagazine immer diese makellosen Körper nehmen, ist mir schleierhaft. Hier möchte man den ein oder anderen Nackten gnädig mit etwas Textil verhüllen. »Ich würde es verbieten, dass die hier nackisch rumliegen«, meint Hülya. Mustafa, mein Künstler, hat immer seinen Skizzenblock dabei. Jetzt malt er einen dicken Mann und streicht ihn mit einem roten Edding durch: »Nackisch Baden streng verboten!« Kichernd hängen die lieben Kleinen das Plakat an einen Pfosten. »Was machen Sie da im Schilf? Das ist verboten!«, ruft Felix ins Dickicht. »Da liegen zwei Nackische aufeinander!«, erklärt er mir. Es wird Zeit zurückzugehen. »Dürfen Sie eigentlich mit uns da rumlaufen, wo lauter Nackte liegen?«, fragt Hülya und zuppelt an ihrem Kopftuch. Das frage ich mich auch. Ob das Schulrecht darauf eine Antwort weiß?

Zwei weitere Klassen unserer Schule treffen an der Badestelle ein. Es gibt eine fröhliche Begrüßung und den Austausch von Marshmallows, giftgrünen Süßigkeiten und arabischem Gebäck. Und von heimlich aufgenommenen Nacktfotos. Eine Kollegin berichtet begeistert, dass morgen auch kein Unterricht stattfindet. Und übermorgen auch nicht. Und leider muss auch der ersehnte Elternsprechtag ausfallen. Die Bauaufsicht spricht von akuter Gefährdung. Wir freuen uns auf viele weitere Wandertage.

Auf dem Schulklo

(Sensible und Ästheten fahren bitte mit dem übernächsten Kapitel fort!)

Die Wahrheit findet sich auf den Schulklos. Ein bekannter Wanderpädagoge geht bei seinen Heimsuchungen zuerst dorthin und weiß sofort Bescheid über die jeweilige Bildungsanstalt. Soso.

Das Internet und die Presse sind voll von Klagen über Schultoiletten. Es gibt Kinder, die sich aus Ekel ihre Leibesnot stundenlang verkneifen. Eltern beschweren sich, weil Toiletten uralt, marode, stinkig und versifft sind. Es gebe kein Klopapier, keine Seife, keine Handtücher. Aber nirgends steht deutlich, wei – einmal abgesehen von offensichtlichen Baumängeln – die Klos einsaut und verdreckt. Fragen Sie doch mal die Putzkräfte Ihrer Schule, was sie so erleben. Eher harmlos wirkt bei diesen Schilderungen, wenn auf dem Klo geraucht wird, wenn Wände mit Filzstift bemalt, Seifen-

und Handtuchbehälter entleert werden, Klopapier abgewickelt oder abgefackelt wird, Spiegel und Waschbecken zu Bruch gehen. Weitaus schlimmer ist, dass etliche Jugendliche ihre anale Phase vom Kleinkindalter in die Pubertät verlegt haben oder von daheim anscheinend kein Wasserklosett kennen. Da wird nicht gespült, da wird auch mal mitten in den Raum gepinkelt, Exkremente werden an den Wänden verteilt. Superman schafft es sogar, die Decke mit Naturfarben zu verzieren. Benutzte Binden und verkackte Unterhosen liegen herum. Klopapierrollen verstopfen die Toilettenbecken. Darauf kann man dann monströse Haufen setzen, die niemand mehr wegspülen kann.

Eklig?

Ja! Geradezu widerlich! – Vor allem für die Frauen und Männer, die das wegmachen und putzen müssen. Gerüchten zufolge ist es auf Mädchentoiletten weitaus schlimmer als bei den Jungen, schweinigeln Gymnasiasten noch mehr als Gesamtschüler.

Man kann natürlich stundenlang darüber diskutieren, was die Schülerinnen und Schüler damit zum Ausdruck bringen wollen. Ob es der Protest gegen die Zwangsinstitution Schule ist, der Protest der Unterschicht gegen herrschende Mittelschichtsnormen, der Schrei: »Hier bin ich! Nehmt mich zur Kenntnis!« oder »Wer setzt mir endlich mal Grenzen?« Ehrlich gesagt, habe ich keine Lust, Verständnis für dieses menschenverachtende Verhalten zu entwickeln, das die Mitschüler und Reinigungskräfte trifft.

Glücklicherweise gibt es viele nette Ideen und Forderungen, wie man die Situation auf den Schulklos verbessern könnte:

Lehrer sollen gefälligst ihre nicht ganz so maroden Klos

mit den Schülern teilen. Es dürfe an keiner Schule eine Zwei-
klassengesellschaft geben! Abgesehen davon, dass auch einzelnen Kollegen der Gebrauch von Klobürsten unbekannt ist,
sollen sie jetzt dafür bestraft werden, dass sie ihre Spiegel
nicht zertrümmern und die Stoffhandtücher nicht kilometerweit aus dem Behälter zerren?

Viele Schulen sperren während des Unterrichts die Klos
ab. Erst in den Pausen schließt die Aufsicht die Toiletten auf.
In Notfällen während des Unterrichts bekommt man den
Schlüssel gegen Pfand (Schülerausweis) und Unterschrift.
Toilettenpapier wird blattweise im Sekretariat ausgegeben.
Mitschüler werden in den Pausen als Klowächter eingesetzt.
Die Folge? Große Empörung in den lokalen Medien.

Eine Schule beschäftigt Toilettenfrauen. Premium-Pinkeln
in sauberen Räumen kostet dann 10 Cent. Wer die nicht hat,
geht aufs normale »Schmutzklo«. Für 15 Euro im Jahr kann
man auch eine Toiletten-Flatrate erwerben. Die Bezirksregie-
rung hat dieses Prozedere verboten. Hier werde eine Zwei-
klassengesellschaft produziert. Alle Kinder müssten kosten-
losen Zugang zu sauberen schulischen Bedürfnisanstalten
erhalten.

Der Direktor einer Privatschule installiert Kameras im
Vorraum der Schülerklos. Ganz große Empörung in den
Medien und bei Elternvertretungen! Dabei sind das nur
Attrappen...

Eine Mutter kritisiert im Schulklo-Forum, dass Kinder
heute viel zu schnell Ekel entwickeln und zu sensibel seien.
Sie sollen sich nicht so anstellen, wenn das Klo dreckig ist.
Das ist doch mal eine kostengünstige Variante!

Auf der Internetseite www.schulklo.de finden sich jede
Menge Hinweise, wie Schultoiletten zu gestalten sind: alles

aus bruchsicherem Stahl, alles vollautomatisch und pieksauber. Eine Reinigungskraft begutachtet die aufwendig renovierten, automatisierten und stählernen Schülertoiletten ihrer Anstalt: »Eine Woche wird das halten. Dann sieht es wieder wie ein Saustall aus.« Dabei sind Schweine reinliche Tiere!

Auf einer Fahrt mit meiner 9. Klasse haben wir ein Haus für uns allein. Gestank und Dreck auf dem Jungsklo haben eindeutig meine Schüler verursacht. Auch hier war es einigen zu beschwerlich, in die Toilettenbecken zu zielen. Ausgesprochen freundlich teile ich den zwölf Knaben mit: »In einer Stunde ist das Klo so sauber wie bei der Ankunft.« Sicher verstoße ich damit gegen irgendwelche ethisch-pädagogischen Prinzipien und Vorschriften, denen zufolge man keine Kollektivstrafen verhängen oder entwürdigende Maßnahmen treffen darf.

Eine Stunde lang schallen Flüche und Schimpftiraden durchs Heim: »Wer war dieses Dreckschwein?« »Iih, das ist ja voll eklig!«

Nach dieser Aktion bleibt das Klo wunderbar sauber.

Echt eklig!
(Sensible und Ästheten fahren bitte mit dem nächsten Kapitel fort!)

Berlin ist die Stadt der Hundehaufen. Das wissen alle in der Republik. Trotz Räumpflicht und Bußgeldandrohungen liegen überall braune Tretminen verstreut. Und zwar nicht nur am Wegesrand, sondern auch mitten auf dem Bürgersteig. Besonders, wenn die Schneeschmelze eintritt. Ab und zu sieht man einen Hundehalter mit einem Plastikbeutelchen hinter seinem spreizbeinigen Fifi stehen, aber das ist so selten, dass man diese Menschen fast mitleidig belächelt, weil sie ihrer Bürgerpflicht so brav nachkommen. Was hat meine Mutter früher mit Tränen der Wut und des Ekels unsere Schuhe gesäubert. Eins von den vier Kindern hatte immer mal das Glück: »Pass auf! Schschsch... schon reingetreten!«

Aber wir haben in Berlin auch noch andere liebenswerte Bräuche. Man muss nicht nur um verschiedenfarbige

Hundewürstchen herumbalancieren, sondern auch über jede Menge Spuckeansammlungen hinwegsteigen, welche U-Bahnhöfe und Treppen, Straßen und Plätze zieren. Auf vielen U-Bahnsteigen ist es praktisch unmöglich, eine Bank zu finden, vor der noch niemand ausgespuckt hat. Man muss panisch darauf bedacht sein, dass einem nichts runterfällt, was man gern noch behalten würde, sei es der Wirtschaftsteil der Zeitung oder der Hausschlüssel. Der Boden ist voll von diesen widerlichen kleinen Denkmälern, die sich vor allem Männer und Jungmannen setzen.

Ich wüsste gern, warum. Ist das ein Chromosomen-Defekt? Eine unangenehme Testosteron-Nebenwirkung? Schmeckt männliche Spucke so unerträglich, dass man sich ihrer ständig entledigen muss? Oder sind Frauen, die ja auch eher selten vor Bäume, Hauswände und auf U-Bahn-Gleise urinieren, einfach nur gehemmter? Gibt es über das Phänomen des männlichen Auswurfs eigentlich schon »Gender-Studies« oder andere wissenschaftliche Betrachtungen? Es wird doch sonst so viel Absurdes analysiert, eruiert und evaluiert.

Diese eklige Angewohnheit hat längst auch in Schulen und Jugendheimen Einzug gehalten. Schnell haben manche Schüler begriffen, dass man Lehrer und vor allem Lehrerinnen herrlich damit aufregen kann, wenn man auf dem Hof pausenlos und ganz selbstverständlich vor sich hin spuckt. Doch auch wenn man empört fragt: »Soll ich das etwa runterschlucken?«, bestehen einzelne Lehrkräfte darauf, dass man seine Körperflüssigkeiten wieder vom Boden entfernt. Aus Rache wird nun auch im Treppenhaus und auf Schulfluren gespuckt.

Was halten eigentlich die jeweiligen Erziehungsberechtigten von dieser Sitte? Gibt es bei ihnen zu Hause in jeder Ecke einen Spucknapf? Wie reagieren zum Beispiel Mehmets Eltern, wenn er ihnen diese Geschichte erzählt: Mehmet hat in die Turnhalle gespuckt. Die Lehrerin hat es gesehen, er kann sich nicht rausreden. Die Lehrerin fordert: »Du wischst das umgehend wieder weg!« Mehmet: »Das ist eklig. Das mache ich nicht!« Das Wortgeplänkel geht eine Weile hin und her. Sachliche Aufforderung, dringende Aufforderung, drohende Aufforderung, ultimative Aufforderung. Mehmet weigert sich standhaft. »Wozu haben wir Putzfrauen?«, verteidigt er sich. »Wenn du das jetzt nicht sofort wegwischst, ziehe ich dich mit deinem T-Shirt da durch!« Die Lehrerin ist größer und stärker als Mehmet. Wird sie ihre Drohung wirklich wahr machen? Das glaubt Mehmet nicht. Er täuscht sich.

Wir hatten daheim ein altes Buch aus der Kaiserzeit. Da waren Bilder drin von Gemischtwarenläden mit Schildern an der Wand, dass das Spucken auf den Boden unerwünscht sei. Mein Großvater wusste auch noch eklige Witze über Spucknäpfe zu erzählen, obwohl meine Mutter es ihm strengstens untersagt hatte. Das alles, dachte ich, gehört der Vergangenheit an. Aber der Fußballsport belebt viele alte Sitten wieder neu. Kein Fußballspiel vergeht ohne markig spuckende Mannen. Das hat natürlich Vorbildfunktion. Dieses Lässig-Elegante wird sofort demonstrativ nachgeahmt.

Angeblich gehört es auch in vielen fernen Landen zum Alltag, sich ungeniert und allerorts von seinen Sekreten zu befreien. Der Tourismusboom hat uns Mannigfaltiges nähergebracht. Nicht nur Sushi und Mangos.

In der Oberstufe wird dieses Unaussprechliche einmal zum Thema. Ein Jüngling nichtdeutscher Herkunftssprache erklärt seiner Deutschlehrerin den Grund für all die widerlichen Auswürfe auf dem Schulgelände. Die stünden symbolisch für etwas ganz anderes: Man stelle damit quasi seine Männlichkeit unter Beweis. Muss ich deutlicher werden?

Die unappetitliche Erscheinung des Ausspuckens greift immer weiter um sich. Wahrscheinlich tritt sie in Radolfzell, Molfsee und Bielefeld auch schon auf. Man hat vereinzelt junge Frauen beobachtet, die sich konzentriert dieser Tätigkeit widmen. Zum Frauenfußball gehört das Spucken ebenfalls ganz selbstverständlich. Wird es auch in Amtsstuben, Kneipen und Kinos Einzug halten?

Man sollte dem Ganzen einfach positive Aspekte abgewinnen. Keine Ahnung, warum der Markt noch nicht reagiert hat. Neue Investitionsmöglichkeiten und Arbeitsplätze könnten entstehen. Ich denke da an die Produktion von Designer-Spucknäpfen, formschönen Spucktüten to go, von modischen Gummistiefeln und von umweltfreundlichen Absorptionsmitteln: Bio-Streu oder bunte Party-Sägespäne. Die Hersteller von Papiertaschentüchern würden auch enorm profitieren, wenn die Werbung sich endlich mal dieses Themas annehmen würde. Kräftig schnäuzende Menschen führen sie uns im Fernsehen doch schon vor.

Freuen Sie sich über neue Akzente im Alltag! Befreien Sie sich von verklemmtem Körpergefühl und falsch verstandener Ästhetik! Stellen Sie sich wieder mal auf eine Brücke, und spucken Sie in den Kahn.

»Ich lauf doch nicht rum wie 'ne Wespe!«

Was sollen Schülerinnen zu einem Auftritt anziehen?

Jeden Sommer nehmen meine Musikgruppen an einer Berliner Großveranstaltung teil, auf der rund 2 000 Schülerinnen und Schüler miteinander tanzen. Einmalig in der Bundesrepublik. Ein Jahr vorher werden von einer Lehrergruppe 25 internationale Tänze ausgesucht, die bei der Veranstaltung gespielt werden. Jede Gruppe muss mindestens zehn können.

Davon haben Sie noch nie gehört? Das wundert mich nicht. Es spielen ja auch keine jugendlichen Intensivtäter Streetball. Niemand provoziert, prügelt oder zündelt. Kein Stardirigent hat das Happening initiiert. Hierhin verirrt sich kein führender Politiker, kein Sponsor stiftet Getränke oder neue Lautsprecher. Nicht zum 25. Jubiläum, nicht zum 30. und schon gar nicht zum 35. Nur ein einsamer Bezirksbürgermeister tanzt bei der Eröffnungspolonaise mit. Auch für die Medien ist das Ganze viel zu unspektakulär. 2 000 Kinder und Jugendliche aller Schularten und Altersstufen, die gemeinsam zu Folklore- oder Popmusik tanzen, Integration und Inklusion vom Feinsten repräsentieren? Wen interessiert so was?

Für die Beteiligten ist die Veranstaltung umso wichtiger. Am wichtigsten ist allerdings nicht die Auswahl und das Einüben der Tänze, sondern die Frage: »Was sollen wir anziehen?« Darüber kann man stundenlang diskutieren. Engagiert bis erbittert – als ginge es um die eigene Hochzeit. Einige grazile Mädchen wollen unbedingt bauchfrei tanzen. Die etwas stämmigeren protestieren. Die Lehrerin ist auch dagegen, dass Mädchen sich freiwillig zum Objekt machen.

Nach hartem Ringen und diversen verplemperten Unterrichtsstunden besteht immerhin Konsens darüber, dass einheitliche Kleidung bei Fußballspielen und Tanzauftritten grundsätzlich von Vorteil ist. Teuer darf das Ganze nicht sein. Wir haben keine Elternschaft im Hintergrund, die mit Seidenröckchen, Samtwesten und Ballerinas aufwarten kann. Am besten einigen wir uns auf etwas, was jede besitzt oder sich borgen kann: schwarze Hosen und weiße Oberteile.

Beim Tanzfest merke ich, dass es nicht ausreicht, nur die Farbe der Kleidungsstücke festzulegen. Alles ist vertreten: enge schwarze Jeans, schwarze Radlerhosen und schwarze sackförmige Gebilde mit Riesenhintern auf Kniehöhe. In Sachen Oberteil habe ich an einfache weiße T-Shirts gedacht. Elisa trägt eine Art weißen BH mit lila Pailletten, Sandra einen dicken Pullover, auf dem ein Hamster Ski fährt, Sarah ein weißes Hemd mit grünen Streifen.

Auch einheitliche Fußbekleidung hätte ich vorher mal ansprechen sollen. So tanzen weiße Sportschuhe, gelbe Wanderstiefel und rote Socken übers Parkett. Ein bunter Haufen im Vergleich zu anderen Schulen, deren Gruppen in wallenden Pastellgewändern, mit bestickten Blusen und einheitlichen Schläppchen erscheinen. Dafür tanzen meine in der Mehrzahl arabischen und türkischen Weiber mit viel mehr Power und Temperament! Die hätten auch Kartoffelsäcke überziehen können und würden immer noch großartig aussehen. Was spottet mein Mann? »Auch der Eule gefallen ihre Jungen...«

In einem Schuljahr erreiche ich endlich, dass die Schule uns einheitlich ausstattet. Der Chef des Sportbereichs wird vom Schulleiter angewiesen, seinen Schrank für mich zu öffnen. Zu meiner Verblüffung befinden sich darin Riesenvorräte an T-Shirts, alle noch in Plastik verschweißt. Widerwillig trennt sich der Chef des Sportbereichs von 20 Exemplaren. Meine Gruppe hat sich nach langem Debattieren als Farbe Gelb gewünscht. Die Schülerfirma bedruckt die T-Shirts mit dem Schul-Emblem. Nahezu alle Mädchen sind der Meinung, dass ihnen Größe S, höchstens noch Größe M passt. Sehr diplomatisch muss ich auch die eine oder andere Übergröße an die Frau bringen. Beim Tanzfest sehen meine Mädchen obenrum jetzt fesch und einheitlich aus. Unterhalb der Taille ist wieder mal alles vertreten, was Kleiderschrank und Waschmaschine gerade so hergegeben haben.

Im nächsten Jahr habe ich neue Schülerinnen. Und die sind empört: »Gelbe T-Shirts? Auf gar keinen Fall! Wir laufen doch nicht wie Wespen rum!« Also werden die T-Shirts beim nächsten Flohmarkt verhökert. Vom Erlös kaufen wir schwarzen Stoff. Die Mädchen würden gern Röcke tragen, die schwingen beim Tanzen so schön. Eine nette Kollegin lässt ihre Arbeitsgemeinschaft Tellerröcke nähen. Die kommen tatsächlich auch zum Einsatz. Ein einziges Mal. Dann sagt der obercoole Justin, dass Röcke blöd sind. Seither lagern sie in einer blauen Mülltüte im Materialkeller.

Meine nächste glorreiche Idee: Wir organisieren einen Tanzauftritt in der Aula und kaufen vom Eintrittsgeld Stoff für Westen. So barocken Glitzerstoff, in Silber und Gold, mit Perlen und orientalischen Mustern. Darunter werden schwarze Sachen angezogen. Das finden die Mädchen toll. Wochen später wandere ich ratlos mit unseren 150 Euro durch die Kaufhäuser. Brokat ist richtig teuer. Ich finde im dritten Kaufhaus einen Stoff, der erschwinglich und – in meinen Augen – zeitlos schön ist. Monatelang wird vermessen, genäht und probiert. Schließlich haben wir 40 Westen in verschiedenen Größen. Die Tanzgruppe, die sie sich gewünscht hat, tritt ein Mal damit auf. Danach wirft sich jede Folgegruppe nur unter massivem Druck in die golden funkelnden Teile – und nur bei repräsentativen Schulveranstaltungen. Diesen Kleidungszwang kann man boykottieren, indem man das Ding bei irgendeiner Freundin vergisst oder es vor dem Auftritt bei 60 Grad wäscht. Ich wage nur noch selten, die Westen als Tanzkleidung vorzuschlagen. Nicht mal zum Fasching. Die Kolleginnen vom Darstellenden Spiel allerdings freuen sich über die schwarzen Röcke und die glitzernden Westen. Und ich freue mich auf das nächste Schuljahr und die erneuten heftigen Diskussionen: »Was sollen wir denn anziehen?«

Ich wüsste gern, mit welchen Tricks Kollegien arbeiten, deren Schüler angeblich bereitwillig Schuluniformen tragen.

»Ich bin Oberstufe!«
Vom Standesdünkel der »Intellektuellen«

Wenn Schüler und Schülerinnen unserer Sekundarschule die Hürde in die Oberstufe genommen haben, geht mit etlichen von ihnen eine wundersame Wandlung vor sich. Endlich haben sie sich aus dem unkleidsamen Verpuppungsstadium eines Mittelstufenschülers befreit und flattern jetzt als Schmetterlingsinkarnation des reinen Geistes durch die ruhigen Hallen des Oberstufenbereichs – hin und wieder aufgeschreckt durch laute Haupt- und Realschüler, die den Flur entlangtrampeln. Obwohl der Schulleiter ihnen strikt verboten hat, diesen Gang zu benutzen. Auf einer Schülerversammlung spricht eine Abiturientin von »uns Intellektuellen«. Die anwesenden Lehrer sind beeindruckt. Dieser plötzliche Reifeprozess ist ihnen glatt entgangen. Ein ewiger Meckerbock legt im Lehrerzimmer kommentarlos ein Zitat aus einer Deutschklausur des 12. Jahrgangs aus. Anscheinend ging es darin um die Epoche der Aufklärung:

»Die Menschen begannen zu rationalisieren.
Sie besinnten sich ihres Verstandes und blasierten.«

Da sich die Abiturienten der wahren Menschwerdung mit Riesenschritten nähern und manche glauben, mit dem Übergang in Klassenstufe 11 bereits ihre Promotionsurkunde in der Tasche zu haben, beginnen sie, ihr soziales Umfeld feinsinnig zu differenzieren. Auf einmal verdient die Sekundarstufe I, der einige Schmetterlinge nur knapp und mithilfe diverser geschenkter Punkte entronnen sind, nur noch Verachtung. Die Würmer und Engerlinge der Mittelstufe, die lärmend durchs Gebäude drängeln und sämtliche Türen verstopfen, sollen bitte nicht im selben Wiesengrund ihre Pausen verbringen, in dem die Schmetterlinge der Oberstufe ihren tiefsinnigen Gedanken nachhängen. Die »Parfüm-und-Make-up-geilen Mittelstuflerinnen« mögen eigene Schminkräume bevölkern, damit sie nicht die Toiletten der gelehrigen Oberstufenschülerinnen blockieren. Deren Zeit ist nämlich wertvoll und knapp bemessen. Deswegen ist es auch eine Zumutung, wenn sie sich in der Mensa anstellen sollen. Den Oberstufenschülern gebührt der Vortritt, wenn sie speisen wollen – falls die respektlosen Siebtklässler nicht wieder alles kahl gefressen haben.

Die hohen Leistungsanforderungen zehren an der Gesundheit unserer Oberstufen-Schmetterlinge, deshalb brauchen sie morgens viel mehr Schlaf (was kümmert einen freien Geist der Unterrichtsbeginn um 8.00 Uhr früh?) und etliche »Urlaubstage«, um wieder Kräfte zu gewinnen. Dafür dürfen sie sich ihre Entschuldigungen selber schreiben. Manchen sturen Lehrern reicht das jedoch nicht. Für die muss man »Doc Holiday« ein paar Straßen weiter aufsuchen, der ohne zu murren jedes Attest ausstellt.

Bei ihrer sensiblen Differenzierungsarbeit haben die Schmetterlinge schnell begriffen, dass es an ihrer Schule Studienräte, also qualifizierte Oberstufenlehrer, und so eine Art angelernte Grundschullehrer gibt. Weisungsbefugt für die Sekundarstufe II, wenn es ums heimliche Rauchen oder Verlassen des Schulgebäudes geht, sind natürlich nur die richtigen Lehrer. Und auch nur die muss man grüßen! Allerdings erdreisten sich auch die »Kindergärtner« immer wieder, die Oberstufenschüler auf die Schulregeln hinzuweisen. Wie lächerlich. »Ich bin Oberstufe!« Siehst du das nicht, du pädagogische Evolutionsbremse? Ich darf rauchen, essen, trinken und telefonieren, wo und wann es mich überkommt. Du hast mir gar nichts mehr zu sagen. Das war früher mal, als du mir noch die Schuhe zubinden und die Nase putzen musstest. Wahrscheinlich hast du noch nicht mal Abitur. Wie kannst du es wagen, mich anzusprechen und zu duzen!? Nur der Gnade meines Schulbesuchs habt ihr eure Oberstufe letztendlich doch zu verdanken. Ohne mich befändet ihr euch in einer Bildungswüste. Hätte ich mein gutbürgerliches Gymnasium nach drei Versuchen nicht verlassen, würdet ihr euch nur mit den gewalttätigen Gören eurer Kiezschule rumquälen. Aber ich hebe euer Niveau! Meine Leistungen und mein Arbeitsverhalten entsprechen zwar nicht unbedingt dem hohen Prestige, dessen ich mich zu erfreuen meine, aber was macht das schon! »Ich bin Oberstufe!«

Tja, korreliert dieses Verhalten gar mit einem leisen Dünkel innerhalb der Lehrerschaft? Müssen nicht auch die Studienräte hin und wieder die »Grundschullehrer« etwas gönnerhaft darüber aufklären, was zum Beispiel eine Klausur ist und welche Erwartungshorizonte in der Oberstufe lauern? Gibt es nicht in der Schulleitung stille Überlegungen, die leistungsstärkeren Kurse der Klassen 9 und 10 nur noch von handverlesenem Oberstufenpersonal zur gymnasialen Reife führen zu lassen? Und was ist mit dem fruchtlosen Bemühen einiger Kollegen, die gern in der Oberstufe unterrichten würden, aber pikiert ferngehalten werden, weil sie keine »Fakultas« haben – es sei denn, sie vertreten Mangelfächer?

Wo bleibt die großartige soziale Integration der Gesamtschule? Sollten wir nicht gleich drei Gebäude einrichten? Im Haupt- und Baumschulbereich unterrichten die Grundschullehrer und besseren Kindergärtner dann vor allem Arbeitslehre, Fußball, Streetdance, Umgang mit Behörden, etwas Kindererziehung und die Grundrechenarten.

Und in den gymnasialen Wandelhallen (räumlich weit entfernt vom Mittelstufenbereich) schreitet unser intellektueller Nachwuchs, in philosophische und ethische Diskurse mit Studiendirektoren, Magistern und Doktoren vertieft, die ihre eigenen Kinder übrigens lieber auf kirchliche Privatschulen schicken ...

Solide Geschichtskenntnisse
Heinrich Böll hat die Berliner Mauer gebaut

Die Jugend von heute hat keine Ahnung von der Geschichte der Bundesrepublik. Und von der DDR schon gar nicht. Alles nur Fehlinformationen, Vorurteile und Halbwissen. Steht in der Zeitung. Muss also stimmen. Die Schuld daran tragen selbstverständlich die Lehrer. Wer sonst?

Ich werde neugierig: Was wissen meine Neuntklässler über die DDR und die BRD? Wir residieren in einem ehemaligen Westbezirk und behandeln in Geschichte gerade das Dritte Reich. Die Nachkriegszeit ist erst im zehnten Schuljahr Unterrichtsstoff. Ich bitte den nächsten Vertretungslehrer, einen Fragebogen mit in meine Klasse zu nehmen. Grinsend gibt er mir hinterher den Stapel zurück. Viele meiner Schüler sind anonym geblieben. Wahrscheinlich wollten sie sich mit ihrem Wissen nicht so in den Vordergrund spielen.

Die erste Frage lautete: Wer hat die Mauer gebaut? Meine Schüler machen wahlweise Heinrich Böll, Gorbatschow, Hitler und Stalin dafür verantwortlich.

Die nächste Frage: Wie unterschieden sich DDR und BRD? Hülya schreibt: »Die Bundesrepublik ist nicht so konservativ wie die DDR.« – »Die DDR ist ein Teil von Deutschland, da sind eigene Regeln und eigene Preise. Und in der Bundesrepublik sind alle vereint«, weiß Diego. – »Die DDR war ein demokratisches Land. In der Bundesrepublik hatte nur einer das Sagen!« behauptet Robin. – »In der DDR wurden die Kinder ausgefragt, welche Musik der Vater hört.« – »In dem einen Teil gab es weniger zu essen, und alles war heruntergekommen.« – »In der DDR war vieles billiger, und die Menschen hatten eine bessere Bildung«, schreibt Koschka.

Und dann will die Lehrerin noch wissen, was eigentlich die Abkürzungen DDR und BRD bedeuten. Valeska erklärt ganz unbefangen: »BRD = Brandenburg Demokratie Republik.« Edgar weiß es besser: »BRD = Westen, DDR = Osten.«

Die meisten meiner Fragen bleiben allerdings unbeantwortet. Silvio, der Klassenbeste, verpasst mir einen kleinen Denkzettel. Er schreibt: »Um all das zu lernen, gehe ich in die Schule!«

Höchste Zeit, im Unterricht das Dritte Reich untergehen zu lassen und die weitreichenden Folgen zu besprechen. Wir behandeln Merkmale einer Demokratie, die Berlin-Blockade, die Gründung von DDR und BRD, die jeweiligen Wirtschaftssysteme, Unterschiede im Alltag, den 17. Juni 1953, die verschiedenen ideologischen Perspektiven, die Wende.

Im abschließenden Kontrolltest präsentieren sich einige meiner Schüler nun als wahre Experten. Sie sind selbstständig im Denken und verlassen sich nicht allein auf meinen Unterricht. Ich weiß nicht, welche Quellen sie herangezogen haben, aber ich bin stolz auf ihre Kenntnisse!

Zum Thema Gewaltenteilung lese ich: »Das bedeutet, die Leute wurden früher mit Gewalt in Parteien eingeteilt.« – »Wenn man die Gewalt teilt, und zwar in Konservative, Konjukutive und Legeslative.« – »Die Gewalt wurde aufgeteilt, zwischen Deutschland und ein paar anderen Ländern.«

»Was sind Merkmale einer Demokratie?«, insistiert die Lehrerin. »Es gibt Gesetze. Jeder wird normal behandelt.« – »Demokratie ist, wenn alles glatt läuft.« Das sind doch mal sinnvolle Antworten. Ich bin zufrieden und lese weiter.

Woran soll das komische Wahrzeichen am Flughafen Tempelhof erinnern? Wir haben das Luftbrückendenkmal extra an einem Wandertag besichtigt. Angeblich sagt der Berliner »Hungerharke« dazu. Aber wie bei so vielen Berliner Sehenswürdigkeiten wird dieser seltsame Ausdruck nur auf Ansichtskarten benutzt. Kein Berliner redet wirklich so. Angel-Marie klärt mich auf: »Als die Mauer stand, mussten viele in Ostberlin hungern. Deswegen ließen die Briten und Amerikaner kleine Pakete mit Lebensmitteln und Süßigkeiten auf sie herabfallen.«

Es geht weiter im Test: Wieso heißt diese Straße im Berliner Tiergarten »Straße des 17. Juni«? Oksana weiß es: »Weil es am 17. Juni 1949 einen Aufstand der Völker gab, wo sie für die Toten, die beim Krieg gestorben sind, gedenkt haben. Die Volker wollten ein besseres Leben.« Markus hat auch schon mal von dieser Straße gehört: »Dort sind viele Protestanten entlanggelaufen, genau am 17. Juni.« Und wie beurteilte damals eine DDR-Zeitung dieses Ereignis? »Sie sahen es als Riesenaufschwung.«

Beim Korrigieren wird mir endlich auch klar, warum die Mauer gebaut wurde: »Weil zu viele Leute in die DDR flohen.« Zum Thema Reisefreiheit erklären die lieben Kleinen: »Die DDR-Bürger durften nur in die Ostländer fahren, z.B. nach Österreich, Frankreich und in die Schweiz.« – »Aber nicht nach Italien, Russland und England«, ergänzt Sara-Belle.

Auch zum Schulsystem äußern sich meine Profis: »In der BRD gab es drei Schulsysteme, in der DDR nur eins.« – »In der BRD gab es Einheitsschulen, in der DDR freie Schulen.« – »In der DDR hatte man fast so Schule wie bei uns heute. Und in der BRD war es schlimmer.« – »In der DDR haben die Kinder auf Schiefertafeln geschrieben.« Das hab ich »die Kinder nicht gelernt«, ich schwöre.

Mit Tränen in den Augen lese ich weiter: »Im Westen war es besser! Die Währung war unterschiedlich. Es gab D-Mark und Reichsmark.« – »Der erste Bundeskanzler der DDR war Theodor Heuss.« – »In der DDR war eine Planwirtschaft. In der BRD konnte jeder machen, was er wollte.« – »In der DDR gab es mehr Wirtschaft als in der BRD.« Mein Mann hört mein leises Wehklagen und kommentiert grinsend: »Diego meint bestimmt Gastwirtschaften.«

Dann liest er sich fest: »Die DDR war arm, und die Lebensmittel waren teuer. Die BRD hatte den Fernsehturm und war politisch besser gerüstet.« – »Da die DDR von den Sowjets bewacht wurde, war die DDR insgeheim kommunistisch.« – Jeremy nennt das Wesentliche in wenigen Stichpunkten: »BRD: Lebensnotwendiges sehr billig, Menschenrechte, Frauenrechte, sehr luxuriös.« Und Grace ergänzt: »In der DDR-Zeit gab es die Mauer, und jetzt nicht mehr.« – »Fein beobachtet!«, meint der Gatte. »Was hast du bloß im Unterricht behandelt?«

Erschüttert sitze ich an meinem Schreibtisch und erwäge, in die sibirische Taiga zu emigrieren oder bei der Fremdenlegion anzuheuern. Die nehmen doch mittlerweile sicher auch Frauen. Dann merke ich, dass ich drei Arbeiten übersehen habe. Meine hoffnungsvollen Anwärter für die Oberstufe haben alle drei eine Eins geschrieben. Ich muss doch nicht auswandern.

Strafe muss sein!
Wie schwarze Pädagogen Grenzen setzen

»Frau Frydrych hat viel Fantasie, wenn es um Strafen geht.«
Das hat mir Emma aus der 10. Klasse ins Lehrerzeugnis
geschrieben. Darauf sollte ich aber nicht allzu stolz sein,
denn eine gute Pädagogin straft nicht, sondern sucht geduldig das Gespräch. Schon der Schriftsteller Jean Paul stellte
fest: »Freude am Strafen hat nur der Teufel.« Mao allerdings soll entgegnet haben: »Bestrafe einen, erziehe hundert!«

Als Junglehrerin beaufsichtigte ich einmal in der Woche
nach Schulschluss die Delinquenten, bei denen meine ausdauernde Gesprächstherapie versagt hatte. Trotz meiner
psychologischen Bemühungen verspäteten sie sich weiterhin jeden Morgen, ließen gern mal Randstunden ausfallen
oder erschienen konsequent ohne Arbeitsmaterial und ohne

Hausaufgaben. Bald merkte ich, dass dieses Nachsitzen meinen Schülerinnen und Schülern sichtlich Spaß machte: Ihnen gefiel diese Kleingruppen-Betreuung, sie hatten ausgesprochen gute Laune und versuchten mich in private Gespräche und Witze-Battles zu verwickeln, bis ich ebenfalls lachen musste. Das war natürlich nicht der Sinn dieser Strafe. Weniger gut fanden es meine Schüler, unter meiner Aufsicht den Schulhof zu säubern. Aber auch damit bestrafte ich in erster Linie mich selber. Ich musste schließlich auch jedes Mal länger bleiben.

»Kinder haben ein Recht auf Strafe!«, pflegte mein Opa zu sagen. Und der russische Schriftsteller Wladimir Tendrjakow befand: »Ein Lehrer, der aus Güte gegenüber jugendlichen Verfehlungen Nachsicht übt, ist ein Verbrecher!« So ähnlich sahen das auch ein paar andere Kollegen im Jahrgang. Einmal in der Woche sollte es deshalb einen zentralen Nachsitztermin geben. Laut Schulgesetz ist Nachsitzen übrigens verboten. Deswegen deklarierten wir Lehrer es als »Zusatzförderung«. Um die Strafsitzungen nach Schulschluss gerecht zu verteilen, wurde jede Woche eine andere Lehrkraft zur Aufsicht der widerspenstigen Gören eingeteilt. Schon nach der ersten Stunde beschwerte sich der Diensthabende heftig. Es sei unmöglich, 50 Kinder aus acht Klassen gleichzeitig zu betreuen. Also kehrten wir zum therapeutischen Gespräch zurück. Und meine Lieblingskollegin schrieb in unser pädagogisches Tagebuch, das wir im Lehrerzimmer ausgelegt hatten: »Strafe ist nur ein Abbild der Hilflosigkeit.«

Mit den Berufsjahren lernte ich, dass eine »pädagogische Intervention« möglichst individuell abgestimmt werden und ein bisschen wehtun muss. So viel Fantasie braucht man dafür gar nicht, wie sie mir Emma im Zeugnis bescheinigt. Einmal hat ein Schüler hundertmal den Satz geschrieben: »Ich soll den Lehrer nicht anspucken.« Das hatte ihm seine Mutter geraten. Ich halte nichts von hundert identischen Sätzen, egal, zu welchem Thema. Ausnahme: »Meine Klassenlehrerin ist großartig.« Ein wenig stolz bin ich allerdings auf meine Idee mit dem Spachtel. Zum Schuljahresende kleben unter Tischen und Stühlen jedes Mal massenhaft versteinerte Kaugummis. In meinem Unterricht dürfen die Kinder deshalb nicht kauen, egal, ob das die Intelligenz fördert oder nicht. Ich muss mich sogar erzieherisch bremsen, wenn ich außerhalb der Schule auf dümmlich mümmelnde Erwachsene treffe. Erwische ich meine Schüler dabei, wie sie die graue Masse von einer Backentasche in die andere schieben, müssen sie in der Pause drei Kaugummis unter den Schulmöbeln abspachteln. Vorrat gibt es reichlich. Noch hat keine Mutter beim Schulrat protestiert, dass ihr Kind damit entwürdigt wird. Oder dass die Lehrer keinen Respekt mehr vor den Schülern hätten. Ich habe Glück. In manchen Klassen weht ein anderer Wind. Da geiern engagierte Elternvertreter geradezu auf Verfahrens- und Verhaltensfehler von Lehrkräften. Auftrumpfend machen sie Stimmung gegen »unfähige Lehrer« und fallen der Schule bei jeder disziplinarischen Maßnahme in den Rücken. Hoffentlich erleben solche Eltern mal am eigenen Leib (auf keinen Fall wörtlich gemeint ...), wie ihr Kind – mit grenzenlosem Verständnis verwöhnt – so richtig pampig, aggressiv und ausfallend wird.

Simon aus der Parallelklasse hat im Religionsunterricht den Pfarrer übel beschimpft. Der Pfarrer beantragt verschämt eine Klassenkonferenz, um über »aversive Reize« zu beraten. Simons Fachlehrer und die zuständige Erzieherin reden verständnisvoll auf den Jungen ein, fragen nach den Ursachen für seine Aggressionen (hat der Pfarrer ihn vielleicht provoziert?) und bitten den Jungen, doch eventuell sein Verhalten zu überdenken. Nur die Jahrgangsleiterin drängt auf eine deutliche Bestrafung. Zögerlich wird über Simon ein schriftlicher Verweis verhängt. Simon grinst. Zu Recht. Der Verweis wird nicht einmal auf dem Zeugnis erscheinen. Eine Woche später trifft der Brief einer bekannten Anwaltskanzlei ein, die auf Schulrecht spezialisiert ist. Dort können Eltern die passende Schule, die richtige Zensur, den gewünschten Abschluss einklagen und Schulstrafen abschmettern. Simons Eltern legen dar, dass der Pfarrer sich unprofessionell verhalten habe. Ihr Sohn hatte gar keine andere Wahl, als ihn eine »blöde Schwuchtel« zu nennen. Außerdem sei das typischer Jugendjargon. Der Junge wisse doch gar nicht, was eine Schwuchtel ist. Der Schulleiter mag keine Konflikte mit gutbürgerlichen Eltern und ihren Anwälten, also wird der Verweis zurückgenommen.

Eine neue Kollegin lässt sich dazu hinreißen, aggressive Gören kaputte Möbel in den Keller tragen und dort reparieren zu lassen. Das kündigt sie den Eltern vorschriftsmäßig vorher an, natürlich nennt sie auch den Grund für diese Maßnahme. Simons Eltern schicken daraufhin ein Arztattest, dass ihr Sohn zu körperlicher Arbeit nicht in der Lage sei. Und schon gar nicht zu Strafarbeit!

Simon genießt ab sofort völlige Narrenfreiheit. Glücklicherweise gebe ich zum Halbjahr seine Klasse in Musik ab. Auf dem letzten Wandertag, den ich als Vertretung begleiten darf, schmiert Simon seine Leberwurststulle auf die Scheibe eines Mercedes, der an der Ampel warten muss.

Der Fahrer steigt aus, haut dem Jungen rechts und links
eine runter und fährt weiter. Ich kann mich täuschen, aber
mir scheint, als läge in Simons Augen eine gewisse Befrie-
digung...

Her mit Zucker, Fetten, Nitriten und Phosphaten!

Gesunde Ernährung in der Schule

Meine Geschwister und ich haben früher Stullen mit in die Schule bekommen. Von Muttern geschmiert und in Pergamentpapier gepackt. Der Wahn, dass man alle halbe Stunde einen Liter Wasser trinken muss, hatte noch nicht um sich gegriffen. In unserer Schule gab es keine Cafeteria, und wir mussten stundenlang ohne Flüssigkeit auskommen. Bisweilen verkauften Hausmeister oder Mitschüler subventionierte Schulmilch. Damals wurden arme Berliner Kinder noch gern verschickt. Irgendwo im Schwarzwald befanden katholische Nonnen, dass meine kleine Schwester und ich viel zu dünn seien, und fütterten uns mit Zusatzrationen Grieß- und Reisbrei. Eine fürchterliche Strafe. In sechs Wochen nahmen wir nur 200 Gramm zu.

Später am Gymnasium stahl sich ein Mitschüler manchmal

heimlich fort und kaufte beim Bäcker gegenüber Rumkugeln: Reste und Altbackenes zerkrümelt und neu vermischt, mit Kakao und Rum-Aroma »verfeinert« und zu Kugeln gerollt. Ab und zu fand sich eine Borste vom Bäckerwerkzeug im Naschwerk. Trotzdem waren wir danach süchtig.

Heute gibt es an Ganztagsschulen selbstverständlich eine Mensa oder eine Cafeteria. Und wenn dem nicht so ist, wärmen engagierte Eltern in den Pausen Würstchen und mischen Müsli. So was wie ein »gesundes Pausenbrot« hat kaum jemand dabei. Und wenn doch, sehe ich das häufiger im Papierkorb als in Kinderhänden. Notgedrungen geben viele Eltern Essensgeld mit. Sie glauben, dass sich ihr Kind davon Obst und Körnerbrot kauft.

Ich weiß es besser. Ich stehe manchmal mit in der Warteschlange, wenn morgens die Zeit nicht mehr gereicht hat, meine Vollwertschnittchen zu produzieren. Der Cafeteria-Pächter und seine zwei Gehilfinnen sind wie wild am Rennen, backen Brötchen und Pizza auf und kassieren Geld. Natürlich ohne Plastikhandschuhe ... Anscheinend hat die Gesamtelternvertreterin hier noch keinen Kontrollbesuch gemacht, sonst würde sie wegen der Hygiene in Ohnmacht fallen – und weil sich ihre Tochter, die angeblich so gesund ernährt wird, zum Frühstück zehn weißgrüne Gummimäuse und einen Liter eiskalte Cola kauft. Die Äpfel und Bananen würdigt sie keines Blickes. Das Lieblingsgericht der Schüler ist ein schlaffes und völlig dinkelfreies Brötchen, in dem ein Schokokuss zerquetscht wird. Ein Oberstufenschüler ersteht einen Eimer Kaffee in der Hoffnung, noch vor der ersten Stunde die Augen aufzubekommen. Das wird ihm mit diesem schwachen Gebräu kaum gelingen. Der Kaffee in unserem Lehrerzimmer ist besser und erweckt Tote zum Leben.

Manche Schüler kaufen sich auch Produkte mit Spuren von Kalzium. Allerdings nicht als Vollmilch, sondern als dickflüssiges Mixgetränk mit viel Zucker, Gelatine und Schokolade. Solange es noch die preiswerte Schulmilch gab, kauften die vor allem die Lehrer. Gleich im günstigen Zehnerpack. Sie mussten bei ihren geringen Einkünften schließlich sparen …

Meine Erziehungsversuche in der Cafeteria habe ich aufgegeben. Ja, das ist unverzeihlich, ich weiß, weil ich als Lehrerin natürlich auch für die gesunde Ernährung meiner Zöglinge verantwortlich bin. Früher war das mal Sache der jeweiligen Groß- oder Kleinfamilie, aber das ist lange her. Heute fühlen sich viele Eltern nur noch für den Kauf von Unterhaltungselektronik zuständig. Meine Plädoyers für Multivitaminsaft, Obst und Joghurt ernten nur müdes Lächeln. Meine Schüler gieren regelrecht nach gesättigten Fettsäuren, Kohlehydraten, nach Phosphaten und Nitriten, nach Analogkäse und Mogelschinken. Und leider sehen sie auch so aus. Viele haben Übergewicht und bewegen sich nur ungern.

Man muss mit der gesunden Ernährung natürlich frühzeitig beginnen. Wenn die neuen Siebtklässler in unsere Oberschule kommen, essen die Lehrer die ersten Wochen gemeinsam mit ihnen in der Mensa. Sobald die Lehrer damit aufhören, wechseln die Schüler zu Pizza und billigem Kuchen. Nur die Lehrer und der Sohn des Schulleiters lassen sich weiterhin von der Cafeteria bekochen. Der Schulleitersohn versteckt sich beim Essen hinter einem Pfosten. Ihm ist es peinlich, vor den anderen eine warme Mahlzeit einzunehmen.

Einige Klassenlehrer beginnen den Schultag mit einem gemeinsamen Frühstück, weil viele Kinder mit leerem Magen in die Schule kommen. Die hängen dann kraftlos an der

Sprossenwand, bekommen nach einer halben Tanzdrehung Schwindelanfälle oder gähnen bis Unterrichtsschluss alle zwei Minuten. Allerdings sieht der vollgestopfte Lehrplan keinerlei Frühstückshappenings vor. Aber nur in einem gesunden Körper wächst auch ein gesunder Geist heran.

Die Vertreterin einer Krankenkasse hält einen Gesundheitsvortrag. Meine Klasse kann auf Nachfrage detailliert aufzählen, was zu einem Energie spendenden Frühstück gehört. Aber wenn wir gemeinsam frühstücken, bringen sie dennoch jedes Mal Plastikkäse mit, der noch fünf Jahre haltbar ist, oder billigste Nuss-Nugat-Creme. Wobei es sie überhaupt nicht beeindruckt, wenn ich ihnen den Zuckergehalt dieser Creme verkünde. Zur Veranschaulichung baue ich ihnen einen großen Turm aus Würfelzucker. Merlin isst jetzt erst recht drei Esslöffel Nugat-Creme.

An Wandertagen nehmen viele Schüler keinen Proviant mit. Nach den 48 Treppenstufen auf den S-Bahnsteig sind sie völlig erschöpft und müssen sich am Kiosk, der so lieblich nach altem Fritteusen-Fett duftet, erst einmal stärken. Dafür hat ihre Lehrerin keinerlei Verständnis, denn der Zug fährt gerade ein. Und der nächste kommt erst in zwanzig Minuten. Also gibt es keine Pommes frites, stattdessen acht mürrische Schüler und Schülerinnen, die schlecht gelaunt ganz am Ende der Schülerschar hinterherschlurfen und unterwegs auf jeder Bank Rast machen müssen. »Sie haben uns ja nichts essen lassen!«

Manche Pädagogen meinen, auf Klassenfahrten endlich die volle Kontrolle über das kindliche Essverhalten zu haben. Weit gefehlt. Die lieben Kleinen führen säckeweise Kekse, Schokolade und Gummibärchen mit. Der Vorrat reicht für Wochen. Beim letzten Elternabend wurde zwar darauf hingewiesen, dass der junge Mensch durch solche Ernährung auf lange Sicht Schaden nimmt, aber der Gesichtsausdruck mancher Eltern sagte deutlich: »Lass die Alte ruhig quatschen. Mein Kind entscheidet selber, was es essen will!« Bei der ersten Mahlzeit in der Jugendherberge haben meine Gören nach den vielen Süßigkeiten natürlich keinen Hunger. Sie stochern in den Salatschälchen herum, kauen mit langen Zähnen und rollen die Mandarinen lustlos auf dem Tisch rum. Einer riecht misstrauisch an den Kohlrabi-Stiften: »Was ist denn das Komisches?«

In den nächsten Tagen finden die Lehrer immer wieder interessante Dinge in den Papierkörben: Chips-Tüten und Instant-Nudelsuppen aus dem dörflichen Supermarkt. Ein wenig heißes Wasser in eine Tasse und schon haben die ausgehungerten Kinder ein leckeres Mahl! Dabei wird in der Jugendherberge ausgewogen und liebevoll gekocht. Der schönste Tag auf der Klassenfahrt ist aber der, an dem es fette Bratwurst mit Ketchup und Pommes rot-weiß gibt. Selige Kinderaugen und verklärtes Lächeln. Schlangen an der Essensausgabe, um Nachschub zu holen. »Das schmeckt toll!«, verkündet Mike und wischt sich das Ketchup vom Schnäuzchen. Wir Lehrer verlassen hungrig den Saal. Vielleicht finden wir noch irgendwo einen Apfel oder einen Müsli-Riegel. Leider nicht, aber mitleidige Schüler bringen uns bunte Schaumstoffwaffeln und Weinbrandbohnen mit grauem Belag.

Nach meinen ernüchternden Berichten von der Klassenfahrt hat unsere Sozialpädagogin die gute Idee, den Kindern richtiges Essen beizubringen, In der nächsten Projektwoche verbindet sie ihnen die Augen und lässt sie allerlei Dinge verkosten, damit sie den Geschmack verschiedener Nährmittel kennenlernen. Heute üben sie, salzig von sauer zu unterscheiden. Die Arbeitslehre-Kollegin bietet einen Vollwert-Kochkurs an. Dort versammeln sich viele Kinder, denn Kochen und Essen ist allemal unterhaltsamer als ein Projekt »Stadtteilerkundung unter historischem Aspekt« oder »Wie kam unsere Schule zu ihrem Namen?«.

Aus Erziehungszeitschriften und Internetforen weiß ich, dass fürsorgliche Eltern ihre Kinder mit List und Tücke zum Obst- und Gemüsekonsum verleiten können. Sie schnitzen aus Radieschen und Gurken kleine Schweine und Delfine oder servieren Brokkoli in Form von Fischstäbchen und Hühner-Nuggets. Ein ganz toller Trick sei der Spruch: »Das musst du nicht essen!« Angeblich probiert das Kind dann ganz freiwillig dicke Linsensuppen und grauen Wirsingkohl.

In meiner Klasse gibt es noch Hoffnung: Ein neuer Schüler aus Bayern ist aufgetaucht, der in einer Plastikschachtel stets Vollkornbrot mit Salatblättern und Putenbrust dabeihat. Und klein geschnittene Möhren und Snack-Paprika. Der Junge ist mir sehr ans Herz gewachsen, seit er mich an seinem Frühstück beteiligt.

Bundesjugendspiele
Meine Schüler sind olympiareif!

Schönster Altweibersommer. Die Sonne strahlt über dem Sportplatz. Ideal für unsere alljährlichen Bundesjugendspiele. Zehn Mütter schnitzen seit zwei Stunden unermüdlich Birnen, Äpfel, Möhren, Kohlrabi und Gurken. Mundgerechte Stücke für unsere jungen Sportler. Die Rohkost wird nach anstrengenden 75-Meter-Läufen auch ratzeputz verdrückt, denn die Cafeteria hat heute zu, und so gibt es leider keine Cola, keine Gummibärchen und keine Streuselschnecken. In der Not essen die Kinder auch kiloweise rohes Gemüse! Die schnippelnden Mütter kommen kaum nach.

Mein Kollege freut sich. Er hätte heute sieben Stunden Unterricht. Da steht er doch viel lieber an der Sprunggrube rum und lässt drei Abiturienten messen, harken und aufschreiben. Er selber führt wichtige »Dienstgespräche« mit zwei jungen Kolleginnen, die mit ihren Stoppuhren auf die ersten Läufer warten.

Ich hätte heute nur eine einzige Musikstunde. Aber meine Klagen über das ungerechte Los einer Teilzeitlehrerin interessieren wie immer niemanden. Ich muss meine 9. Klasse stundenlang von Station zu Station begleiten und dann mit meinen Sportskanonen auf die nachmittägliche Siegerehrung, auf die faszinierende Rede des Sportfachbereichsleiters, auf gemeinsame Fußballspiele und Pendelstaffeln warten. Ich halte Sonnenschutzmittel, Haargummis und eine Riesentasche bereit, in die meine Schüler ihre Monatskarten, Armreifen, Smartphones und Geldbeutel werfen. Die Wertsachen trage ich ihnen dann hinterher und bewache sie wie ein Luchs.

Wie immer bei sportlichen Ereignissen ist in meiner Klasse eine Massenepidemie ausgebrochen. Ich bekomme stapelweise Atteste in die Hand gedrückt, denen zufolge Diego, Angel-Marie, Koschka und Edgar auf keinen Fall an einem Sportwettkampf teilnehmen können. Trotzdem toben sie wie die Beknackten herum, rennen den 1000-Meter-Läufern in die Bahn oder stören ihre Mitschülerinnen beim Kugelstoßen. (Nein, das machen sie natürlich nicht. Das machen nur die Gören aus den anderen Klassen. Die mit den Weicheier-Klassenlehrern. Meine Schüler werden massiv unterdrückt und benehmen sich einigermaßen. Sie wissen nämlich, dass ich es fertigbringe, anschließend noch zwei Stunden Grammatikunterricht mit ihnen zu machen, wenn sie mich und andere nerven. – Diese Drohung musste ich allerdings nur ein einziges Mal in meinem Lehrerinnenleben wahr machen, es hatte jahrelang eine äußerst nachhaltige Wirkung.)

Als ersten Programmpunkt müssten meine Schüler kleine

harte Bälle durch die Gegend donnern. Aber an der Station warten bereits zwei Klassen. Der Fachbereichsleiter hat uns Lehrer heftigst bedroht. Wir dürfen auf keinen Fall von dem Programmzettel abweichen, weil seine sorgfältige Planung sonst völlig aus dem Ruder läuft. Aber warum soll ich hier eine Stunde lang warten, wenn die Sprunggrube gerade frei ist? Mein Kollege dort ist zwar immer noch heftig in sein »Dienstgespräch« mit den beiden jungen Frauen vertieft, aber er winkt mir gnädig zu. Unsere Klasse darf sich außer der Reihe in den Sand werfen.

Ich war auch nie sehr sportlich, aber was ich zu sehen bekomme, übertrifft mein eigenes Unvermögen um Längen. Sara-Belle kommt in gemächlichem Tempo angelaufen, wird vor dem Brett immer langsamer und steht schließlich unentschlossen vor der Grube. Sie schaut sich den Sand an, hüpft rein und erreicht stolze 1,50 Meter. Die sind auf meinem Punkte-Formular gar nicht vorgesehen. Dort beginnt die Schülerleistung erst bei 2,50 Meter. »Habt ihr denn in Sport keinen Weitsprung geübt?«, frage ich bekümmert. »Du musst doch das Tempo steigern und dann richtig kräftig abspringen.« Sara-Belle zuckt die Schultern und trinkt nach dieser Anstrengung erst mal einen Liter Eistee mit Pfirsichgeschmack. Lioba schafft drei Meter, lässt sich dann aber erschöpft auf ihren Hintern fallen und verkürzt ihre Leistung damit um einen Meter. Dann kommt Robin angeflogen. Er hat nicht auf das Signal gewartet. Noch schrubbt ein Mitschüler mit der Harke in der Sprunggrube rum. Robin hat ein Wahnsinnstempo drauf und erreicht über fünf Meter. Leider springt er nicht im vorgeschriebenen »Absprungraum« ab. Ungültig. »Du hast ja noch zwei Versuche«, tröste ich. »Nichts da«, zetert eine schrille Stimme hinter mir. Da steht Sozialpädagogin Krampf mit einer 7. Klasse. »Wir sind jetzt dran. Ihr habt euch vorgedrängelt. Das ist unmöglich. Ich werde mich bei der Schulleitung beschweren. Das ist eine echte Sauerei von dir!« Es folgen ein paar original Berliner Flüche. Noch nie habe ich die Frau so wütend und so ordinär erlebt. Anscheinend sehnt auch sie sich nach ihrem Feierabend. Meine Schüler und ich verdrücken uns erschüttert und wandern zurück zum Ballwurf. Dort warten jetzt vier Klassen. Ich stelle mich mit den Wertsachen und den Punkteformularen in die Schlange, meine Klasse schlendert derweil zum Obst- und Gemüsestand. Als wir endlich dran sind, ist die Hälfte meiner Schüler im Nirwana verschwunden. Es dauert, ehe sie alle wieder versammelt sind. Fast hätten wir unseren Platz in der Warteschlange verloren.

Auch hier rennt Sara-Belle mit dem Schlagball bis zur Linie, bleibt dort stehen und wartet, bis ihr Schwung wieder nachgelassen hat. Dann holt sie aus und wirft den Ball ungefähr acht Meter weit. Genau kann das nicht gemessen werden, weil das Mess-Team dreißig Meter entfernt steht. Sara-Belle ist eigentlich nicht dick, hat keinerlei körperliche Beeinträchtigungen und könnte sicher sportlicher sein, wenn sie sich in ihrer Kindheit ein wenig mehr bewegt hätte – nicht nur zwischen Fernseher und Kühlschrank hin und her. Im Tanzunterricht fällt es ihr schwer, rückwärts zu gehen. Nach einer Drehung ist ihr schwindlig. Das passiert Kindern, die im zarten Alter ihren Gleichgewichtssinn nicht durch Bewegung und Spiel trainiert haben. Und die von ihren Eltern überallhin mit dem Auto kutschiert werden. Sagt meine Freundin, die Ärztin. Der pensionierte Sportkollege, der sich daheim anscheinend langweilt, schwadroniert am Rand des Spielfelds: »In den Achtzigerjahren waren die Leistungen bei den Bundesjugendspielen wesentlich besser. Aber heute sitzen die Gören nur noch vorm Computer und bewegen sich nicht mehr. Bis auf die paar, die in einem Sportverein sind.« Aber meine Lieblings-Bildungsjournalistin meint: Die zunehmende Unsportlichkeit der Schüler liegt ganz klar an unserem altmodischen Unterricht. Wenn wir Skateboard, Trampolin, Bungee-Jumping und Streetdance anbieten würden, würden unsere Kinder mit Sicherheit am Sporttag keine Atteste einreichen, sondern begeistert mitmachen.

Ich bin froh, dass mich keiner der zurückgeworfenen Bälle trifft, während ich die Leistungen und Punkte notiere und ständig Auskunft erteilen muss, mit welcher Urkunde welcher Schüler rechnen kann. Thymian und Grace haben sich fürs Kugelstoßen entschieden. Ich stelle mich sicherheitshalber sehr weit weg von ihrem Aktionsradius, aber das wäre gar nicht nötig gewesen ...

Nach drei Stunden sind wir beim 100-Meter-Lauf dran. Wir produzieren nur drei Fehlstarts. Die jungen Kolleginnen im Ziel haben Probleme mit den Stoppuhren. Meine Schüler beschweren sich. Wie kann der Langsamste von ihnen die beste Zeit haben? Die Mädels mit den Stoppuhren haben wohl zu intensive »Dienstgespräche« geführt. Meine Beschwerdeführer müssen die Strecke noch mal laufen, damit richtig gestoppt werden kann. »Tolle Organisation«, zische ich. »Alte Kuh«, denkt die junge Kollegin, aber sie lächelt mich zuckersüß an. Vermutlich ahnt sie, dass ich stärker bin. Aber Damencatchen gehört nicht ins heutige Programm, sonst hätte ich schon mit zwei Gegnerinnen zu tun.

Während meine Schüler in einer gemischtgeschlechtlichen Fußballauswahl ihr Bestes geben oder auch nicht, addiere ich mit Taschenrechner die Punkte und bringe die Unterlagen ins Schreibbüro. Dort sitzen sechs Kollegen mit Rücken, Knie und anderen Zipperlein und stellen die Urkunden aus. Hoffentlich haben sie diesmal neue Formulare. Mit der Unterschrift des wirklich amtierenden Bundespräsidenten. Irre ich mich, oder stehen unter dem Tisch leere Sektflaschen? Kollegin Lehnert kichert vor sich hin und hat rote Bäckchen. Wie ungerecht. Die süffeln hier Sekt, und ich muss draußen Frondienst tun!

Der Sport-Chef nuschelt irgendetwas in seine Flüstertüte. Man versteht kein Wort, aber vermutlich ruft er zur Pendelstaffel. Jede Klasse eines Jahrgangs teilt sich in zwei Gruppen auf, die einander gegenüberstehen. Zwischen denen wird dann mit dem Staffelholz hin und her gerannt. Meine Schüler sind stinkig, dass sie die Regeln einhalten müssen. Es sollen nämlich der Reihe nach alle (!) mitlaufen, auch die Schildkröten und Schnecken. Und die, die unterwegs das Staffelholz dreimal verlieren. »In der 9.22 lassen sie nur die Schnellen laufen. Die stellen sich immer wieder vorne an. So gewinnen die natürlich. Das ist voll ungerecht!« Damit hat Oksana leider recht. Ich drehe mich um 90 Grad nach rechts und kann dadurch nun leider gar nicht sehen, ob sich meine Sprinter ebenfalls vordrängeln und mehrfach ins Rennen werfen. Und ob sie Sara-Belle das Rennen ersparen. Wir belegen den dritten Platz. Das gibt eine ehrenvolle Erwähnung in der Schülerzeitung, die in zwei Monaten erscheint.

Gegen 15.30 Uhr ist mein Jahrgang fertig. Am Elternstand sind Gemüse, Obst und Kaltgetränke vertilgt. Der Schulleiter lässt den Hausmeister Weintrauben und Wasser nachkaufen. Jetzt erscheint die Oberstufe zum Wettbewerb.

Ich verabschiede meine Klasse. Der Kollege an der Sprunggrube ist schon vor zwei Stunden entschwunden. Zusammen mit den jungen Frauen und ihren Stoppuhren. Als meine Schüler sich zerstreut haben, finde ich in meiner Wertsachentasche noch eine formschöne Jogging-Hose, einen Hausschlüssel, ein Portemonnaie und zwei Smartphones. Notgedrungen warte ich noch eine halbe Stunde, bis Koschka sich ihren Schlüssel abholt. Dann gehe ich ins Schreibbüro und bekomme ein Glas warmen Sekt spendiert.

Schüler in der Steinzeit
Wie war das so vor 30 Jahren?

Was haben Schülerinnen und Schüler vor 30 Jahren bloß ohne Handy und PowerPoint gemacht? Wie haben sie im Unterricht miteinander kommuniziert? Wie haben sie die Langeweile vertrieben? Wie konnten sie ohne Google überhaupt Hausarbeiten erledigen und Referate erstellen?

Die Schüler der pädagogischen Steinzeit mussten noch in Bibliotheken gehen, Bücher ausleihen und Exzerpte machen. Sie malten von Hand Skizzen und Kurven, schnitten Bilder und Fotos aus, fahndeten zum Beispiel in Reisebüros nach Prospekten und Plakaten und pinnten ihre Werke mit Stecknadeln auf Korkbretter. Im Unterricht wurden vor allem Bücher und Arbeitsblätter eingesetzt. Schüler mussten ordentliche Hefter führen, für jedes Schulfach in einer anderen Farbe. Ihre Handschrift wurde benotet!

Schummeln bei Klassenarbeiten war ohne elektronische Medien viel schwieriger. Zum Einsatz kamen Liliput-Lexika und winzige Formelsammlungen, im hohen Stiefel oder auf der Schülertoilette versteckt. Man notierte sich physikalische Gesetze auf dem Oberschenkel oder baute Spickzettel ins Frühstücksbrot ein. Fantasie war gefragt.

Um den langweiligen Unterricht (natürlich frontal!) zu ertragen, waren Zettel und Konversationsbücher in Umlauf. Manchmal erwischte die Lehrkraft so ein Medium und las im Lehrerzimmer voller Neugier, was die Gören wirklich interessiert: »Paul ist so süß!« – »Soll ich mal fragen, ob er mit dir geht?« – »Oh krass, machst du das?« – »Paul, willst du mit Leonie gehen? Kreuz bitte an: Ja / Nein / Vielleicht.« – »Nö, kein Interesse.« Das war jetzt die harmlose Variante von Schülerbriefchen. Es gab auch andere. Einmal haben sich zwei Jungen über die drastischen Auslassungen einer Mitschülerin beschwert. Das Mädchen tat mir leid. Noch keinerlei Erfahrungen mit der Realität, aber mit dem Porno-Schrank der Eltern dafür umso intensiver.

Hin und wieder kursierten auch Poesie-Alben, und die Lehrerin empfahl stereotyp: »Träume nicht dein Leben, lebe deine Träume!« Später gab es dann Freundschaftsbücher, da musste man nicht mehr lange nach Aphorismen suchen, sondern klebte einfach ein Foto von sich oder seinem Hund rein und kreuzte diverse Fragen an: »Was magst du lieber, Spaghetti oder Pizza, Hamster oder Meerschwein, Mathe oder Deutsch, Paris Hilton oder Kim Kardashian?«

Ohne die heutige elektronische Vielfalt mussten Schüler in öden Unterrichtsfächern »Käsekästchen« spielen und »Schiffe versenken«. Oder gar »Stadt, Land, Fluss«. Die Spielfelder wurden noch mit der Hand gezeichnet! Außerdem waren Papierfaltarbeiten in Mode: »Himmel und Hölle«, kleine Schiffe und Schächtelchen. Manche Mädchen schrieben während der Stunde Gedichte und Tagebuch oder strickten. Einige Jungen hatten im Lehrwerk Comics versteckt und betrieben höchst konzentriert ihr Quellenstudium. Um aus dieser heteronormativen Zwangsjacke herauszukommen: Es gab natürlich auch Jungen, die Tagebuch schrieben, oder Mädchen, die »Micky Maus« lasen. Mit etwas Geschick konnte man im Unterricht unterm Tisch Offiziersskat oder Schach spielen. Es entstanden wunderschöne Karikaturen von Lehrkräften und Mitschülern, surreale Gemälde mit Gehängten und Erschossenen, abstrakte Szenen und romantische bis drastische Liebessymbolik.

In den Hofpausen unterhielt man sich. Das heißt, die Schülerinnen und Schüler standen einander gegenüber und formulierten verbal, was man sich heute viel bequemer per SMS oder per WhatsApp mitteilen kann. Man war in der Lage, diesen Kraftakt des analogen Gesprächs ganz ohne antrainierte »Kommunikationskompetenz« zu bewältigen. Manche Schüler spielten in den Pausen bis zur Erschöpfung Fußball und kamen zu spät, hochrot und verschwitzt in der nächsten Unterrichtsstunde an. Vereinzelt soll es Spiel und Gespräch auch heute noch in den Hofpausen geben. Die meisten Jugendlichen aber haben zur Beschallung hochmoderne Ohr-Implantate und müssen keinen Small Talk mehr machen.

Wenn Eltern ihre Kinder dringend erreichen mussten, riefen sie im Schulsekretariat an und ließen ihr Kind ans Telefon holen. Wandertage und Klassenfahrten mussten ganz ohne Smartphone ausgehalten werden. Manchmal wussten Eltern stundenlang nicht, wo sich ihr Kind gerade befand und was es gerade machte! Eine furchtbare Vorstellung.

Vor Jugendherbergen standen Telefonzellen, vor denen sich abends Warteschlangen bildeten. Existenzielle Botschaften wie: »Ich sitze gerade in der U-Bahn, ich bin in fünf Minuten daheim«, konnte man nicht so ohne Weiteres loswerden. Man musste umständlich Briefe schreiben und im Notfall teure Telegramme versenden.

So warteten die Jugendlichen jahrelang sehnsuchtig auf die Erfindung von Laptop und Smartphone. Zwischenzeitlich begnügten sie sich mit Walkman, Discman, Pager und Tamagotchi. Natürlich auch in meinem Unterricht. Ich ergatterte so manche Beute. Nicht nur Kommunikationsheftchen und Tagebücher, sondern auch Bennys Pager und Nicoles Tamagotchi. Der Pager, über dessen Sinn und Zweck mich damals niemand aufklärte, führte in meinem Haushalt ein interessantes Eigenleben. Er rumpelte und ratterte, auch nachts, fiel dabei vom Tisch, ratterte unten weiter, bis ich das Teil nach drei Tagen wieder dem Besitzer aushändigte. Das Tamagotchi überlebte den Kurzzeitaufenthalt in meinem Haushalt leider nicht. Es verstarb, nicht ohne vorher eindringlich vor seinem Ableben gewarnt zu haben. Nicole nahm mir das bis zur Abiturprüfung übel.

Wie reich ist das Leben dagegen heute: 700 bis 7000 Freundschaften auf Fatzebook, 50 Seiten über den Nahost-Konflikt, die man dem Geschichtslehrer mal eben ausdrucken kann (»Wie jetzt? Das zählt nicht als Referat???«), die Möglichkeit, alles, aber auch wirklich alles zu googeln, herunterzuladen, zu filmen, zu posten, zu teilen, zu bloggen, zu twittern – und vertrauensvoll zu glauben. Und bald sind auch all die Steinzeitlehrer pensioniert, die keine verwertbaren Kompetenzen wollen, sondern immer noch von Meinungsbildung, Urteilsvermögen und Kritikfähigkeit schwafeln.

Kleines Schülerpanoptikum
Manchmal fällt das Liebhaben schwer ...

Lehrer, die keine Kinder mögen, sind fehl am Platz! Ich liebe alle meine Schülerinnen und Schüler! – Na gut, manche gehen mir auch auf den Keks. Die eingebildete kleine Prinzessin, die alle nach ihrer Pfeife tanzen lässt, oder der kleine Macho, der sich zu fein für alle Putzarbeiten ist. Der Zappelphilipp, der laut Helikopter-Mama unbedingt vorne sitzen muss und ständig in meinem Gesichtsfeld rumfuchtelt, kippelt und wippt. Wenn diese kleinen »Lieblinge« in der 10. Klasse abgegangen sind, finden sich in den neuen 7. Klassen sofort geeignete Nachfolger. Immerhin hat noch nie jemand zu mir gesagt: »Sie sind ungerecht.« Oder: »Sie haben Lieblingsschüler.« Ein Profi verbirgt seine wahren Gefühle ...

Die Spionin

Schule muss Spaß machen! Wenn sie mal keinen Spaß macht, ist der Lehrer schuld. Ab Klasse 9 aber hört der Spaß auf, dann muss für Harvard und Cambridge gedrillt werden. Wenn jetzt die Zensuren der Pubertisten schlechter werden, ist natürlich auch der Lehrer schuld. Leider sind viele Lehrer, was ihr Versagen betrifft, sehr uneinsichtig und beklagen mangelnde Leistungsbereitschaft und schlechte Disziplin ihrer Klasse. Man muss dem Lehrpersonal seine Unzulänglichkeiten oft akribisch nachweisen.

Da tritt die kleine Spionin in Aktion. War sie in Klasse 7 und 8 ein unbefangenes, frisches Mädchen, wird sie jetzt von ihren Eltern als Controllerin eingesetzt. Misstrauisch verfolgt die kleine Spionin jede Lehrer-Aktion und fragt beim kleinsten Zweifel nach. Nicht etwa aus berechtigtem Wissensdurst, sondern um die Lehrkraft eines Fehlers zu überführen. Und zwar in einem so triumphierenden Ton, dass sich selbst die stoischste Lehrkraft ärgert. Die kleine Spionin protokolliert, wie oft die »Problemlehrerin«, die ihr auf dem Zeugnis nur eine Vier gegeben hat, zu spät zum Unterricht kommt und wie lange sie braucht, um einen Test zu korrigieren. Wurde die Arbeit mindestens eine Woche vorher angekündigt? Stehen im Klassenspiegel zu viele Fünfen, sodass die Arbeit wiederholt werden muss? Gut, die Arbeit wird wiederholt. Leider stehen danach noch mehr Fünfen im Klassenspiegel. Manche Lehrer sind eben unfähig. Beim dritten Mal fällt der Test dann endlich zur Zufriedenheit der Eltern aus. Er wurde ja auch vier Wochen lang geübt.

Die kleine Spionin kennt auch den Lehrplan genau und fragt wichtigtuerisch, ob nicht erst der Nahost-Konflikt behandelt werden muss. Manchmal hat die Mutter der klei-

nen Spionin Englisch oder Geschichte studiert und weiß als
»Vollakademikerin« natürlich besser Bescheid als so eine
Schmalspurlehrerin. Sie schreibt der Geschichtslehrerin einen
Brief und wirft ihr Inkompetenz vor. Den Brief gibt sie ihrer
Tochter in einer Sichtfolie mit, sodass ihn erst mal die halbe
Klasse liest, bevor er im Triumphmarsch der Lehrerin über-
reicht wird.

Nachmittags ruft die Lehrerin die Vollakademikerin an
und beschwert sich über dieses diskriminierende Vorgehen.
Die Frauen streiten sich über Kompetenzen, Erziehungsauf-
gaben und Intrigen. Die Lehrerin hat leider krankheitshal-
ber die Fortbildung »Das deeskalierende Elterngespräch«
versäumt, sonst würde sie souverän auf alle Anschuldigun-
gen und Anfeindungen reagieren. So knallt sie wütend den
Hörer hin, und die Kindsmutter muss am nächsten Tag beim
Schulleiter anrufen und ihre tiefe Sorge zum Ausdruck bringen, dass diese Lehrerin jetzt ihr Kind benachteiligen wird.
Dabei kann sie dem Schulleiter gleich noch mitteilen, dass
diese Frau immer so lange zur Korrektur der Klassenarbeiten
braucht und kein korrektes Oxford-Englisch spricht, sondern amerikanischen Slang einstreut. »Als Oberstudienrätin
für Englisch kann ich das beurteilen!«

Die Lehrerin wird angewiesen, einen detaillierten Bericht
zu schreiben und die kleine Spionin jetzt immer wie ein
rohes Ei zu behandeln, damit der Schulleiter keinen weiteren Ärger hat. Die Lehrerin denkt bei sich: »Wenn ich dem
Gör auf dem nächsten Zeugnis einfach 'ne Eins gebe, ist
Ruhe...«

Der Prinz

Der kleine Prinz stammt häufig aus einem anderen Kulturkreis, in dem Männer- und Frauenrollen noch wohltuend klar unterschieden werden und es insgesamt auch nur zwei Geschlechter gibt. Auf einer Klassenfahrt bitte ich Djuma (14), im Flur eine Pfütze wegzuwischen. Er holt sich Eimer und Lappen und beklagt sich bei meinem Kollegen: »Also bei uns daheim machen das eigentlich die Frauen!« Mein Kollege verkneift sich die Antwort, die ihm auf der Zunge liegt: »Toll, wenn das bei uns auch noch so wäre!« Er antwortet stattdessen ganz pädagogisch: »Richtige Männer können auch feudeln und Baby-Popos abwischen!« Djuma schaut ungläubig, er versteht die Welt nicht mehr. Trotzdem wischt er die Pfütze weg. Den Lappen lässt er dann dreckig und nass im Eimer liegen. Da gibt es noch viel zu erziehen ...

Knaben aus diesem Kulturkreis zu Reinigungsarbeiten aufzufordern kostet viel Kraft. Manchmal bitte ich ein Mädchen darum, die Tafel zu wischen, wenn ich diese Kraft zum Kämpfen gerade nicht habe. Aber normalerweise wird der Kampf ausgefochten. Wo steht geschrieben dass die Hände des kleinen Prinzen empfindlicher und kostbarer sind als meine? Warum darf ich ins brackige Tafelwasser greifen und den alten Schwamm auswringen, der kleine Prinz hingegen bricht bei der Vorstellung fast in Tränen aus oder wird grün vor Ekel? »Den Schwamm fasse ich nicht an!« – »Doch«, sage ich sanft.

Das Tafelwischproblem ist allerdings von gestern. Die neuen Smartboards ersparen den kleinen Prinzen eklige Reinigungsarbeiten. Leider gibt es immer noch Klassenfahrten, auf denen man ohne Putzkräfte und Toilettenwächter auskommen muss. Und wo am Ende der Fahrt jede Kleingruppe ihr Ferienhaus selber putzen muss. »Ja, die Klos auch!« Eins der Putzteams besteht aus fünf kleinen Prinzen. Vermutlich wäre es schneller gegangen, wenn ich das Haus gleich selber gereinigt hätte. So muss ich die dreifache Zeit danebenstehen, kontrollieren und Druck ausüben, bis Küche und Bad einigermaßen sauber sind. Ich habe gemeinerweise am Anfang der Fahrt verhindert, dass die Jungen den Mädchen die Koffer tragen und sich dafür eine Woche lang bekochen lassen. Auch die Mädchen waren ein wenig verständnislos, dass ich diese »Arbeitsteilung« unterbunden habe. Frauenbefreiung ist manchmal ein harter Kampf, auch gegen das eigene Geschlecht.

Kleine Prinzen lassen gern ihr benutztes Geschirr auf den Mensa-Tischen stehen. Mahnt die Aufsicht zum Abräumen, heißt es in der Regel: »Das ist nicht von uns!« Schwer vorstellbar, dass man sich als Schüler freiwillig an einen von anderen zugemüllten Tisch setzt. »Gut, das ist nicht von dir. Aber sei so nett und räum es trotzdem weg«, sagt die Lehrerin. Der Schüler (Förderkurs Deutsch für Schüler nichtdeutscher Herkunftssprache) schimpft: »Hab' ich Busen? Bin ich Frau? Räum selber weg!« Schade, dass man als Lehrer nicht mehr hauen darf …

Die Prinzessin

Die Prinzessin war schon als Baby so niedlich, dass die Passanten vor dem Kinderwagen standen und staunten. Die Mama bedauerte es, nicht in den Staaten zu leben, sonst hätte sie ihr Kind bei Schönheitswettbewerben einreichen können, bei denen Dreijährige, fast noch in Windeln, geschminkt wie Dreißigjährige auf dem Laufsteg rumwackeln. In der Bundesrepublik gewann das hübsche Kind keine

Pokale, konnte aber gut für Werbefilme vermietet werden: Windeln, die nicht am Po festkleben, Zwieback, der nicht krümelt, Pizza, Pasta und Haselnusscreme, um den süßen Mund verschmiert, lila Kleidchen, Schminkköfferchen und Styling-Sets.

Die kleine Prinzessin muss keine besonderen Talente und Fähigkeiten entfalten. Es reicht ja, wenn sie schön ist und lächelt. In der Grundschule will jeder neben ihr sitzen. Sie muss sich in allen Freundebüchern (in grauer Vorzeit hießen die Poesiealben) verewigen und trägt jede Menge Freundschaftsarmbänder. Sie wird zu allen Geburtstagsfeiern eingeladen. Die Erfolgsserie setzt sich in der Oberschule fort. Alle Jungen wollen der Prinzessin die Tasche tragen und mit ihr ins Kino gehen, nur der skurrile »Klassenprofessor« huldigt ihr nicht. Er gibt ihr auch nicht seine Hausaufgaben zum Abschreiben, dieser Egoist. »So ein Assi«, sagt die Prinzessin. Ihre Verehrer pflichten ihr bei.

Das wichtigste (Schul-)Requisit der Prinzessin ist ein Taschenspiegel. Damit kontrolliert sie in jeder Unterrichtsstunde ihre makellose Haut. Hat sie den Spiegel nicht zur Hand, muss ihre Freundin für sie den Spiegel machen. Taynara ist etwas rundlich und nicht so richtig niedlich. Sie erträgt geduldig die Launen der Prinzessin und spielt gern den Spiegel: »Alles in Ordnung, du siehst toll aus. – Nein, die Wimperntusche ist nicht verschmiert.« Taynara ist so gutmütig, dass sie ihre Macht gar nicht bemerkt, geschweige denn ausnutzt. Sie müsste nur sagen: »Ich glaube, du bekommst einen Pickel auf der Stirn.« oder: »Hast du zugenommen?«

Pickel sind schlimm und ein größeres Desaster als eine Fünf in Mathe. »Du, ich kann gern mit dir Mathe üben.« Aus der Prozession der Huldiger bietet sich Kemal freundlich als Nachhilfelehrer an. Die Prinzessin stimmt gequält zu. »Aber nicht heute. Da läuft GNTM!« Kemal, der Depp, weiß nicht, dass es sich hierbei um die wegweisende Fernsehsendung »Germany's Next Topmodel« handelt. Taynara sagt der Prinzessin: »Du bist viel hübscher als diese Lamara-Mia, die im vorigen Jahr gewonnen hat. Und viel, viel hübscher als Heidi Klum!« Die Prinzessin nickt ungnädig. Das weiß sie selber. Und was für ein unverschämter Vergleich. Heidi Klum ist schließlich uralt. Leider kann man sich erst mit 16 für die Sendung bewerben. Die Welt der Schönen und Reichen muss also noch ein wenig auf sie warten.

Die Prinzessin ist bildhübsch, aber nicht unbedingt nett. Mit ihren Zickereien hält sie den Betrieb auf Trab. Besorgt rennen die Mitschüler zur Klassenlehrerin: »Kommen Sie ganz schnell! Die Vanessa sitzt in der Ecke und weint!« Nachdem die Lehrerin dreimal zu solchen Einsätzen gerufen wurde und nie etwas Gravierendes dabei herauskam, hat sie die Faxen dicke. »Vanessa weint? Die hört auch wieder auf«, sagt sie. Die Klasse ist empört über diese Herzlosigkeit und streikt drei Tage lang.

Vanessa schafft mithilfe engagierter Mitschüler ihren Hauptschulabschluss. Mit »Germany's Next Topmodel« wird es leider nichts, weil Pro Sieben neue Höhenmaße eingeführt hat. Die Kandidatinnen müssen jetzt mindestens 1,76 m groß sein. Die Prinzessin spielt noch eine Nebenrolle in einem Straßenstrichkrimi, danach verlieren sich ihre Spuren in der Welt der Reichen und Schönen. Fünf Jahre später behauptet Kemal, er habe sie im Drogeriemarkt an der Kasse gesehen.

Das Phantom

Angeblich gibt es in jeder Klasse einen Schüler, der dem Lehrkörper die Tasche hinterherträgt – ein Sinnbild dafür, dass er ihm jeden Wunsch von den Augen abliest. Für ihn die Tafel reinigt, bevor der Unterricht beginnt, vielleicht noch den Lehrertisch feucht abwischt und alle Papiere auf einem Stapel ordnet, der den Klassenraum fegt, demonstrativ mit dem Besen in der Tür steht und den Lehrer fröhlich begrüßt: »Guten Morgen, Herr Walther!«

Ich kenne diesen Typ Schüler aus der Jugendliteratur und aus Lausbubenfilmen, aber nicht aus dem realen Leben.

Schon zu meiner eigenen Schulzeit hat aus meiner Klasse niemand dem Lehrer auch nur irgendwas getragen, zumindest nicht freiwillig. Nur auf direkte Aufforderung hin schleppten wir Landkarten und Bücherstapel durch die Flure. Um im Winter nicht auf den Schulhof gejagt zu werden, gossen wir bisweilen auch die Pflanzen im Gebäude oder warteten in der Bibliothek darauf, dass jemand ein Buch ausleihen wollte. Was selten genug vorkam. Man konnte den kalten Hofpausen auch entgehen, wenn man in der Ehrenhalle das Buch der Gefallenen jeden Tag eine Seite weiterblätterte. Den Schlüssel zu dieser Vitrine bekam nicht jeder! Das Schöne an den Ehrenämtern war, dass man jederzeit eine gute Ausrede hatte, wenn man zu spät zum Unterricht kam.

Das haben auch meine Schüler begriffen. Sie holen unheimlich gern Kreide und neue Schwämme aus dem Sekretariat. Die Schule ist groß, man ist lange unterwegs. Und kann einen kleinen Umweg über die Cafeteria nehmen, ohne dass die Lehrerin es merkt. Damit der Bedarf an diesem Unterrichtsmaterial ständig gleich hoch bleibt, dient die Kreide in den Pausen als Wurfgeschoss, die Schwämme werden entsorgt, indem sie aus dem Fenster fliegen. Manche Schüler reißen sich darum, frisches Tafelwasser zu holen. Auch bei diesem Gang kann man endlos trödeln und sich anschließend noch die Hände desinfizieren. Wenn man Glück hat, ist die Kontrolle der Hausaufgaben längst vorbei, bis man wieder mit Schwamm, Kreide oder frischem Wasser auftaucht. Die modernen Schulen, die sich stolz als »kreidefrei« präsentieren, berauben ihre Schüler dieser kleinen Fluchtmöglichkeiten.

Der Gerechtigkeit halber muss ich erwähnen, dass es tatsächlich Schüler gibt, die mir die Tür aufhalten und mir aus dem Weg gehen, wenn ich schwer beladen durch die Schule wandere. Alle anderen stoßen schmerzhaft mit meinem Gettoblaster oder mit meiner großen Sporttasche zusammen und sehen mir voller Empörung hinterher. »Können Sie nicht aufpassen???«

Der Zappelphilipp

Wenn es nach den jeweiligen Kindseltern geht, habe ich mindestens vier Hochbegabte in der Klasse. Da Lehrer ein bisschen blöd sind, kann ich diese speziellen Talente natürlich nicht adäquat fördern, sondern störe mich an ihrem Verhalten. Sie langweilen sich nämlich unendlich und würden lieber ein Propädeutikum an der Uni besuchen als meinen niveaulosen Deutschunterricht. Ihre Langeweile findet viele Wege, sich auszudrücken. Nehmen wir Noah. Neben ihm möchte niemand sitzen, weil er ständig am Ruckeln und Zappeln ist. Dabei hat er schon die Erlaubnis, dem Unterricht im Stehen zu folgen oder in der Klasse auf und ab zu laufen, wenn ihn die Unruhe überkommt. Er darf auch am Fenster Gymnastik machen oder unentwegt kleine Gummibälle kneten. Noah kramt stundenlang in seiner Tasche, ohne irgendetwas zu finden. Vermutlich sucht er auch gar nichts, sondern will nur wühlen und fummeln. Er ordnet die Sachen auf seinem Tisch ständig neu, baut Türmchen aus Linealen, Radiergummis und Heften, die irgendwann einkrachen und ihm eine kindliche Freude bereiten. Er zerreißt seine Arbeitsblätter und pustet die Schnipsel durch die Gegend. Unter seinem Platz liegt immer eine Ansammlung von Müll. Er bohrt sich Bleistifte in die Ohren und in die Nase und sitzt mit seinen Mikado-Stäben stolz da, in der Hoffnung, dass ihn jemand beachtet. Noah führt im Unterricht Beat-Box-Übungen durch. Er produziert wie ein sibirischer Schamane Knack- und Kehllaute, zischt und pfeift, trillert und gurgelt. Und freut sich, wenn die Lehrkraft alle zwei Minuten sagt: »Noah, hör bitte damit auf!«

Er holt seine Frühstücksbox aus der Tasche und sieht nach, was Mami ihm Leckeres mitgegeben hat. Er kaut versunken an einer Banane. »Frau Frydrych, wieso darf Noah im Unterricht essen und wir nicht?«

Noah bohrt hingebungsvoll in der Nase und wundert sich, dass ich ihm zum Abschied nicht die Hand geben will. Da ihm langweilig ist, arbeitet er im Unterricht nicht mit, weiß nicht, was gerade Thema ist, und erledigt auch prinzipiell keine schriftlichen Aufgaben. Ehe er sein Heft und einen Stift gefunden hat, sind die anderen mit der Arbeit längst fertig. Seine Tests und Klassenarbeiten fallen in der Regel schlecht aus. Aber Noahs Hausaufgaben sind immer einwandfrei. Fehlerlos, ausführlich und ordentlich geschrieben.

Das Kind nervt. Seine besorgte Mutter auch. Sie hat Angst, dass ihr Sohn ungerecht behandelt wird. Wo sie doch immer so schön die Hausaufgaben für ihn erledigt. Ich wende mich verzweifelt an meine Supervisorin: Wie kann ich meine Aggressionen unter Kontrolle halten? Ich beschreibe Noahs nervendes Verhalten. Die Supervisorin fragt milde: »Was ist denn eigentlich an Noah positiv?« Ich überlege krampfhaft. Mir fällt nichts ein. »Er kann seinen Zeigefinger bis zum Anschlag in die Nase stecken«, kann ich ja schlecht sagen. Oder: »Er steht immer als Erster vor der Klassentür, wenn ich erscheine.«

Aha. Da kommt also nichts. Meine Supervisorin runzelt die Stirn. »Nicht Noah hat ein Problem. Sie haben eins. Es kann ja nicht sein, dass an dem Jungen nichts Liebenswertes ist. Die Frage ist, warum Sie ihn so wenig schätzen. Erinnert er Sie an etwas aus Ihrer Kindheit? Haben Sie nicht einen kleinen Bruder, mit dem Sie immer konkurriert haben? Was hat Noah mit Ihrem Bruder gemeinsam?« Um Himmels willen! Nichts! Die Supervisorin empfiehlt mir, stets Extra-Aufgaben für Noah bereit zu halten, mit denen er sich vor der Gruppe positiv darstellen kann. »Mit Ihrer schwarzen Pädagogik kommen Sie hier nicht weiter!« Einmal in der Woche sollten sich Noahs Fachlehrer treffen, um seine Entwicklung zu besprechen. »Wie soll das gehen? Ich habe noch sechs andere Problemfälle in der Klasse.« Die Supervisorin überlegt einen Moment. »Haben Sie schon einmal daran gedacht, dass Noah hochbegabt sein könnte? Haben Sie vielleicht damit ein Problem, dass er den anderen geistig weit voraus ist? Und vielleicht auch Ihnen? Man sollte den Jungen unbedingt testen!«

Noahs Mutter geht begeistert auf den Vorschlag mit dem Intelligenztest ein. Noah ist leider nicht hochbegabt, sondern liegt im mittleren Bereich eher unten. »Solche Tests haben wenig Aussagekraft«, befindet seine Mutter und meldet Noah bei einem Motivationstraining für Hochbegabte an.

Ich lasse mir Beruhigungspillen und autogenes Training verschreiben und schaffe die 10. Klasse ganz gut, indem ich mir im Unterricht immer wieder sage: »Es atmet mich. Gedanken kommen und gehen. Mein linker Arm ist gaaaanz warm und schwer. Noah stört überhaupt nicht. Noah ist ein netter Junge. Ich bin gaaanz ruhig.«

Der kleine Künstler

Die Mitschüler lösen Rechenaufgaben. Linus malt. Die Arbeitsgruppe am Tisch überlegt, was sie heute so lernen will. Die Lehrerin steht bereit, als Motivationscoach einzuspringen. Linus malt. Noch dreißig Minuten Zeit bis zur Abgabe des Aufsatzes »Eine Nacht allein im Kaufhaus«. Linus hat noch nichts geschrieben. Er malt.

Er krakelt, kritzelt und zeichnet auf alle erreichbaren Materialien. Jedes Arbeitsblatt, das verteilt wird, ist im Nu mit Girlanden, Ranken und Mustern versehen. Er zeichnet Tauben und Schweine, Galgen und Guillotinen, Herzen und Geschlechtsteile, Sportgeräte, Hobbits, Hochhäuser, Flugzeuge, Panzer und Drohnen. Abgeschraubte Körperteile, Zauberer und Fallschirme. Miezekatzen mit Hut und Kinderwagen.

Wenn man ihm das Blatt wegzieht, malt er auf dem Tisch weiter. Die Eltern sind stolz auf die Kreativität ihres Sohnes, auch wenn sie die vollgekrakelten Schulbücher ersetzen müssen. »Linus hat schon mit zwei Jahren nach allen Stiften gegriffen!«

Linus verziert seine Federtasche, seine Arme und die Arme seiner Mitschüler. Emils Mutter kommt empört in die

Schule, weil Linus ihren Sohn tätowiert hat. Mit Tinte und Nadel. Im Kunstunterricht. »Hat Ihre Kollegin davon gar nichts bemerkt? Das ist ja unglaublich!« Emils Mutter ist stocksauer. Wen soll sie jetzt zuerst wegen Körperverletzung anzeigen? Linus' Eltern oder die Kunstlehrerin?

»Emil hat das doch selber gewollt«, verteidigt sich Linus. »Ich habe den Drachen extra für ihn entworfen!« Das dicke Tier mit den Flügeln ist also ein Drache. Ich habe schon gegrübelt, was da unter Emils geröteter Haut heranwächst. Der Arzt will das stümperhafte Tattoo erst entfernen, wenn Emil ausgewachsen ist. Bis dahin muss der Junge das adipöse Ungeheuer mit sich spazieren tragen. Resigniert überlegt Emils Mutter, ob man nicht etwas Künstlerisches darüberstechen lassen kann. Einen Schutzengel zum Beispiel. Oder einen Kaktus. Emil hat aber erst mal genug von Leid und Schmerz.

Als Linus' Zeichnungen leicht ins Psychopathische abdriften, zeige ich sie unserer Schulpsychologin. Die war vor vielen Jahren mal Kunstpädagogin und darf ihre Werke in einer Podologiepraxis ausstellen. Sie sinniert: »Der Junge muss sich ja im Unterricht zu Tode langweilen. Hast du dir schon mal überlegt, was dein Anteil an diesen Zeichnungen ist?« Ich wollte eigentlich nicht mich behandeln lassen und tue das säuerlich kund.

Der Schulleiter ist vergrämt, weil sich auf allen Jungstoiletten seltsame Artefakte finden. Mittlerweile kenne ich Linus' expressiven Stil und konfrontiere ihn mit seinen Fresken. Er ist stolz, dass seine künstlerische Handschrift einen Wiedererkennungswert hat. Die Schulpsychologin rät von Strafaktionen ab. Stattdessen sollen wir dem Jungen Flächen überlassen, die er ganz legal gestalten darf. Ich schlage die Klobrillen vor, aber die Schulpsychologin sieht mich nur strafend an. Linus darf den Eingangsbereich der Sporthalle bemalen, dafür zeichnet er in meinem Unterricht nebenbei die Entwürfe.

Der neue Englischlehrer findet es amüsant, Linus' Krakeleien in den Klassenarbeiten mit dem Rotstift zu ergänzen und zu vollenden. Sein Freund, ein Galerist in Hohenwriezen, und ein Lokalblatt am selben Ort haben schon Interesse an dieser Lehrer-Schüler-Kunst-Koproduktion bekundet. Ich habe mal wieder ein großes Talent völlig verkannt.

Hoffentlich lädt Linus mich trotzdem zu seiner ersten Vernissage ein!

Der Traumtänzer

Karim will unbedingt Abitur machen. Ein Kinderspiel. Seine vier älteren Schwestern haben das schließlich auch geschafft! Karim ist frei von Selbstzweifeln und glaubt – wie seine arabischen Eltern – an die genetische Überlegenheit des Mannes. Und seine gutmütigen Schwestern unterstützen ihn dabei, diese Überlegenheit auszubilden. Bisher befindet die sich in einem sehr frühen Verpuppungsstadium.

Karim macht – im Gegensatz zu seinen Mitschülern – regelmäßig Hausaufgaben und übernimmt gern Referate und Extra-Arbeiten. Die Lehrer sind entzückt von seinem Fleiß, zweifeln aber ein wenig an Karims eigenständiger Leistung: »Komm, gib zu, das hat eine deiner Schwestern verfasst!« – »Nein, ich schwöre, ich habe alles allein gemacht! Meine Schwestern haben nur die Rechtschreibung kontrolliert. Und mir ein bisschen bei den Fremdwörtern geholfen«, beteuert Karim. Eine kleinmütige Lehrerin findet Passagen wortwörtlich bei Wikipedia. Nach mehrfacher Entlarvung müssen Karims Schwestern nun mehr umformulieren. Allerdings ähneln Gliederung und Aufbau der Texte nach wie vor stark den entsprechenden Wikipedia-Einträgen oder Amazon-Rezensionen.

»Karim, so wird das nichts mit dem Abitur. Du wirst noch nicht mal einen Realschulabschluss schaffen, wenn du nicht langsam anfängst, dein eigenes Gehirn zu benutzen! Deine Klassenarbeiten und mündlichen Beiträge sind nie so gut wie die Hausaufgaben. Daran sieht man, dass dir daheim jemand hilft«, sagt die Klassenlehrerin.

Karim ist in der 9. Klasse, seine Leistungen sind mäßig. Zeit für die Eltern, sich ins Spiel zu bringen. Sie sprechen mindestens einmal im Monat bei der Klassenleitung vor und erkundigen sich nach Karims Leistungsstand, lassen sich ausführlich Testergebnisse und Aufgabenstellungen erklären. Einmal fällt halblaut das Wort »ausländerfeindlich«, als es um eine Fünf in Englisch geht. »Karim will Pilot werden. Dafür braucht er das Abitur! (Und eine kleine Lehrerin wird ihn nicht daran hindern!)« Der Vater schaut böse aus der Wäsche.

»Ein Pilot muss aber gut in Englisch, Mathe und Physik sein. Und den Eignungstest darf er nur ein einziges Mal machen!« Die Lehrerin hat sich im Internet kundig gemacht. »Selbst wenn Sie eine private Flugschule bezahlen könnten, sind das die Mindestanforderungen.« Läppische 60 000 Euro kostet so eine private Ausbildung, man kann sich aber auch für ein paar Jahre bei der Bundeswehr verpflichten (genauer gesagt: für 16 Jahre) und dort seinen Pilotenschein machen.

»Stell dir vor, Pilot will Karim werden«, erzählt die Klassenlehrerin im Lehrerzimmer. »Ich glaube, ich werde bald nur noch mit dem Bus verreisen.« Der andere Klassenlehrer gibt den Dieter Bohlen und fällt keckernd vom Stuhl. »Für eine Ausbildung als Flugbegleiter würde es gerade mal reichen«, lästert er.

Gebetsmühlenartig erklärt man Karim und seinen Eltern, dass der angestrebte Beruf in vielerlei Hinsicht nicht geeignet ist bzw. Karim die geforderten Fähigkeiten bisher nicht zeigt. Die älteren Schwestern intensivieren ihre Bemühungen um den Schulerfolg des Bruders. Die Präsentationsprüfung in der 10. Klasse, die Karim daheim vorbereiten konnte, ist wirklich gelungen. Er spult gut formulierte Sätze auswendig ab und lässt die farbenfrohen PowerPoint-Bilder fast synchron dazu laufen. Auf Fragen der Prüfer kann er zwar nicht eingehen, aber er bekommt für die Präsentation trotzdem eine Zwei. »Er hat sich ja solche Mühe gegeben«, sagt die junge Kollegin, bei der er sich in Ethik prüfen lässt. »Und er ist so süüüß!«

Die Punkte, die Karim zum Übergang in die Oberstufe fehlen, gibt ihm die neue Deutschkollegin, um es den skeptischen Klassenlehrern mal so richtig zu zeigen. Sie liest regelmäßig in den Printmedien, dass ältere Lehrkräfte verkalkt, fortschrittsfeindlich und viel zu streng seien. »Man muss die Kiddies motivieren!«, erklärt sie auf der Zeugniskonferenz. »Mit schlechten Zensuren gelingt das natürlich nicht. Karim wird das Abitur schaffen, wenn er es nur richtig will!«

Die bockigen Klassenlehrer sind immer noch nicht davon überzeugt, dass Karims Oberstufenbesuch von Erfolg gekrönt sein wird. Sie gehören auch zu diesen verkalkten, schwarzen und ausländerfeindlichen Pädagogen. In zwei Monaten werden sie pensioniert, dann kehrt ein neuer Geist an der Schule ein!

Zwei Jahre später muss Karim die Anstalt wegen schlechter Leistungen verlassen. Er geht, nicht ohne vorher seine Tutorin und die Oberstufenleitung wüst beschimpft und beleidigt zu haben. Das hätte man dem Jungen und den Kollegen ersparen können. Aber verklärter Idealismus kommt nun mal viel besser an als eine realistische Einschätzung.

II. Teil:

Von Lehrern

Das wahre Leben
Ein Fremdwort für alle Lehrer

Mein Jugendfreund ist in den letzten dreißig Jahren (auch) nicht schöner geworden. Vermutlich hätten wir uns im Vorbeigehen auf der Straße gar nicht erkannt. Nach unserem Telefonat wusste ich aber, in welchem Restaurant er sitzen und dass er ein smaragdgrünes Halstuch tragen würde. Nun schiebt er die letzten drei Nudeln auf seinem Teller hin und her und gibt sich Mühe, mir zuzuhören. Aber das fällt ihm schwer. Er redet gerne selber. Am liebsten über sich und seine Krankheiten. Als ich mit meinen skurrilen Schulgeschichten einen Moment innehalte, bricht es aus ihm heraus: »Ach ja, Lehrer wollte ich auch mal werden. Habe die Kurve aber noch rechtzeitig gekriegt. Gleich nach dem Referendariat. Gottseidank! In der Schule bekommt man vom wahren Leben ja überhaupt nichts mit!«

Und er erzählt mir vom »wahren Leben«. Seins begann in der Bundesanstalt für Materialprüfung, ein Ort der Abenteuer und existenziellen Erlebnisse. Nach spannenden drei Jahren landete er in einem Sonderforschungsbereich, wo er, allein mit sich selber, zwischen Akten, Zeitschriften und Karteikarten gesellschaftlich höchst relevanten Themen auf der Spur war. Die Ergebnisse seiner Arbeit interessierten nicht sonderlich, weil eine kleine Universität im süddeutschen Raum schneller gewesen war. Irgendwann setzte der Jugendfreund seine Karriere in einem städtischen Nahverkehrsunternehmen fort. Man feierte ihn für seine kreativen Ideen und Innovationen! Zum Beispiel für die neuen Sitzbezüge in den Bussen und für die Oldtimer-Straßenbahnen, die man für Geburtstagsfeiern mieten kann.

Ich schweige voller Neid. Nein, das »wahre Leben« habe ich nie kennengelernt. Bei mir war es wie bei allen Lehrern: gleich nach dem Abitur an die Uni. Von der Uni direkt zurück in die dumpfe Gemütlichkeit der Schule. Schule, ein muffig-warmer Schonraum. Ein sanftes embryonales Dämmern im pädagogischen Fruchtwasser. Nie mit Erwachsenen klargekommen, keinen Wettbewerb und keinen Leistungsdruck ausgehalten, nie einen kühnen Gedanken gefasst. »Lehrer sind doch meist infantile Persönlichkeiten, die sich nur Kindern gewachsen fühlen«, erklärt jetzt der Jugendfreund. »Ein Leben lang auf Stuhlkreisniveau. Die wenigsten haben jemals über ihren Tellerrand geblickt. – Ich meine jetzt nicht dich persönlich, aber du hättest doch auch bessere Möglichkeiten gehabt.«

Traurig gehe ich nach Hause. Was ist das wahre Leben? Wo finde ich es? Google sagt es mir. Das wahre Leben hält zum Beispiel Einzug, wenn an einer Brennpunktschule ein paar Bildhauer und Choreografen Residenzen einrichten: »Tanz im Karton ohne Beleuchtung« statt Grundrechenarten. Die Schüler können sich morgens aussuchen, ob sie Mathe lernen, zu Strawinsky rhythmisch Tücher schwenken oder aus Styropor Pandabären fertigen wollen. Der Mathelehrer ist frustriert und wechselt die Schule. Er ist dem wahren Leben nicht gewachsen.

Eine schwäbische Berufsschule behauptet auf ihrer Website auch, dass sie das »wahre Leben« nahebringt. Die Jugendlichen dürfen für städtische Veranstaltungen catern. Das »wahre Leben«: kochen, Stullen schmieren und Geld zählen?

Freilerner und Home-Schooler in den Schweizer Bergen bewahren ihre Kinder vor dem Zwang des regelmäßigen Schulbesuchs und bloggen stolz darüber. Die lieben Kleinen lernen direkt im »wahren Leben«: im Kuhstall nebenan, am Bienenstock, mit Mutti in der Küche, mit Vati im Urlaub. Bestechend an ihrem Alltag finde ich, dass sie jeden Morgen ausschlafen können. So ein »wahres Leben« hätte ich als Lehrerin auch gern. Stattdessen reiße ich Schüler telefonisch aus dem Schlaf, damit sie sich rechtzeitig auf den Weg in die Lernkaserne machen. Erinnere sie per SMS an ihre Referatstermine. Setze Eltern von Schulabstinenten unter Druck, um deren Kinder vom »wahren Leben« in Einkaufszentren und Spielhallen abzuhalten. Unterbinde auf dem Schulhof konsequent das »wahre Leben« (Spucken, Kratzen, Dealen, Mobben, Faustkampf und Messerstechen). Versuche, mich in das »wahre Leben« der Elternhäuser einzumischen, weil die Kinder in meinen Augen schlecht ernährt, vernachlässigt oder misshandelt werden. Auch im Fachunterricht halte ich meine Schüler unbeirrt vom »wahren Leben« ab. Anstatt sie über Mietverträge, Investitionsdarlehen, Hausrat- oder Haftpflichtversicherungen aufzuklären, lasse ich sie Werke toter Schriftsteller analysieren – in dem Irrglauben, dass Bildung und Urteilsvermögen wichtiger sind als Marktgängigkeit.

Das Versagergefühl am Ende meines Berufslebens ist bedrückend. Glücklicherweise bin ich jetzt Mitglied in einem Kompetenzteam der Schulverwaltung. Wir erarbeiten, was für Kinder und Jugendliche im »wahren Leben« wirklich wichtig ist: zum Beispiel die Wahl des richtigen Smartphones mit kompatiblem Selfie-Stick, richtig posten, bloggen und twittern, Bedienung eines Navigationsgeräts, Basiskenntnisse über Lebens- und Putzmittel, ein wenig Alltagspsychologie und Grundwissen über Kinderkrankheiten, Aktienfonds und Kreditzinsen.

Vermutlich verkürzen unsere Ergebnisse die Pflichtschulzeit um mindestens vier Jahre!

Etikettenschwindel
Politisch korrekter Sprachgebrauch

Auf der Zeugniskonferenz klage ich über die vielen schwieri-
gen und problematischen Kinder in meiner Klasse. Die Fachlehrer nicken zustimmend. Unsere neue Schulleiterin aber
verzieht schmerzlich das Gesicht und schickt uns postwen-
dend zur Fortbildung »Prozessbegleitende Qualifizierungs-
maßnahmen zur systematischen Qualitätsentwicklung«. Seither bemühen wir uns alle um einen positiveren und politisch
korrekten Sprachgebrauch. (Fast) niemand von uns diskrimi-
niert oder stigmatisiert noch seine Schülerinnen und Schüler!
Leider haben nicht alle Kolleginnen und Kollegen, pädagogische Transgender und Genderfluids in der Bundesrepublik
das Glück, bereits in diesem Sinne aufgeklärt worden zu sein.
Missgriffe im Umgang mit Schülerinnen und Schülern sollen
in etlichen Bundesländern immer noch vorkommen!

Damit auch Sie sich nicht mehr im Ton vergreifen, habe ich eine kleine Sprachfibel für den Schulalltag zusammengestellt:

Absolute No-Gos:	So muss es richtig heißen!
schwierig, problematisch	*verhaltensoriginell, betreuungsintensiv, impulsgestört, Schüler mit großen Verbesserungsmöglichkeiten hinsichtlich ihrer sozialen Kompetenz, ungekonnt-unglückliches Sozialverhalten*
schwieriges Elternhaus	*Familie mit Multiproblemkonstellation, soziokulturell benachteiligt, subkulturell, Menschen in besonderen Problemlagen*
ständige Verspätungen	*individuelle Zeiteinteilung*
schwer von Begriff	*kognitiv herausgefordert, praktisch bildbar, erkenntnisresistent, Wandervakuum, No-Brainer, Low-IQ-Syndrome, Schüler mit besonderem Förderbedarf, intellektuell eher unaufdringlich*
unehrlich, verlogen	*kreativer Umgang mit der Wahrheit, moralisch flexibel*
gestört	*akzentuierte Persönlichkeit*
stur	*stabile Willensqualität*
launisch, zickig	*emotional flexibel*
faul	*anders effizient*
frech	*verbal überlegen*
dick	*gravitativ benachteiligt*
aggressiv	*konfliktstark, streitbar*
unangepasst bis kriminell	*divergierendes Sozialverhalten, fehlgeleitete Kreativität*

Absolute No-Gos:	So muss es richtig heißen!
arbeitslos	*Mensch mit multiplen Vermittlungs-*
	hemmnissen, lösungsschwierige
	Lebenslage
gefühlskalt	*flache Mimik*
Schadenfreude	*negative Empathie*
Macken	*Special Effects*
Schulschwänzer	*institutionell und sozial desintegriert,*
	schulabstinent
Abschreiben	*Last Minute Learning*
Strafen	*aversive Reize, konfrontative Pädagogik,*
	Inklusivleistungen der Schule
Strafarbeit	*Forschungsbericht*
Pillepalle, Kinderkacke	*niedrigschwellige Lernangebote, mentale*
	Aktivierung
unklares Gequatsche	*kommunikativ unscharf*
ungebremstes Gequatsche	*kommunikative Dysfunktion, Logorrhö*
doofes Gedicht	*Wortgeschenk, Gedankenbonbon*
Rumgelaber auf Konferenzen	*Ideenpool, cerebrale Diarrhö, verbale*
	Inkontinenz
Gesamtkonferenz	*Konsens-Meeting*
Schulleiter	*Key Account Manager*
Lehrer	*Potenzialentwicklungscoach, Event-*
	Manager, Hirnschrittmacher, Erlebnis-
	berater, Lern-Moderator
Schwachmaten	*Low Performer, vom Bildungssystem*
	nicht erreicht
Problem	*Herausforderung*
Opfer	*Erlebende/r körperlicher Gewalt*
Hausmeister	*Facility Manager*

Absolute No-Gos:	So muss es richtig heißen!
Unterricht	*Event*
Klassenraum	*Location*
Schule	*Labor, Gewächshaus, Leuchtturm,*
	Leistungsschmiede
Bücherei	*Sprachwerkstatt*
Schulflur	*Lerninsel, Lernbüro*
Schulhof	*Campus, Impulsgarten*
Arschloch, Blödmann	*Mäuschen, Schätzchen*

Manchmal jedoch kann ich meine klammheimliche Sympathie für einen gestandenen Kollegen nicht verhehlen, der im Lehrerzimmer schnaubt: »Dieser semantische Euphemismus, diese Sprachwäscherei geht mir echt auf den Sack! Wo Mist drin ist, muss auch Mist draufstehen dürfen!« Einmal hat er einen Schüler »Blödmann« genannt. Der Junge, empört: »Sie haben Blödmann zu mir gesagt. Ich gehe zum Direktor!« Der Kollege: »Genau, du gehst jetzt zum Direktor und erzählst ihm, du seist ein Blödmann. Und ich hätte dir das gesagt!« (»Blödmann« hat er übrigens nicht gesagt, sondern etwas Schlimmeres.)

Dieser Lehrer ist bei den Schülern ungemein beliebt: für seine flotten Sprüche, für seinen Humor und für seine Direktheit. Aber diesen Mann biegt sich die neue Schulleiterin auch noch zurecht!

Arm, aber sexy!
Personalzirkus (nicht nur) in Berlin

Was für ein Mann! Jung, selbstbewusst und »breit aufgestellt«. Fachkraft für Mathe und Physik! Trainer in einem
Ruderklub und Gitarrist in einer Klezmer-Band!! Erfahrung
als Assistant Teacher in Äthiopien und Usbekistan. 62 Schul-
leiterinnen und Schulleiter, die seit Stunden beim Berliner
Lehrer-Casting, sorry, beim »zentralen Einstellungsgespräch«
rumsitzen, lecken sich die Lippen. Der junge Mann erscheint
als dringender Erstwunsch auf ihren Personallisten. Man weiß
natürlich nicht, ob er bald in Elternzeit gehen wird. Honigsüß
und etwas nervös stellen alle Bewerber, also in diesem Fall die
Schulleiter, ihre wundervolle Anstalt vor. Im Einzugsbereich
nur Einfamilienhäuser, keine asozialen Mietskasernen, viel
Wald und Natur ringsum, wenig Asphalt. Kräutergarten und
Aquarium, frisch renovierte Fachräume, ausgestopfte Tiere aus

aller Welt, ein junges, dynamisches Kollegium mit »frischen Ideen« und »intelligenten Lösungen« und eine traumhafte Cafeteria mit Menü-Auswahl (vegan, vegetarisch, laktosefrei, aber auch alles für den Omnivoren). Auf Wunsch täglich ein Frühstücksei für den Kandidaten – weich oder hart?

»Könnten Sie sich vorstellen, an einer übernachgefragten Sekundarschule in Hakenfelde zu unterrichten? Unser Kollegium arbeitet rund um die Uhr im Team und ist äußerst hilfsbereit und sympathisch! Sie bekommen einen eigenen Schreibtisch und können sofort auf bewährte Unterrichtseinheiten zurückgreifen! Und beim Stundenplan nehmen wir selbstverständlich auf Ihre Wünsche Rücksicht!« Sehnsüchtig fixiert die Hakenfelder Schulleiterin den Kandidaten. Aber der winkt gelangweilt ab: »Nee, Randbezirke kommen für mich nicht infrage. Ich wohne in Schöneberg und möchte nicht länger als zehn Minuten zu meinem Arbeitsplatz unterwegs sein.«

Hektisch entfalten die innerstädtischen Schulleiter ihre Stadtpläne oder suchen im Smartphone nach der BVG-App. Ein Schulleiter aus Tempelhof jauchzt begeistert auf: Nur acht Minuten vom U-Bahn-Gleisbett zu seiner Vorzeige-Anstalt. – Zu früh gefreut! »Für mich kommt nur ein Gymnasium infrage. Ich bin Studienrat!«, teilt der Traumkandidat mit.

Traurig senken die Spandauer, Marzahner und Köpenicker Schulleiter die Köpfe. Wieder mal keine Chance auf eine »schulscharfe« Bewerbung. Trotz ihrer perfekten Performance, trotz teurer Hochglanzprospekte, trotz exotischer Schulgärten und prämierter Schulfirmen, trotz engagierter Eltern und hilfsbereiter Partnerfirmen, trotz Vollwert-Catering, trotz blitzender Schulklos, utopischer Konzepte und

Projekte. Aber warum sitzen sie auch am Stadtrand, in einer Brennpunktschule ohne Oberstufe? Da müssen sie halt nehmen, was übrig bleibt: etwa einen ausgebildeten Erdkundelehrer, der eventuell auch Sport und Kunst unterrichtet. Oder eine Fachkraft für Sozialkunde, die Mitglied beim Naturschutzbund ist – ideal für das Fach Biologie. Schnell zugreifen, bevor man wieder mit leeren Händen heimkommt. So läuft das in Krankenhäusern schließlich auch. Oder nicht? Da braucht man zum Beispiel dringend eine Gynäkologin und nimmt, bevor die Stelle unbesetzt bleibt, auch einen Zahnarzt oder Proktologen. Wozu gibt es Fortbildungen?

Nun wissen die Schulleitungen allerdings nie genau, ob die ersteigerte Fachkraft auch wirklich in der »Auktionsschule« erscheint oder kurzfristig ins Brandenburger Umland oder nach Hamburg abwandert. Dort wird man nämlich noch verbeamtet. Dann beginnt für die defizitäre Berliner Schule die Suche wieder von vorn. Schulleitungen haben in Berlin die schöne Möglichkeit, ihre Lücken durch »Personalkostenbudgetierung« (PKB) zu füllen. Im Konzept der »eigenständigen Schule« verbringen sie viel Zeit damit, geeignete Aushilfskräfte zu suchen. Glück haben hier Schulleitungen, deren erwachsene Kinder jede Menge Kommilitonen anschleppen können, die sich ein Zubrot als Stundenkraft verdienen wollen. Auch schulaffine Ehegatten, Schwiegermütter, Nachbarn und Skatfreunde landen über Connections auf diese Weise im Schuldienst. Mein Bruder, ein Chemiker in der freien Wirtschaft, wird ständig beharkt, ob er nicht nebenbei am benachbarten Gymnasium unterrichten will. Auf meine Neffen, Physik- und Informatik-Studenten, warten jeden Morgen die Headhunter der Bildungsverwaltung am Uni-Portal.

Wie Naturkatastrophen brechen Lehrerschwemmen und

Lehrerdürren seit Jahren nicht nur über die Berliner Verwaltung herein. Woher soll man aber auch wissen, dass Tausende Lehrkräfte ganz überraschend in Rente gehen werden? Vor Jahren wurden Generationen überflüssiger Lehrer auf die Straße geschickt. Und nun sammelt man wieder von der Straße ein, was nur irgendwie und irgendwas unterrichten könnte. Die Taxifahrer von damals sind leider mittlerweile zu alt für den Schuldienst. – Zu alt? Zu alt gibt's nicht. Auch mit 59 kommt man in Mangelzeiten noch ins Referendariat. Auch mit 71 kann man als Hilfskraft noch Erfüllung finden. Erstsemester unterrichten in der Oberstufe Philosophie. Fahrlehrer, Förster und ausgemusterte Feldwebel gehen an die Grundschule. Astrologen und Meeresbiologen arbeiten in Förderzentren. Der Schulleiter grübelt lange, woher er die neu eingestellte Spanisch-Lehrerin kennt. Ein Examen hat sie nicht, aber sie spricht fließend Spanisch. Irgendwann dämmert ihm, dass sie an seiner Schule die Flure und Klassenräume sauber hält.

Berlin ist einmalig im Improvisieren! Wir haben nicht nur am Flughafen Schönefeld eine gigantische Baustelle. Aber was wir dort an Geldern versemmeln, holen wir im Bildungsbereich wieder rein. Denn Schule ohne pädagogische Fachkräfte ist einfach kostengünstiger!

Sei billig, sei Laie, sei Berlin![1]

---

[1] »Be Berlin« war eine ernsthafte Werbekampagne, um der Stadt ein positiveres Image zu verleihen und um Touristen, Fachkräfte und Investoren anzulocken. Da gab es dann so schöne Sprüche wie »Sei Straße, sei Laufsteg, sei Berlin!« zur Fashion-Week oder »Sei klar, sei unabhängig, sei Berlin«.

Die letzten Mohikaner
Raucher haben es schwer

Waren das noch Zeiten, als im Raucherzimmer die Luft dick
und die Stimmung gut war! Obwohl eine Suchtexpertin, vor-
mals Kettenraucherin, die Wände mit Krankenkassen-Plaka-
ten dekoriert hatte. Die fröhlichen Kollegen hatten dadurch
direkten Blick auf eine Raucherlunge im Endstadium, auf
ein Kehlkopfloch und auf zwei, drei amputierte Raucherbeine. Das hielt sie aber nicht von ihrem Laster ab, im Gegenteil. Kollege Kohnleitner holte demonstrativ seine Zigarillos
raus, und Frau Lehnert spielte trotzig mit dem Gedanken,
sich das Pfeiferauchen anzugewöhnen. Herr Peters hängte
ein Willy-Brandt-Plakat neben die Raucherbeine. Darauf
spielt der Politiker Gitarre, im Mundwinkel hängt ihm ganz
selbstverständlich eine Kippe. Frau Winter ergänzte die Bild-
wand mit Fotos von Helmut und Loki Schmidt, die beide in

enger Symbiose mit ihren Nikotinstängeln lebten und sich dennoch eines langen Lebens erfreuten. Den lamentierenden Nichtrauchern im Nebenraum empfahlen die Raucher, einfach die Zwischentür geschlossen zu halten und abzudichten, allerdings würden sie dann die neuesten Witze und den interessantesten Tratsch nicht mitbekommen. Viele Raucher sehnten sich nach den Zeiten zurück, als sie auf Elternabenden und Konferenzen noch ganz unbeschwert quarzen durften.

Manchmal hoben im Flur Oberstufenschüler witternd die Nase: »Wieso dürfen die Lehrer im Gebäude rauchen und wir nicht? Das ist ungerecht!« – »Der Qualm aus dem Lehrerzimmer zieht durchs Schlüsselloch!«, beschwerte sich die Schülersprecherin. »Das stinkt im ganzen Gebäude!« Die Vertrauenslehrerin hielt ihre Hand unter dem Schreibtisch verborgen, aber die aufsteigenden grauen Kringel verrieten sie. »Ach, Sie also auch«, murrte die Schülersprecherin, »und ich dachte immer, Lehrer sollten Vorbilder sein!« Eine Woche später forderte eine Elterndelegation eine rauchfreie Schule für alle. Auch die Mütter, die stets qualmend vor der Schule warteten. Und deren Kinder so rochen, als müssten sie direkt neben dem Aschenbecher übernachten.

Der nächste Studientag widmete sich ausführlich mannigfaltigem Suchtverhalten. Im Mittelpunkt standen Nikotin- und Alkoholmissbrauch, aber auch andere Süchte wurden nicht vernachlässigt: Es gab Kundalini-Yoga für Workaholics, Stepp-Aerobic für Vollschlanke, Teppichknüpfen für »Amok-Shopper« und Gesangsmeditation für Zucker-Junkies. Ärztlich attestierte Asketen durften einen Fastenmarathon rund ums Schulgelände veranstalten. Zwei Kollegen monierten, dass es keine Arbeitsgruppe für Sexomanen gab. Krankenkassen und Selbsthilfegruppen boten an ihren Ständen Broschüren, Hypnosekurse, Nikotinkaugummis und -pflaster an. Eine Gestaltpädagogin forderte die Raucher auf, mit einer Schokoladenzigarette ins Zwiegespräch zu treten. Der Oberraucher flüsterte, dass er allein von seiner Tabaksteuer fünf Gestaltpädagoginnen finanzieren könnte.

Erst mit dem offiziellen Rauchverbot in öffentlichen Gebäuden war der Spuk vorbei. Viele Menschen muss man eben zu ihrem Glück zwingen. Die Luft im Raucherlehrerzimmer ist nun klar und rein, die Gardinen erstrahlen in blendendem Weiß, aber niemand möchte mehr hier sitzen. Nach und nach beginnen die Nichtraucher und ein paar Duftkerzen das Zimmer zu okkupieren. Wo sind die Raucher? Frau Lehnert hat aufgehört. Sie ist jetzt zehn Kilo schwerer und ernährt sich von Nikotinbonbons. Herr Peters kritzelt in den Pausen alles Erreichbare voll, weil er seine Hände nicht stillhalten kann. Frau Kramer versucht im Materialraum autogenes Training und deklamiert verzweifelt: »Nikotin ist gaaaanz unwichtig ...«

Aber wo sind die anderen? Die frisch berufene Entzugsbegleiterin schnüffelt sich durchs ganze Gebäude und meldet der Schulleitung triumphierend die letzten Raucherasyle. Die neue Direktorin ist zäh, gut abgehangen und durchtrainiert, sie hat keinerlei Verständnis für schwache und süchtige Menschen. Niemals wird ihre Schule nach diesem kettenrauchenden Ex-Kanzler benannt! Sie verbietet den Rauchern ihre stinkenden Aktivitäten im Fotolabor und auf den Toiletten. Nein, auch im Kabuff der Hausmeisterin wird nicht geraucht! Der Kellerverschlag, den sich einige Raucher mit Campingliegen und Decken eingerichtet haben, wird zugenagelt. Die Entzugsbegleiterin strahlt zufrieden: Der Kampf ist fast gewonnen. Die letzten drei Mohikaner kriegt sie auch noch. Einer raucht in den Pausen in seinem Smart. Die beiden anderen stehen im nah gelegenen Park und frieren sich im Winter die Raucherfinger ab. Manchmal fährt einer von ihnen eine Runde im Smart des Kollegen mit. Dabei spart er Zigaretten: In dem dicken Smog macht schon das Passivrauchen high.

Wenn die drei letzten Mohikaner endlich bekehrt sind, kommen die Adipösen im Kollegium dran!

Alles ist relativ

Mit dreißig schon uralt?

Als ich in der 5. Klasse aufs Gymnasium kam, erschienen mir acht Jahre Schulzeit unendlich lang und unüberwindlich. Sie gingen vorüber, aber nach damaligem Empfinden sehr, sehr langsam. Die Vorstellung, die Jahrtausendwende als uralte Frau von über vierzig zu erleben, war für mich als Zehnjährige geradezu gruselig. Das war ja kurz vorm Einsargen. Als »The Who« 1967 sangen: »Hope I die before I get old«, grölte unsere Schul-Clique inbrünstig mit. Nee, alt werden wollten wir alle nicht. »Rentner« war ein Schimpfwort. »Rentner« standen in Berlin geifernd am Rand von Demonstrationen und wollten die Teilnehmer am liebsten ins Lager oder »nach drüben« schicken. Wir erzählten Witze, in denen Autofahrer Prämien bekamen, wenn sie einen Rentner überfuhren. »Trau keinem über dreißig!« war auch unser Leitspruch.

Als Schüler hielten wir unsere Lehrer für uralt und stein-grau, jenseits von Gut und Böse. Als Studentin traf ich später einen davon wieder. Er war mittlerweile Dozent für mittelalterliche Mystik. Als »Mann in den besten Jahren« sonnte er sich in der Bewunderung vieler Studentinnen. Ja, ja, ich schwärmte auch für ihn. Offenbar war er gerade mal Mitte zwanzig, als er auf Schüler losgelassen worden war. Bei einem Schuljubiläum sah ich andere meiner ehemaligen Lehrkörper wieder. Sie erschienen mir, die ich nun Ende zwanzig und wider Erwarten Lehrerin geworden war, gar nicht mehr so uralt. Vielleicht Mitte, Ende vierzig? Zeit und Alter sind halt relativ.

Meine Friseurin erzählt mir, dass sie an ihrem 25. Geburts-tag geweint hat. Denn nun geht es stramm auf die dreißig zu! Auch eine junge Kollegin hält ihren bevorstehenden 30. Geburtstag für eine mittlere Katastrophe: die Eintritts-karte ins Greisenalter. Ich wurde eigentlich ganz unbefan-gen dreißig. Erst meine männliche Umwelt gab mir galant zu verstehen, dass das Klimakterium nun um die Ecke schielt. Wenn meine Neuntklässler über die Zukunft sinnieren (fette Knete, eigenes Haus mit Swimmingpool), erscheint ihnen dreißig auch als biblisches Alter. Das Leben neigt sich dann dem Ende zu, ist nur noch öde und trist.

Ein beliebtes Spiel ist es, andere das eigene Alter raten zu lassen. Darauf sollte man sich keinesfalls einlassen, weil es peinlich enden kann. Die 30-Jährige mit dem Kinderhaar-schnitt ist tödlich beleidigt, wenn man sie für 19 hält. Der 60-Jährige ist wenig amüsiert, wenn man sein wahres Alter errät. Eine 7. Klasse sortiert mich bei einem solchen Rätsel-raten in eine Spanne zwischen 35 und 70 ein. Sehr schmei-chelhaft, dass mir einer die 75 abnimmt, die ich scherzhaft vorschlage. Auf einer Klassenfete tanze ich Blues mit dem gut geformten Sportlehrer. Die Kinder sind gerührt: »Ach, Sie sahen so verträumt aus, als Sie mit Herrn Rieger getanzt haben. Bestimmt haben Sie sich an Ihre Jugendzeit erinnert – an die Fünfzigerjahre!« Ich weise sie empört darauf hin, dass ich damals noch nicht mal im Entstehungsprozess war.

Hübsche Erlebnisse haben auch andere Kollegen: Frau Mahnkopf sagt seit 15 Jahren, sie sei 39. Sie unterrichtet sehr engagiert und anschaulich Geschichte. Ben aus der 9. Klasse fragt interessiert: »Sagen Sie mal, Frau Mahnkopf, sind Sie eigentlich vor dem Ersten oder vor dem Zweiten Weltkrieg geboren?«

Kollege Bärwald ist 45. Er lässt seine Siebtklässler gerade Lehrer und Mitschüler als Tiere malen und schaut entspannt aus dem Fenster. Von draußen ruft ein Schüler: »Hallo, Herr Bärwald!« Einer der Zeichner hebt den Kopf und sagt laut: »Ey, da kennt dich einer!« – Herr Bärwald mahnt freundlich: »Na, na, entweder ›Sie‹ oder ›Onkel‹!« Der Zeichner denkt eine Weile nach. Dann meldet er sich: »Darf ich auch Opa sagen?«

In der Grundschule nimmt die junge Lehrkraft (ca. dreißig Lenze) einem Schüler den Laserpointer weg. Der regt sich auf und will das Teil unbedingt zurück. »Was wollen Sie denn damit?«, fragt er die Lehrerin empört. Ein Klassenkamerad grinst schadenfroh: »Den gibt die ihrem Enkel!« Nun wäre ein Enkel rein biologisch im Alter von dreißig möglich, aber die junge Lehrerin hat noch nicht für ihre Rente vorgesorgt.

Kollegin Weidner ist mit 38 Jahren Mutter geworden. Sie geht mit Kind und Au-pair-Mädchen spazieren. Ein

Passant sagt freundlich zur Au-pair-Kraft: »Das ist schön, wenn die Oma einem hilft, gell?« Kollege Seeber hat mit 55 eine Zweitfamilie gegründet. Seine neue Gattin ist dreißig Jahre jünger. Trockener Kommentar einer erfahrenen Frau: »Warum nicht? Wenns noch klappt?« Die anderen Kinder rufen: »Harley, dein Opa kommt!«, wenn Kollege Seeber seinen jüngsten Spross in der Kita abholt.

Ein Referendar beklagt sich, dass er selten richtig gute Unterrichtsstunden gesehen hätte. Kein Wunder: Sein anleitender Lehrer sei auch schon so alt, um die fünfzig. Was will man da erwarten. Der Referendar ist 35. Da trennen ihn wirklich Welten vom vergreisten Kollegium ... Wie stand es letztens in der Zeitung? In Berlin gehen die guten jungen Lehrer weg, und nur die alten, unflexiblen und schlechten bleiben. – Ist das bei den Bildungsjournalisten eventuell genauso?

Ein Abiturient bekommt mit, dass ich abends meine Mutter besuchen will. Er ist perplex: »Was? Ihre Mutter lebt noch? Was für ein Geheimnis hat sie, dass sie so lange lebt?« Wahrscheinlich hält er meine Mutter für hundertdreißig und mich für zarte achtzig.

Kollege Steiner wird in vier Monaten pensioniert. Zukünftige Oberstufenschüler wollen ihn aber noch für die nächsten drei Jahre »buchen«. »Was, Sie sind schon 65?« Kollege Steiner grinst: »Mein Beruf hält mich jung!« Manche Zehntklässler sind verkalkter als ihre Lehrer, manche jungen Kollegen weitaus spießiger und anpassungsbereiter als die alten. Zwar sind im Vergleich zu früher die Umgangsformen lockerer geworden, duzen sich Alte und Junge, helfen sich und akzeptieren sich, aber auf der Lehrerfete versammeln sich die Jungen doch lieber an einem eigenen Tisch.

»Mann, was waren wir früher renitent und kritisch. Die Jungen wollen doch nur stromlinienförmig durchschlüpfen, funktionieren und Karriere machen«, mosert ein Pensionär und denkt an seine wilden Jahre. Seine Altersdevise? »Trau keinem unter vierzig!«

Der Schein bestimmt das Bewusstsein
Dienstkleidung für Lehrer

Die anderen Mädels erschienen damals mit Kostüm und Lippenstift zu ihren Lehrproben. Ich behielt meine Jeans an und kam über eine Drei einfach nicht hinaus, egal, wie exzellent ich meinen Unterricht geplant hatte. Allerdings hatte ich meine sozialen und fachlichen Kompetenzen auch im »Reich des Bösen« erworben. Nein, nicht in der Sowjetunion. Viel schlimmer! An der Freien Universität Berlin. Für meine Ausbilder im Süden unserer Republik war das ein Synonym für rot, verlottert und verkommen. Meine Zwei im ersten Staatsexamen belächelten sie, wussten sie doch, dass einem in Berlin die guten Zensuren hinterhergeworfen wurden. Meine beste Note im Referendariat bekam ich für eine Deutschstunde über Brechts Episches Theater, zu der ich ausnahmsweise im Rock antrat. Aber da gibt es sicher keinen Zusammenhang. Hätte ich nicht die allerletzte Planstelle in Berlin ergattert, wäre ich als Stundenkraft an einem vorderpfälzischen Gymnasium geblieben und besäße vielleicht heute viele damenhafte Jersey-Kostüme und eine tadellose Föhnfrisur.

So aber landete ich wieder im Berliner Kiez und konnte anziehen, was ich wollte. Zumindest, solange ich jung und schlank war. Und ich habe meinen Klassen etwas geboten! Meine Schülerinnen und Schüler fanden mein Outfit oft deutlich interessanter als meine Arbeitsblätter. Besonders gefielen ihnen meine roten Leggins mit dem Leopardenmuster und die Stiefel, die bis übers Knie reichten. In Florida fand ich immer wunderschöne Hawaii-Hemden mit Papageien und mit Löwen und Tigern bestickte T-Shirts. Einige Schüler nannten mich deshalb »Tiger Lily«. Eine Zeit lang trug ich auch eine blaue Haarsträhne. Heute, da ich ein wenig älter und reifer bin, rufen meine gelben Fünfzigerjahre-Schuhe bei meiner Klientel eher mitleidiges Lächeln hervor.

Auch meine Kolleginnen und Kollegen bemühten sich um Originalität. Herr Kohnleitner kam stets barfuß in Sandalen, auch bei eisigen Temperaturen, und schuf damit zahlreiche Gesprächsanlässe. Frau Lehnert verwirrte mit ihren Ausschnitten nicht nur pubertierende Knaben. Frau Kramer trug hautenge Ganzkörperanzüge. Einer dieser Körperstrümpfe war rund um die sekundären Geschlechtsmerkmale mit Ziernähten abgesteppt. Hämisch murmelte ein Kollege: »Da darf sie sich nicht wundern, wenn ein Schüler mal zufasst!« Die Empörung des ganzen Lehrerzimmers wallte ihm entgegen.

Ich hatte zwischendurch aber auch mal einen Hang zum Seriösen – und einen Dienstrock! Eine russische Schule wünschte sich die Zusammenarbeit mit unserer Anstalt.

Zwei Lehrer sollten in der sibirischen Taiga einen Partnerschaftsvertrag unterzeichnen. »Zum Bürgermeister kannst du nicht in Jeans gehen!«, bestimmte mein Kollege, der mitfuhr. Er hatte den »Ukas« eines schwäbischen Kultusministers befolgt und trug stets einen Anzug, keine ausgeleierten oder selbst gestrickten Pullover wie die Alt-68er. Ich erstand zähneknirschend einen schwarzen Rock. In Sibirien war es Anfang Oktober bereits eiskalt. Die offizielle Heizperiode begann aber erst im November. Wir Berliner Warmduscher hospitierten in Wintermänteln, mit Handschuhen, Pulswärmern und Schal. Auch zum sibirischen Bürgermeister ging ich in warmen Hosen. Der Dienstrock kam witterungsbedingt kein einziges Mal zum Einsatz. Und danach in Berlin sowieso nicht. Leider konnte ich ihn nicht von der Steuer absetzen.

Einige Jahre später zwang ich eine 10. Klasse in die Oper. Gepflegte junge Menschen – einmal ohne Hängearschhosen – warteten im Foyer auf mich und konstatierten ein wenig missmutig, dass ihre Lehrerin wie immer aussah. Dabei hatte ich mich extra in Jeans mit Glitzersteinen geworfen. »Sie tragen nie ein Kleid!«, tadelte Selma.

Zur offiziellen Abschiedsfeier wollte ich das wiedergutmachen. In einer Boutique suchte ich nach festlicher Gewandung. Die Verkäuferin brachte mich mit etlichen Gläsern Sekt in den nötigen Kaufrausch. »Amok Shopping« heißt das in Dänemark. Ich erstand ein straffendes Mieder, ein asymmetrisches Regencape, eine flotte Unterhose für meinen Mann, eine Strickjacke für meine Mutter, eine winzige Handtasche und ein zweiteiliges Ensemble, das als Kleid durchgehen konnte. Meine Schüler erkannten mich am Abschiedsabend erst mal nicht. Doch dann wollten sie alle einzeln mit mir fotografiert werden. Seit dieser Feier habe ich das Teil nie wieder angezogen. Auch die anderen Sonderangebote aus der Boutique hängen ungenutzt im Schrank. Nur mein Mann hat seine flotte Unterhose lange getragen. Nie wieder werde ich beim Einkaufen Alkohol konsumieren!

In Deutsch üben wir Argumentieren. »Darf ein lässig gekleideter Lehrer Respekt erwarten?«, fragt das Arbeitsbuch. Meine Klasse weiß natürlich, was ich hören will. Niemand macht seine Ehrerbietung davon abhängig, ob der Lehrer einen Frack oder die Lehrerin ein schwarzes Kostüm trägt. Aber als mein Kollege eine Woche später im silbergrauen Anzug mit Einstecktüchlein auftaucht (er muss nach Dienstschluss zu irgendeiner bleiernen Hochzeit), schweigen unsere Schüler beeindruckt, setzen sich sofort gerade hin, und aus Emma platzt es heraus: »Sie sehen aber heute schick aus! Darf ich mal anfassen?«

Das schwarze Loch
Was machen Lehrer nach der Pensionierung?

Mein Mann hat das Rentenalter erreicht und muss nur noch bis zu den Sommerferien arbeiten. Er ist einer der wenigen Lehrer, die bis zum Schluss durchgehalten haben. Dafür gibt es aber keine Prämien und Orden, sondern nur eine Abschiedsurkunde, von der zuständigen Senatorin unterzeichnet, und ein paar Tränen der Schulleiterin.

Auf dem Weg zu diesem letzten Schultag verschwindet nahezu täglich eine Flasche Sekt aus dem Keller. Seit wann hat mein Mann das Biertrinken aufgegeben? Warum trinkt er den Sekt heimlich? Trinken im Verborgenen ist ein schwerwiegendes Anzeichen für beginnenden Alkoholismus. Wachsam beobachte ich meinen Mann und erwische ihn, als er frühmorgens mit zwei Flaschen »Fürst Metternich« ans Tageslicht steigt. »Trinkst du jetzt etwa schon zum Frühstück?!« Mein Mann ist empört. »Heute ist meine letzte Englischstunde im Abiturkurs. Da stoßen wir miteinander an! Alle sind volljährig, die Stunde beginnt erst um 15.20 Uhr. Mach dir keine Sorgen!« – »Und die anderen Sektflaschen, wo sind die? Auch alle zum Abschied getrunken?«

So ist es. Sie wurden auf der letzten Fachkonferenz geleert, bei der letzten Dienstbesprechung im Jahrgang, nach Justus' Disziplinarausschuss. Nachdem der arme Junge für sein Verhalten einen Verweis bekommen hat, haben seine Lehrer Sektflaschen geköpft. Wenn das meine Lieblingsjournalistin wüsste! Da hätte sie gleich eine tolle Schlagzeile: »Besäufnis statt Pädagogik! – So heruntergekommen sind deutsche Schulen!«

Glücklicherweise zechen die Kollegen und Kolleginnen ja weitaus weniger als in jungen Jahren. Das waren noch Zeiten, als wir nach dem Unterricht im Lehrerzimmer saßen, die Becher aufs Wochenende hoben, sogar das ein oder andere lustige Lied sangen und im Kollegium nach Flirtpartnern Ausschau hielten. Jede Gesamtkonferenz endete in der Kneipe um die Ecke. Wir kamen mit vier Stunden Schlaf aus und sahen trotzdem am nächsten Morgen relativ jung und frisch aus.

Wenn wir heute nach Unterrichtsschluss ausnahmsweise mal zusammensitzen, reden wir bei einem leckeren Mineralwasser über unsere Zipperlein. Die diversen Pillen, die wir mittlerweile nehmen müssen, vertragen sich einfach nicht mit Alkohol. Wir singen auch nicht mehr, weil der Gitarrist Gicht in den Fingern hat und ständig jemand seine Lesebrille für die Liedertexte sucht. Gibt es ausnahmsweise doch einen alkoholischen Exzess in der Eckkneipe, brauchen wir drei Tage, um wieder halbwegs nüchtern und gesund auszusehen.

Das Gefühlsleben meines Mannes schwankt kurz vor der Pensionierung zwischen offenem Triumph (»Nie mehr die Zeit mit blöden Eltern vertrödeln!«) und schmerzlicher Wehmut (»Eigentlich habe ich immer gern unterrichtet!«). Daheim feilt er an den Zitaten und Metaphern für seine letzte Abiturrede und an den deutlichen Worten, die er dem konfliktscheuen Schulrat zum Abschied an den Kopf werfen will. Über seinem Schreibtisch hängen im güldenen Rahmen: »Mein letzter Stundenplan«, »Meine letzte Geschichtsklausur«, »Mein letztes Protokoll«.

Jeden Montag geht mein Mann mit aussortierten Büchern und Ordnern in die Anstalt. Dort reiht er seine Schätze liebevoll auf dem zugemüllten Lehrertisch auf und legt einen Zettel dazu: »Zum Mitnehmen!« Seine uralten Matrizen und Plastikhüllen entsorgt eine Kollegin dezent ein paar Lehrerzimmer weiter, um meinen Mann nicht zu verletzen. Seine vielen Bücher und Videokassetten werden in der Schulbücherei im hintersten Regal gelagert. Vielleicht sucht ja mal jemand nach der »Fundgrube für Vertretungsstunden« oder nach »Mobbingfallen im Kollegium«.

»Wo ist eigentlich deine Schulrechtssammlung abgeblieben?« Ich will nachschlagen, ob Graben und Unkrautjäten im Schulgarten eine entwürdigende Sanktion für verhaltensoriginelle Jugendliche ist. Mein Mann ist ein wenig verlegen. Das dicke Schulgesetzbuch hat er längst der jungen Kollegin vermacht, die ihn immer so bewundernd ansieht. »Na toll!«, fauche ich. »Hättest ja auch erst mal mich fragen können, ob ich das Schulrecht brauche! Aber ich bin natürlich nicht so schön blond und knackig wie die junge Kollegin.« Glücklicherweise finde ich im Internet unter dem Stichwort »Schulstrafen« genug brauchbare Informationen. Der Schüler Jakob wird also im Schulgarten graben und Giersch pflücken. Eine sinnvolle pädagogische Maßnahme!

Mit der Zeit verschwinden Dutzende Englisch- und Geschichtsordner Klasse 7 bis 13 aus unseren Regalen. Sollen wir einen Container für den Papiermüll anfordern? Aber wenn hier in der Straße ein Container steht, werfen in der Regel alle Nachbarn ihren Sperrmüll dazu. Vielleicht müssen wir unser Hexenhaus gar nicht ausbauen, wenn bis zu den Sommerferien die Hälfte des Inventars verschwunden ist. Dinge, die meinem Mann lieb und teuer sind, verbleiben allerdings im Haushalt: seine alten Schulhefte und Religionszeugnisse, die Lateinlernkartei aus dem Grundstudium, die handschriftlichen Notizen über Shakespeare, Robin Hood und römisches Recht.

Einmal im Halbjahr findet für uns Lehrerinnen und Lehrer ein schülerfreier Studientag statt, an dem uns »Experten« der Schulverwaltung wichtige Dinge mitteilen, die wir in der Regel schon wissen. An seinem letzten Studientag lehnt sich mein Mann entspannt zurück und grinst sich eins. Seine Altersweisheit hält ihn davon ab, offen zu verkünden, was für einen Mist der große Reformer da vorn erzählt. All diese bahnbrechenden Neuerungen sind vor 30 Jahren schon mal »erfunden« worden. Mein Mann freut sich, dass er nicht mehr an zeitintensiven Maßnahmen teilnehmen muss, deren Effektivität er schon damals zu Recht bezweifelt hat. Anklagende Zeitungsartikel über zu alte Lehrer und das klägliche Versagen der deutschen Schule nimmt er nur noch am Rande zur Kenntnis: »Wie schön, das regt mich alles nicht mehr auf.«

Am letzten Wandertag lädt er seine 11. Klasse zum Pizza-Essen ein. Für die letzte Gesamtkonferenz spendiert er zwei

Spanferkel und ein Fass Pilsner Urquell. Ferne Verwandte im Rheinland fordern eine große Festivität zur Pensionierung. Dieses letzte Dienstjahr geht unheimlich ins Geld. Das wird wohl nichts mit dem Urlaub auf den Malediven. Aber in der Prignitz soll es ja auch sehr schön sein.

Mein Mann hat ein wenig Angst, in ein schwarzes Loch zu fallen. Womit soll er nun seine besten Jahre verbringen? Er stellt sich Stundenpläne für seine freien Tage zusammen, um nicht zu Hause zu vergammeln. Er informiert sich im nahe gelegenen Turnverein, welche Kurse für ihn in Frage kommen. Er überlegt, in die Politik zu gehen. Aber mit welcher Partei? Soll er einen Bildungsroman schreiben? Aphorismen verfassen? Endlich Italienisch lernen oder Klavierspielen? Den Rasen neu anlegen? Ein Ehrenamt übernehmen? Ich erwische ihn, als er eine Anzeige aus der Zeitung rupft: »Senior Partners for school gesucht«. Das sind Silver Ager, die Streit zwischen Schülern schlichten. »Das machst du nicht!«, erkläre ich. Stattdessen schlage ich einen Tango-Kurs vor, aber körperliche Betätigung ohne einen Fußball kommt für meinen Mann nicht infrage.

Es gibt ja wirklich Menschen, die nicht vom Schuldienst lassen können. Die ihre Schulbehörde inständig darum bitten, weiterhin als Stundenkraft beschäftigt zu werden – und sei es in der Lehrbücherei. Und genug Schulen sind auf diese Pensionäre ganz dringend angewiesen. Die Grundschule gegenüber sucht Lesepaten und Kräfte für die Essensausgabe. Mein Mann sieht sehnsüchtig zu den kreischenden Kindern auf dem Spielplatz hinüber. Er kann doch so gut vorlesen. Ich überzeuge ihn davon, dass es viel dringender ist, unseren Keller trockenzulegen, damit er sich dort sein kleines Reich schaffen kann. In Loriots Film »Papa ante portas« werden viele pensionierte Männer artgerecht im Hobbykeller gehalten...

Nach den Sommerferien und dem Kellerumbau verschwindet mein Mann täglich für mehrere Stunden im Untergeschoss. Er hat sich sogar einen eigenen Zugang gegraben.

Was er da unten macht? Er gibt Nachhilfeunterricht für verhaltensoriginelle Jugendliche.

»Russisch ist abzulehnen!«
Kalter Krieg in der Schule

Warum bin ich nicht Lateinlehrerin geworden? Die ganze Republik würde verzweifelt nach mir suchen. Ich hätte Luxuskurse mit fünf Schülern, die Schönheitschirurg oder Apotheker werden wollen und dafür das kleine Latinum brauchen. Oder deren Eltern die Lateinklasse gewählt haben, damit ihr Leopold oder ihre Ella nicht gemeinsam mit dem bildungsfernen »Pöbel« Englisch lernen muss. Mit solchen Luxusschülern könnte ich jetzt Cäsars »Gallischen Krieg« und Ovids »Metamorphosen« übersetzen. Mittlerweile gibt es aber auch »Asterix und Obelix« auf Lateinisch. Schule soll schließlich Spaß machen!

Leider habe ich an der Universität nicht Latein gewählt, sondern ein ganz abwegiges Fach: Slawistik. Und das im Westteil des Landes. Wie oft habe ich in meinem Leben die befremdete Frage gehört, warum ich denn ausgerechnet das studiert hätte. Es lag wohl an einer slawophilen Neigung, an meinem tschechischen Großvater, der in einer Dorf-kneipe bei Prag heimlich Schnaps braute. Mit dem wollte ich mich unterhalten können. Und es lag an der Frau beim Arbeitsamt, die zuversichtlich meinte, Lehrer würden immer gesucht, und Russischlehrer hätten große Zukunftschancen. Das leuchtete mir ein. Außerdem hatte ich in der Schule ge-fühlte hundert Jahre lang Latein und Altgriechisch gelernt. Ich fand die Vorstellung schön, eine Sprache zu beherrschen, die tatsächlich noch gesprochen wird. Unser Schulenglisch wurde nur rudimentär und eher nebenbei vermittelt. Eng-lisch galt als nicht so bildungsrelevant wie die alten Sprachen.

Als Slawistik-Studentin hatte ich jeden Tag zwei Stunden Russisch im Sprachlabor. Das war anfangs sehr spannend, aber das ständige (Nach-)Plappern mit Kopfhörern und Tonband nervte zunehmend. Irgendwann baten wir die estni-sche Dozentin, wenigstens einmal in der Woche mit uns tra-ditionellen Frontalunterricht zu machen. Wir benutzten ein funkelnagelneues, sehr teures Buch aus den USA. Jede Lek-tion unterwies uns in sowjetischen Missständen: Schlangeste-hen bei jeder Gelegenheit, Unterversorgung und Mangeler-nährung durch Krautsuppe, geschlechtlich gemischte Abteile im Schlafwagen. Nach dem Grundlehrgang hatten wir eine Reihe russischer Dozentinnen, die (es war noch vor der Wende) in die Bundesrepublik eingeheiratet hatten und hier vor allem Tennis spielen und im KaDeWe einkaufen wollten. Wie sie an ihre Lehraufträge gekommen waren, blieb unklar. Wenn wir Studenten uns über ihren schlechten Unterricht beschwerten, hieß es, wir seien aufmüpfig, faul und unta-lentiert.

Leider sagte uns in all den Jahren, die wir Altkirchenslawisch paukten und in Leningrader Studentenheimen überwinterten, niemand, dass eigentlich keine Schule in Berlin-West Russischlehrer suchte. Das merkten wir erst, als wir nach dem ersten Staatsexamen ins Referendariat wollten: dreieinhalb Jahre Wartezeit.

Die Warteschleife verbrachte ich mit Büroarbeiten und unterbezahlten Stunden an einer Waldorf-Schule. Dort erfuhr ich, dass Russisch etwas für den Bauch sei und die Seelenkräfte forme, während Französisch eher den Vorderlappen im Hirn, den Intellekt, anspreche. Die Schüler verstanden kein Wort von dem, was sie vierstimmig auf Russisch sangen oder untermalt mit eurythmischer Gymnastik rezitierten. Aber sie taten es voller Hingabe. Und sie sangen auch wirklich anrührend. Die etwas ältere Klassenlehrerin wies mich an, mein »Kolchosen-Russisch« zu unterlassen und stattdessen vorrevolutionäre Grammatikformen zu verwenden. Glücklicherweise rief mich nach anderthalb Jahren das Referendariat – in die Pfalz. Ich hatte mich im gesamten Bundesgebiet beworben. An einem ländlichen Gymnasium erprobten nun acht Russischreferendare ihre Kunst an den zehn willigen Schülern einer Arbeitsgemeinschaft. Deren Lehrerin hatte nie einen Fuß ins »Reich des Bösen« gesetzt. Trotzdem galt sie als Krone der Gattung »Russischlehrer«. Bei Dienstantritt musste ich an Eides statt zusichern, meine Vorgesetzten bei jeder Fahrt in den Ostblock um Genehmigung zu bitten.

Da ich Klavier spielen konnte, bekam ich nach dem Referendariat eine Stelle als Musiklehrerin in Berlin (West). An dieser Gesamtschule reagierten Kollegen und Schüler gleichermaßen entsetzt, wenn ich für einen Russischkurs warb: »Warum gehen Sie nicht in den Osten?« – »Lernen wir bei

Ihnen etwa auch Marxismus-Leninismus?« Eine feingeistige Kollegin äußerte voller Abscheu: »Russisch ist abzulehnen! Das klingt einfach schrecklich!« Eindrucksvolle Berufsjahre folgten, als ich noch vor der Wende ehemalige DDR-Jugendliche beschulen musste, die kein Englisch konnten, aber für ihren Abschluss irgendeine Fremdsprache brauchten. Bei ihnen tat ich für meinen Studienfach-Missgriff intensive Buße! Ihr schlimmstes Schimpfwort war »Russischlehrerin«. Die Hälfte der Jugendlichen verweigerte sich völlig und genoss es unendlich, in der Schule mal die Sau rauslassen zu können.

Aber das ist lange her. Heute lesen viele Menschen wieder Tolstoj und Dostojewski, was ihnen im Kalten Krieg anscheinend strikt verboten war. Sie entdecken den Baikalsee, der es erst im Jahr 1989 überraschend an die Erdoberfläche geschafft hat. Ehemals verpönte kyrillische Schriftzeichen werben in Touristenzentren für Pelzgeschäfte, Casinos und Restaurants. Die Devise »Russisch ist abzulehnen« galt nur, solange man mit Rubeln kein Geld machen konnte.

Russischlehrer sind nach wie vor kaum gefragt. Ich unterrichte stattdessen Ethik, Volkstanz und Geschichte. Ein Heer von DDR-Kollegen musste auf Französisch, Englisch und Latein umsatteln. In der freien Wirtschaft werden zwar Dolmetscher gebraucht, besonders im Bank- und »Unterhaltungs«-bereich, bei Gazprom oder bei Fußballvereinen, doch dafür gibt es genug Muttersprachler, die ihr Leben nach Deutschland verlagert haben.

Aber ich kann meine Sprachkenntnisse trotzdem nutzen! Statt in der Oberstufe Puschkin und Anna Achmatova zu analysieren, informiere ich russischsprachige Eltern direkt und ohne die Dolmetschkünste ihrer Kinder darüber, was die lieben Kleinen so in der Schule treiben. »Schwänzen« heißt auf Russisch übrigens »spazieren gehen«, das klingt doch nett!

Bei diesen Elterngesprächen hilft mir mein akademisches Altkirchenslawisch ungemein! Aber ich hätte ja auch Latein studieren können ...

Tiefenentspannt –
Wellness für Lehrer
Viele wertvolle Tipps für den harten Schulalltag

Wahre Begeisterungsstürme hat mein Text »Tolle Tipps – Wellness in der Schule« ausgelöst. Ich empfehle darin zum Beispiel heimliche Fußbäder hinterm Lehrerpult, barfuß durchgeführte Aufsichten und Finger-Yoga. Nein, die Kanzlerinnen-Raute ist kein Finger-Yoga! Zwischendurch im Unterricht ein Blatt Koriander oder Minze kauen eröffnet neue Horizonte. Schöne Plakate und vierlagiges Toilettenpapier machen das Lehrerklo zu einem wahren Refugium. Meine vielen Tipps haben einigen gequälten Kollegen öde Konferenzen und anstrengenden Unterricht unendlich erleichtert.

Ich war weiter für Sie auf der Suche: Wie lerne ich die sechs Wege der Achtsamkeit? Wie erreiche ich die richtige Work-Life-Balance? Wie gehe ich tiefenentspannt und gelöst durchs Leben? Man kann als Lehrer natürlich auch jahrelang auf Reformen und bessere Rahmenbedingungen warten. Und jammern. Und klagen. Man kann aber auch sehr viel selber tun, um sich den harten Alltag angenehmer zu gestalten. Man muss nur damit anfangen!

Mich haben körbeweise Leserbriefe zum Thema Selbstfürsorge und Wellness erreicht. So schreiben Agnes P. und Caritas F. aus Tuttlingen: »Danke für Ihre netten Anregungen! Auf unseren Lehrertoiletten gibt es jetzt bunte Vorhänge, Handcreme, Desinfektionsmittel und einen kleinen Springbrunnen. Seit wir eine Qigong-Gruppe und überall Sitzsäcke haben, begegnen wir unserer Schulleiterin und der Elternvertreterin viel gelöster.«

Sybille W. aus Kleve schwärmt vom Lach-Yoga, das der neue Schulleiter eingeführt hat. »Vor jeder Gesamtkonferenz stehen wir auf und beginnen mit der Hoho-hahaha-Übung. Dabei werfen wir die Arme nach oben und nach vorn. Aus dem künstlichen, anfangs verschämten Lachen wird bald ein herzhaftes befreiendes Gelächter. Es dauert vielleicht so 15 Minuten, bis alle gemeinsam ihr Ja zum Leben, zur Schule herauslachen. Yoga-Lachen macht fit, kreativ und gesund! Ich kann es jedem Kollegium nur empfehlen! Am ersten Sonntag im Mai ist Weltlachtag, da wird global für den Weltfrieden gelacht. Allerdings sind die Übungen nichts für Leute mit Harn- und Stuhlinkontinenz!«

Burglind E. aus Konstanz empfiehlt Neidkarten, wenn Wut, Ärger und Spott einen von der Arbeit und vom Nachtschlaf abhalten. »Ich war immer so böse auf Kollegin Wiedemann. Bis ich bei einer esoterischen Kollegenaufstellung begriffen habe, dass ich sie eigentlich bewundere. Ich habe mir überlegt, worum ich sie beneide, und das alles auf meine

Neidkarte geschrieben. Jetzt versuche ich jeden Tag, mich in kleinen Schritten der Kollegin zu nähern. Und wenn ich sie überholt habe, schenke ich ihr meine Neidkarte!«

Erika St. (Franz-Josef-Strauß-Gymnasium in Sulzbach) empfiehlt Ausmalbücher. Die gibt es zu allen Themen, sogar zum Lehrerberuf. Darin kann man eine meditierende Lehrerin oder kleine Kuchen bunt ausmalen und tiefgründige Aphorismen mit Schnörkeln versehen: »Lehrer sein ist das beste Verhütungsmittel der Welt«, »Bildung ist wichtig, aber Bier ist wichtiger«, »Keine Kotze, keine Tränen, heute war ein guter Tag« oder »Es braucht ein großes Herz, um kleine Geister zu formen«. Manche kleinen Geister landen dann anscheinend in Verlagen für Ausmalbücher. Früher haben Vorschulkinder beim Ausmalen ihre Feinmotorik geschult und gelernt, nicht über den Rand zu malen. Jetzt kolorieren auch Erwachsene mit edlen Buntstiften Vorgegebenes. »Das entspannt so schön auf langen Konferenzen! Und es ist irre kreativ, wenn man die Farben selber aussucht!«

Volker B. aus Zwickau löst seine Blockaden auf andere Art. Er hat im Klassenraum drei Punkte markiert. Das sind seine »Bodenanker«. Je nach Befindlichkeit sucht er während des Unterrichts einen davon auf, hört sich selbst beim Ein- und Ausatmen zu, und im Nu geht es ihm wieder besser. Auf seinem »Kompetenzplatz« (hinten an den Garderobenhaken) wird er sich wieder seiner Stärken bewusst, die er im Alltag allzu leicht vergisst. Auf das »Energiefeld« (rechts am Fenster) stellt er sich, um kurz Kraft zu tanken. Er hat auch einen »Supervisionsplatz« (hinter der Gardine). Dorthin flüchtet er, wenn er sich einer schulischen Situation nicht gewachsen fühlt, und überlegt in Ruhe, was ihm die Schüler mit ihrem störenden Verhalten gerade sagen wollen. Seine

Vermutungen »kommuniziert« er danach der Klasse: »Hört mal, ich habe mir gerade Gedanken gemacht, warum ihr heute so laut seid.«

Lisa P. aus Berlin-Neukölln schwört auf Selbstcoaching-Kurse. »Um die Ecke wohnt ein Leichtigkeits-Coach. Der hat mir meine innere Schwere genommen. Die Anleitungen dazu kann man sogar im Internet bestellen. Für nur 27 Euro! Man kreuzt einfach seine Probleme an und bekommt sofort nach Zahlungseingang individuelle Übungen. ›Spirit to go‹ heißt das Programm. Seither steht auf meinem Schreibtisch ein großes Glücksglas. Da hinein werfe ich Zettelchen mit den positiven Erlebnissen, die ich manchmal habe. Wenn es mir schlecht geht, ziehe ich einen oder zwei Zettel – und alles wird gut!«

Gerlinde U. aus dem Sauerland hat ein intensives Achtsamkeitstraining hinter sich. »Deutschkorrekturen waren für mich immer eine Qual! Jetzt setze ich mich ganz langsam an den Schreibtisch, rieche mit geschlossenen Augen an meinem Yogi-Tee (früher habe ich mich beim Korrigieren gern an Rotwein vergriffen), nehme bewusst die Rückenlehne wahr und atme in meine Füße hinein. Und spüre genau nach: Sind meine Hände kälter als die Füße? Wie rascheln die verschiedenen Arbeitsblätter, wie riechen die einzelnen Hefte? Welche Farben haben die Umschläge? Wie fühlen sich heute meine Stifte an? Manchmal wechsle ich den Ort, um andere Perspektiven zu gewinnen. In Kirchen und alten Gemäldegalerien kann man unheimlich gut arbeiten. Oft hilft mir ein Blick auf die Jungfrau Maria, um innezuhalten und Abstand von den Klausuren zu gewinnen. Mit meinen Achtsamkeitsübungen lebe ich viel bewusster und stressfreier als früher! Sogar meine Menstruationsbeschwerden sind verschwunden!«

Brechen auch Sie mit alten Gewohnheiten! Kaufen Sie sich einen Abreißkalender mit positiven Gedanken für jeden Tag. Begrüßen Sie morgens die Sonne! Stecken Sie Kollegin Jutta einen Zettel in die Jackentasche: »Wie schön, dass du an unserer Schule bist!« Begegnen Sie Kollegen Kohnleitner (diesem Blödmann!) aufmerksam und wertschätzend, ohne abfällige Hintergedanken. Werfen Sie einen ganz neuen Blick auf ihn. Selbst seine Nasenhaare gewinnen, wenn Sie Ihre innere Einstellung ändern. Gehen Sie mal durch den Keller ins Schulgebäude, hüpfen Sie auf einem Bein durch den Flur, stellen Sie Ihren Lehrertisch in eine andere Ecke oder setzen Sie die Schüler wöchentlich um. Stehen Sie im Unterricht immer mal wieder auf und machen Sie sanfte Bauchtanzübungen. Die innere Mitte zu spüren, tut auch Männern gut. Denken Sie an Ihr regelmäßiges Faszientraining! Gönnen Sie sich eine Klopftherapie für Ihre Meridiane! Gründen Sie eine Pilates-Gruppe im Kollegium! Backen Sie Dinkelkekse für Ihre Kollegen. Formen Sie aus Marzipan-Rohmasse kleine Tiere für Geburtstagskinder. Lernen Sie Zaubertricks, und begeistern Sie damit Schüler und Kollegen! Stellen Sie Duftkerzen ins Lehrerzimmer.

Basteln Sie sich aus alten Geschirrtüchern eine Angstpuppe. Nähen Sie in die Tücher all Ihre Sorgen ein, auf kleinen Zetteln verewigt: »Ich habe Angst zu verschlafen!« — »Ich habe Angst vor großen Klassen / vor Lehrproben / vor dem Schulinspektor / vor dem Hausmeister!« Tragen Sie diese Angstpuppe immer bei sich. Sie wird auch mit ins Bett genommen! Und zwar so lange, bis Sie Ihre Puppe (= Ihre Ängste) lieb gewonnen haben!

Verhängen Sie eine Woche lang die Fenster und entdecken Sie danach, wie schön und bunt diese Welt ist!

Klaus-Peter H. aus dem thüringischen Meuselwitz schwärmt von der Gummizelle an seiner Förderschule. »Die ist nicht nur optimal für aggressive Schüler. Seit ich regelmäßig in unseren ›Trainingsraum‹ gehe und das Zwiegespräch mit dem Punching-Ball suche, bin ich wieder gern Lehrer!«

PS: Selbstverständlich muss es politisch korrekt Lehrer- und Lehrerinnentoiletten heißen, Lehrer- und Lehrerinnenzimmer bzw. Lehrer*innenzimmer, wenn ich alle 46 Geschlechter berücksichtigen will. Aber der Verlag muss Papier sparen.

Hurra, Projektzeit!
Endlich macht Schule Spaß, auch den Lehrern…

»Ach, Herr Borgmann, gut, dass ich Sie erwische. Ich habe Ihre Projektplanung noch gar nicht bekommen!« Die neue Mittelstufenleiterin schaut dich aufmunternd an. Du lässt dich nicht gern von jungen Emporkömmlingen zur Rede stellen und entgegnest kühl: »Ich schließe mich wie immer dem Projektvorhaben von Frau Kannewald und Frau Silber an. Die wollen diesmal vegan kochen.« – »Ja, leider können Sie sich in diesem Schuljahr den beiden nicht als dritte Kraft anschließen. Die Schülerzahl ist gewachsen, wir brauchen viel mehr Angebote und Kollegen, die eigenständig Projekte durchführen.« Du bist empört: »Wie stellen Sie sich das vor? Ich habe Oberstufenunterricht, außerdem arbeite ich nicht ganztags. Ich kann das gar nicht leisten, allein ein anspruchsvolles Projekt zu organisieren und durchzuführen.« — »Dann bieten Sie einfach ein Halbtagsprojekt an. Davon haben wir mehrere. Als erfahrener Kollege haben Sie sicher jede Menge Ideen!«

Bei der Frau weißt du nie genau, ob sie ironisch oder naiv ist. Sie eilt davon, bevor du ihr verkünden kannst, dass Projektwochen kurz vor den Sommerferien ohnehin nichts bringen. Dass sie nur die neue Eventkultur kopieren und lediglich zur Bespaßung für die lieben Kleinen dienen, die sich nicht gern anstrengen. »Ich brauche Ihre Planung bis morgen! Und denken Sie bitte daran, dass wir produktorientiert arbeiten wollen!«, ruft dir die Mittelstufenleiterin vom Ende des Ganges noch zu.

Missmutig steigst du aufs Fahrrad. Du hattest dir deinen Nachmittag ganz anders vorgestellt. Auf keinen Fall wolltest du für die Mittelstufe Projektideen entwickeln, Zielvorgaben ersinnen und Tagespläne für die Schüler erstellen. Daheim blätterst du in alten Unterlagen. Wie gut, dass du immer alles bei den Kollegen abgreifst und so archivierst, dass du es bei Bedarf auch findest. Du stellst fest, dass viele Kolleginnen und Kollegen in den Projektwochen einfach ihre Hobbys anbieten: Tennis, Fußball, Trampolin. Nähen, Klöppeln, Seidenmalen. Schach, Skat, Doppelkopf. Discofox, Rock'n'Roll, Bauchtanz. Aikido, Capoeira, Qigong. Da müssen sie sich nicht weiter vorbereiten, sondern bringen einfach ein paar Bälle, eine Musik-CD und Spielkarten mit. Das einzig Mühsame daran ist, vorher einen pädagogisch begründeten Projektplan auszuarbeiten. Deine Hobbys kannst du leider nicht anbieten: gepflegte Whisky- und Zigarrenkultur. Obwohl — in der Oberstufe vielleicht doch?

Du könntest es wie Kollege Brandner machen. Der sucht gern solche Themen aus, für die sich kaum Interessenten finden: Friedensnobelpreisträger der letzten vierzig Jahre, Straßennamen gestern und heute, neue EU-Mitgliedsstaaten und ihre Probleme. Kollege Brandner darf dann in der Bibliothek Bücher stempeln oder Staub wischen, weil sich für sein Projekt nur drei Schüler angemeldet haben, die ihre Wahl strategisch und nicht interessenbedingt getroffen haben. Sie wollen bei Herrn Brandner ihre Geschichtszensur verbessern.

Kollegin Wiesekind lässt sich in der Projektzeit gern Ballen und Hammerzehen richten oder auch mal einen Schnappdaumen reparieren und deklariert ihre Schönheitsoperationen als großes persönliches Opfer: »Dann fällt wenigstens kein Unterricht aus!«

Du recherchierst im Internet und findest einen kostenpflichtigen Artikel: »Projektunterricht – wirklich sinnvoll?« Du zahlst dafür mit deiner Kreditkarte 6,66 Euro. Leider stützt der Text deine destruktive Haltung nicht, sondern fordert, fächerübergreifende Projekte viel mehr in den Schulalltag zu integrieren. Du lachst dich scheckig darüber, dass Jugendliche vor der Projektwahl ihr »Selbstkonzept« überprüfen und Lehrer zum »Lernberater« und »Master of Human Resources« mutieren sollen. Du konstatierst schadenfroh, dass auch verzweifelte Schüler auf »www.gutefrage.net« nach irgendwelchen Projektideen suchen. Die lieben Kleinen sollen der Theorie zufolge nämlich ein Problem wählen, das sie wirklich interessiert.

Ein ernst gemeinter Vorschlag für die ratlose Klientel: »Stellt ein Theaterstück mit Lego-Figuren nach, und macht daraus einen Film!« Eine Grundschule hat Bibelszenen mit Legofiguren nachgespielt. Der zuständige Pfarrer war so begeistert, dass er darüber ein Buch geschrieben hat. Eigentlich gibt es im Internet zu jedem Thema Projekte. Zum Beispiel »Rund um die Kartoffel«, einschließlich Sackhüpfen, Kartoffeldruck und Kartoffelliedgut:

»Herbei! Herbei zu meinem Sang,
Hans Jörgel, Michel, Stoffel!
Und singt mit mir das Ehrenlied,
das Loblied der Kartoffel!«

An anderen Schulen spüren die Zöglinge in der Projektwoche Piraten, Vampiren, Räubern, Akrobaten und Jongleuren nach, tanzen auf dem Seil, springen mit dem Fallschirm und brauen tatsächlich Bier! Legen Tarotkarten, gehen mit der Wünschelrute, lernen Überleben in der Wildnis, bauen ein Floß oder einen Karnevalswagen. Sie streben ihr »Fußgängerdiplom« an oder erstellen ein Metaphern-Lexikon der Sportsprache. Sie lernen Body-Painting, Pirschgang im Eichwald und Sächsisch für Anfänger. Sie beschäftigen sich mit Umgangsformen, der Steuererklärung oder testen Freibäder und Kantinen. Oder widmen sich dem Thema: »Toilette – Ort der Bedrohung, der Angst und des Schmutzes«. Du erinnerst dich vage an deine Atemtherapie und den Kurs »Autogenes Training«, als du im Referendariat auf einmal mit lebendigen Schülern konfrontiert warst. Vielleicht hast du noch Materialien von damals. Da klingelt das Telefon. Es ist deine Mittelstufenleiterin: Eine Kollegin sei erkrankt, und für das wichtige Schulgartenprojekt werde dringend noch eine Lehrkraft benötigt. Ob du dir das vorstellen könntest. Natürlich nur halbtags. Na klar kannst du das, der leitende Kollege ist ein ganz Eifriger und hat bestimmt schon stapelweise EU-Normen für Salatgurken, Radieschen und Möhren kopiert. Du zügelst deine Freude, dass du für die Projektwoche nichts weiter vorbereiten musst, und willigst zögernd ein.

Du hast allerdings nicht damit gerechnet, dass so viele Kinder erdverbunden sind und um die Wette jäten, säen, pflügen und ernten wollen. Es wird eine anstrengende Woche, in der auch du viel über Stauden, Wildkräuter, Schädlinge und Nützlinge lernst. Als du dich am Präsentationstag aus der Arbeitshocke aufrichten willst, schreit dein Ischiasnerv gequält auf und beschert dir in den Sommerferien wochenlang Fangopackungen und manuelle Therapie. Ein schönes Thema für die nächste Projektwoche: Gesunder Rücken, gesunder Mensch!

Medienkompetenz, die pädagogische Wunderwaffe
Schluss mit Verblödung und Cybermobbing!

Wir schreiben das Jahr 2023.

Erinnern Sie sich noch an die Jahre, als die Presse ständig den Medienmissbrauch Jugendlicher beklagte? In allen Zeitungsartikeln schlenderten ahnungslose Lehrer durch Computerräume und wähnten ihre Schützlinge auf Recherche: »Bedrohte Käferarten im Donaudelta«. Die Schüler amüsierten sich jedoch völlig themenfern — wobei die Internetseite »Schweinische Witze« noch eher harmlos war. Das bekamen die unbedarften Lehrer natürlich nicht mit. Genauso wenig ahnten sie, dass sie im Unterricht per Smartphone gefilmt wurden und bei YouTube landeten: »Lehrer rastet aus«, »Lehrerin schlägt Schüler«, »Lehrer bekommt Ständer« (Originaltitel).

Journalisten stellten fassungslos fest, dass sich Jugendliche besoffen, halb nackt, kiffend und kotzend in sozialen Netzwerken präsentierten. Tumulte löste eine Internetseite aus, auf der Jugendliche im Schutz völliger Anonymität Mitschüler hemmungslos beleidigten – sortiert nach Städten und Schulen, sodass interessierte User gezielt feststellen konnten, wer die jeweilige »Obernutte«, wer schwul, superhässlich, am dicksten, blödesten und unbeliebtesten war. Presseberichte empörten sich über Zehnjährige, die einen Mitschüler mit den Füßen voran auf ein Klettergerüst zogen, um ihn von dort aus fallen zu lassen. Der weinende Junge wurde ebenfalls gefilmt und im Internet ausgestellt: Sein Video erreichte sogar im außereuropäischen Raum einen Spitzenplatz. Auch andere kurzweilige Ereignisse nahmen die lieben Kleinen mit ihren Smartphones auf und »teilten« und »likten« sie im Internet: Mitschüler auf dem Klo oder in der Dusche, Prügelopfer an »Locations« aller Art.

In der Öffentlichkeit begann eine ratlose Diskussion: Wie kann man sich an der Demütigung anderer erfreuen und sie auch noch öffentlich ausstellen? Wie kommt es zu so einer seelischen Verwahrlosung?

Kulturpessimisten gaben wie üblich den Medien die Schuld. Früher hätten der Schatten des Mörders und eine dramatische Steigerung in der Musik gereicht, um Spannung zu erzeugen. Heute müssten Körperteile durch die Gegend rollen, Pathologen durch Blut und Hirnmasse waten, damit ein Film erfolgreich ist. Etliche Jugendliche würden mittlerweile Pathologe als Berufswunsch angeben. Technikfeinde machten bestimmte Videospiele für die seelische Verrohung verantwortlich. Solche Computersimulationen setze man schließlich beim Militär ein, um Soldaten zu desensibilisieren. Gutmenschen verstiegen sich dazu, ein Verbot von

Gewalt verherrlichenden Filmen und Videospielen zu fordern. Dabei hatten kompetente Psychologen doch nun oft genug betont, dass Killerspiele lediglich dem Aggressionsabbau und der seelischen Läuterung dienten und keinerlei negativen Einfluss auf Kinderpsychen hätten. Im Gegenteil: Im Internet könnten sich die Spieler vernetzen und gemeinsam Konzentration und soziale Kompetenz entfalten. Auch käfer- und madenfressende »Promis« im Fernsehen würden das Menschenbild Jugendlicher nicht schädigen. Schließlich sei so eine zukunftsweisende Sendung wie das »Dschungelcamp« sogar für den Grimme-Preis nominiert worden!

Wertkonservative räsonierten weiter über mögliche Ursachen des Medienmissbrauchs. Die Fantasie, die sie dabei an den Tag legten, war beachtlich: fehlende Vorbilder in der Öffentlichkeit, unmoralisches und egoistisches Agieren in Politik und Wirtschaft, Auseinanderfallen der Gesellschaft, chancen- und hilflose Eltern, Konservierungsstoffe in Lebensmitteln, zu viel Zucker und Phosphor, zu wenig Abenteuerspielplätze.

Dabei war die Lösung so einfach. Man musste gar nicht endlos nach den »Wurzeln des Übels« graben oder Grenzen für Medienfreiheit festlegen. Man musste nicht gewinnträchtige Filme und Spiele indizieren und über fehlende Vorbilder weinen. Pfiffige Journalisten und »Bildungsexperten« hatten die wahre Ursache der jugendlichen Verrohung schnell herausgefunden: Lehrern – und demzufolge auch ihren Schülern – mangelte es ganz gravierend an »Medienkompetenz«!

Natürlich, das war es: mangelnde Medienkompetenz. Kulturpessimisten lamentierten sofort wieder über hohle Begrifflichkeiten und Lösungsansätze, die nur an der Oberfläche kratzen würden. Dessen ungeachtet strich man umgehend die Fächer Kunst, Musik und Erdkunde. Stattdessen wurden für alle Schulen vier Wochenstunden »Medienkompetenz« angesetzt. Flächendeckend musste das gesamte pädagogische Personal zu Fortbildungen und wurde mit der Existenz, Handhabung und Verwendungsmöglichkeit moderner Medien vertraut gemacht. In Lehrerzimmern und auf Schulfluren kam es zu grandiosen Aha-Erlebnissen. Das flugs erstellte Curriculum »Medienkompetenz« öffnete Hirne und Herzen. Endlich verstanden die Schülerinnen und Schüler, dass Cybermobbing böse ist und ihre Fotos und Filme nie mehr aus dem Internet zu entfernen sind. »Ach so«, sagten die Jugendlichen, »das haben wir gar nicht gewusst. Sonst hätten wir solche Sachen natürlich nicht ins Netz gestellt.« Erfüllt von ihrer neuen Kompetenz, schalteten sie Casting- und Ekelshows im Fernsehen fortan ab und löschten menschenverachtende Videospiele und Rap-Songs. Sie bildeten mit den Außenseitern der Klasse »Dream-Teams« zum gemeinsamen Lernen und Spielen und filmten mit ihrem Smartphone nur noch kleine Katzen und Hunde.

Die Einführung des Schulfachs Medienkompetenz war wirklich eine begnadete Idee, die sich nicht nur Heil bringend auf Schule, Schüler und PISA-Studien auswirkte, sondern auf die gesamte Gesellschaft.

Gesünder leben
Resilienz für Lehrkräfte

Im Gesundheitsbrevier für die erschöpfte Lehrkraft steht geschrieben, dass man sich regelmäßig bewegen soll. Auch meine Hausärztin empfiehlt mehr körperliche Aktivität. Dass ich zum Musikunterricht mehrmals am Tag in den dritten Stock klettern muss, lässt sie nicht gelten. Auch nicht, dass ich daheim das Bier aus dem Keller hole und zum Fernseher unterm Dach viele Stufen hochsteige. »Suchen Sie sich eine Sportart aus, die Ihnen Spaß macht.« Die Frau hat gut reden. Soll ich schnaufend um den Schlachtensee rennen? Gar ein Pferd besteigen? Einen Golfplatz aufsuchen? Mit jungen Mädchen Zumba tanzen? »Aber Frau Frydrych, für den reifen Menschen gibt es Zumba-Gold, ganz ohne Sprungelemente. Bewegung zu Musik tut besonders gut! Auch Yoga wäre sehr sinnvoll!« Missmutig gehe ich heim.

Zu meiner Schulzeit haben mich die Sportskanonen immer als Vorletzte in ihre Mannschaften gewählt. Sie schmetterten die Bälle vierzig Meter weit, ich konnte solche Bälle weder werfen noch fangen. Heute lässt man angeblich die Schüler Völkerballmannschaften (wie heißt das bei den Mädchen? Frauschaften?) nicht mehr selber wählen, weil das für die Übriggebliebenen so demütigend ist. Ballspiele waren noch nie was für mich, aber Sprinten, Schwebebalken und Stufenbarren konnte ich erst recht nicht leiden. Ich habe auch nie bei der Gymnastik mit durchgedrückten Knien meine Zehenspitzen erreichen können.

In unserem Viertel warten gleich drei Sportvereine auf mich. Aber Tennis und Hockey schließe ich von vornherein aus. Bei den »Flotten Fegern« darf ich eine Probestunde nehmen: koedukative Gymnastik für die reifere Jugend. Die meisten Anwesenden sind älter als ich und haben weiße Haare. Wir rennen durch den Raum, werfen Bierdeckel auf den Boden und laufen darum herum. Läppisch. Aber dann geht es auf die Matten. Und siehe da: All die älteren Damen können noch das Bein hinterm Kopf ablegen oder an ihren Zehen lutschen. Die Trainerin kommt ständig bei mir vorbei, hebt meinen Arm höher, drückt meinen Rücken tiefer oder zieht am Bein. Nach der Probestunde ist mir ganz elend im Kopf. Das ist nichts für mich.

Also eine Probestunde Wassergymnastik. Der Umkleideraum ist eng und überfüllt. Leicht gereizt, weil wir uns ständig ins Gehege kommen, fädeln wir uns in die Badeanzüge und bewaffnen uns mit seltsamen Schaumstoffnudeln. Die winzige Schwimmhalle und das Wasser sind überheizt. Die Fenster dürfen nicht geöffnet werden, weil anschließend Baby-Schwimmen stattfindet. Die Schaumstoffteile biegen wir unter Wasser in U-Form, setzen uns drauf und paddeln durchs Chlorwasser. Mein »Schaumstoff-U« entwindet sich immer wieder und flutscht vor mir aus dem Wasser. Dann sollen wir uns am Beckenrand festhalten und mit den Beinen Froschbewegungen ausführen. »Das ist mein Platz«, giftet mich eine Mitschwimmerin an. Oje, hier ist alles reserviert. Der Trainer weist mir eine Ecke an der Treppe zu. Bewegung bei Hitze ist unangenehm. Ich merke, wie mein Gesicht sich rötet. Der Trainer mustert mich besorgt. »Muten Sie sich nicht zu viel zu!« Keine Angst, ich komme nicht wieder.

In der Schule bietet ein junger Kollege montags nach der 9. Stunde einen Yoga-Kurs an. Zwanzig mittelalte Frauen scharen sich mit ihren Matten andächtig um ihn. Ich sehe ihnen eine Weile durch ein Fenster in der Sporthalle zu. Sie können stundenlang auf einem Bein stehen und die Hände wie Tempeltänzerinnen über dem Kopf zusammenfalten. Als ich später noch mal vorbeischaue, liegen sie auf ihren Matten und schnarchen vor sich hin. Auch nichts für mich. Schon im Kindergarten fand ich gemeinsamen Mittagsschlaf doof.

Aber ich habe ja noch ein schickes Fahrrad im Keller. Von einer Freundin geerbt, die sich jedes Jahr ein neues kauft. Mehrere junge Kollegen erscheinen morgens mit ihrem Rennrad unterm Arm im Lehrerzimmer und tauschen daselbst die wasserdichten Trägerhosen und farbenfrohen Funktionsjacken gegen angemessene Berufskleidung. Die acht Kilometer zur Anstalt werde ich ja wohl bewältigen. Im Fachgeschäft erwerbe ich einen Geschwindigkeitsmesser, diverse Spanngurte, ein Security-Panzerkabelschloss, einen teuren Helm, eine Hupe und zwei Fahrradkörbe. Vorsichtshalber fahre ich am nächsten Morgen eine Stunde früher los als sonst. Auf dem Rumpelpflaster der ersten Nebenstraßen verliere ich die Büchertasche und bin froh, dass die Autofahrer Goethes »Werther« vorsichtig umfahren. Ich winde die Spanngurte mehrfach um meine Taschen. Gleich beginnt der Radweg! – Radweg? Hindernisparcours wäre treffender. Großstadtlimousinen und Lieferwagen parken alles zu. Andere Radfahrer benutzen gleich die Straße und fegen mit rasantem Tempo an mir vorbei. E Bikes wahrscheinlich. Ich bin überrascht, wie viele Passanten keine Ahnung davon haben, dass es Radwege gibt. Ich weiche Kinderwagen und stoischen Rentnern aus und zische einen Japaner an, der auf dem Radweg in Seelenruhe an seinem Smartphone herumspielt. Nachdem mich ein Auto fast über den Haufen gefahren hat, suche ich an jeder Kreuzung und an jeder Einfahrt mit den Abbiegern Blickkontakt. Nach drei unflätigen Beschimpfungen und vier obszönen Gesten rolle ich dreißig Minuten zu früh in der Schule an. Der Helm hat meine formschöne Frisur platt gedrückt. Ich beginne erst zu schwitzen, als ich das Lehrerzimmer betrete. Mist, bei der Kurzstrecke habe ich weder an ein T-Shirt zum Wechseln noch an ein Handtuch gedacht. »Weinst du?«, erkundigt sich scheinheilig meine Lieblingskollegin. »Nein«, knurre ich. »Ich transpiriere!«

»Frau Frydrych, Ihr Gesicht glänzt ja so«, konstatiert Diego aus meiner 9. Klasse. »Bin ich hier bei ›Germany's Next Topmodel‹?«, fauche ich. »Oder bin ich vielleicht eure Deutschlehrerin?!« Trotzdem verlasse ich kurz die Klasse und wische mir das Gesicht an einem Handtuch ab, das seit zwei Jahren in der Teeküche hängt. Vom körperlichen und seelischen Wohlsein, das sportliche Ertüchtigung angeblich bewirkt, merke ich nichts. Keine Endorphine, kein Flow. Alles Lüge!

Nach der achten Stunde gehe ich zum Parkplatz und will

heimfahren. Da liegt mein neues Fahrradschloss mitten auf dem Weg! Es ist nicht zu fassen! Jemand hat es geknackt. Aber mein Fahrrad steht noch da. Anscheinend ist der Dieb beim Klauen überrascht worden. Ich bin stinksauer. So eine Schweinerei! Wütend gehe ich zurück ins Gebäude und beschwere mich bei der Schulleiterin. »Stell dir vor, da hat einer mein Fahrrad klauen wollen! Ich rackere mich hier ab, und das ist der Dank dafür!« – »Wie, dein Fahrrad steht noch unversehrt da, und nur das Schloss ist aufgebrochen? Geh doch mal zum Hausmeister, der hat vorhin aus irgendeinem Grund seinen Bolzenschneider benutzen müssen.«

Ich spüre den Hausmeister im Schulgarten auf. »Ja, stellen Sie sich vor, da hat jemand einfach das Fahrrad der Kollegin Dietrich angekettet. Die wollte vor einer Stunde heimfahren und konnte nicht weg. Ich musste meinen Bolzenschneider holen und ihr Rad befreien. Wer denkt sich solchen Blödsinn aus? Dabei war das sicher ein teures Schloss. – War das etwa Ihres???« Ich druckse herum und mache mich aus dem Staub. Kollegin Dietrich ist am nächsten Tag immer noch säuerlich, dass sie ihre Heimreise erst so spät antreten konnte. Zerknirscht gestehe ich, dass ich am Vortag nicht mein Fahrrad, sondern ihres angeschlossen habe.

Ich habe mein Fahrrad wieder in den Keller getragen. Vielleicht probiere ich es doch lieber mit Zumba-Gold?

Welttag des Lehrers
Ein internationales Fest der Anerkennung und der Hochachtung!

Am 5. Oktober finde ich im Postfach eine Mail von meinem Neffen. »Herzlichen Glückwunsch!«, schreibt er. Kann er sich wirklich nicht merken, dass ich erst im Februar Geburtstag habe? Ich klicke auf den Link, den mein Neffe mitschickt, und höre helle Kinderstimmen singen:

»Ihr müht euch mit uns jeden Tag, uns etwas beizubringen.
An eurem Tag wolln wir dafür ein Lied zum Dank euch singen.
Ihr lehrt uns, was man wissen muss, um zu bestehn im Leben,
und wir versprechen heute fest, wir wolln uns Mühe geben.«

Hä?

Ach so, dieses schöne Stück bringt ein DDR-Kinderchor zum Tag des Lehrers zu Gehör. Der war früher am 12. Juni.

Meine Tante in Apolda erinnert sich: Die Schüler überreichten ihren Lehrkörpern Blumen, Kaffee, Seife, Taschentücher und Pralinen (was, keine Socken, keinen Schnaps?). Der Unterricht endete früher, damit im Lehrerzimmer der ausdauernde Umtrunk beginnen konnte. Mit »blauem Würger« und »rotem Hengst«.

Die DDR gibt es nicht mehr, den Lehrertag schon. Weltweit. 1994 von der UNESCO initiiert. Das wissen aber meine Schüler nicht. Und ihre Eltern genauso wenig. Keine Blumen, keine Seife, keine Ferrero-Küsschen. Nix. Auch kein Unterrichtsausfall, kein Besäufnis bei der Schulleiterin. Die grinst nur. »Weltlehrertag? Und was ist mit den Lehrerinnen?« Sie sucht im Internet und stößt auf die Website »Kuriose Feiertage«. Die Lehrer teilen sich den 5. Oktober mit dem Welt-Seifenblasen-Tag. Im Oktober gibt es auch den Weltvegetariertag, den Tag des Lächelns, der Zimtschnecke (Schweden) und des Wodkas. Den internationalen Nudeltag, den Welt-Ei- und den Welt-Hunde-Tag. Den Tag »Umarme einen Schlagzeuger« und »Gib deinem Auto einen Namen« (USA). Den Tag der Krawatte (Kroatien), den Welttag des Stotterns und des Händewaschens und den Nein-Tag (Griechenland). Wir beömmeln uns noch über den österreichischen Jogginghosentag und den »Tag der Wörter, auf die sich nichts reimt« (USA), dann erklärt die Schulleiterin: »Also, du machst schön deine 7. und 8. Stunde. Nix mit vorzeitigem Unterrichtsschluss. Und übermorgen kannst du dann den Tag des Morgenmuffels begehen.« Dieser Tag ist am 7. 10. und angeblich ein deutscher Feiertag. Bei mir findet er täglich statt.

Auch im Lehrerzimmer stoße ich nur auf Desinteresse: »Weltlehrertag? Nie gehört. Irgend so ein Quatsch von der GEW, oder?« – »Gibt's da 'ne Prämie?«

Es lässt mir keine Ruhe, dass niemand unseren Ehrentag kennt. Statt daheim meine Schultasche und den Rucksack auszupacken, surfe ich im Internet und finde tatsächlich einige Beiträge zum Weltlehrertag. Man weist auf meine bedeutende Rolle hin, Kinder hochwertig zu bilden und ihre Persönlichkeit weiterzuentwickeln. Man möchte mein Ansehen und meinen Status gestärkt wissen und mir ausdrücklich danken.

In einer bundesdeutschen Kleinstadt schreiben Journalisten am heutigen Feiertag über ihre Schulerlebnisse. Nur einer wurde von seiner Lehrerin mit der Flöte gehauen, alle anderen haben durchweg positive Erinnerungen. Im Morgenmagazin der ARD bedanken sich sechs Passanten bei ihren Lehrern: für coole Klassenfahrten, Erweiterung des Horizontes und prickelnden Unterricht. Ein gewisser Wolfgang ruft auf seiner Website Eltern und Großeltern dazu auf, die Lehrer mehr zu achten und ihnen den Rücken zu stärken. »Denn was Lehrer einerseits leisten und sich andererseits gefallen lassen müssen, spottet in vielen Fällen jeglicher Beschreibung.« Wolfgang, ich liebe dich!

Auch die »Piraten« machen sich Gedanken zum Weltlehrertag. Sie wollen mehr Spannung im Unterricht und weniger Zensuren. Also eigentlich gar keine Zensuren mehr.

Einmal im Internet unterwegs, gerate ich von einer Überraschung zur anderen. Haben doch tatsächlich Eltern in einer Lokalzeitung eine Annonce aufgegeben, in der sie den Lehrern ihrer Kinder ausdrücklich und ausführlich danken. Tränen der Rührung steigen mir in die Augen!

Schüler verfassen kunstvolle Lyrik:

»Sie sind der beste Pauker hier,
mit Ihnen trinkt man gern ein Bier.
Sie helfen Schülern gerne weiter
und sind dabei auch immer heiter.
Sie sollen von uns eines wissen,
wir werden Sie bestimmt vermissen!«

Ich lese Unmengen von Aphorismen zum Thema Schule und Lehrer. Tiefgründige Weisheiten in der Art des »deutschen Heilpraktikers, Schriftstellers und Malers« Erhard Blanck: »Lehrer werden immer leerer.« Oder die Gedanken der »deutschen Lyrikerin und Dichterin« Damaris Wieser: »Das Benotungssystem von Lehrern verliert durch deren Engstirnigkeit ihre Relevanz.« Nur engstirnige Lehrer entdecken hier einen fetten Grammatikfehler. Ich hingegen verbeuge mich vor so viel Sprachgewalt und Bedeutungstiefe! Wie viele begnadete Talente würden unentdeckt bleiben, wenn es das Internet nicht gäbe.

Aber heute wollen wir uns nicht über lehrerfeindliche Sprüche ärgern! Sondern die Dankbarkeit der Nation genießen: »Wer seine Schüler das ABC gelehrt hat, hat eine größere Tat vollbracht als ein Feldherr, der eine Schlacht geschlagen hat!«, so Leibniz. Und Karl Jaspers meint (zu meiner vollen Zufriedenheit): »Das Schicksal einer Gesellschaft wird dadurch bestimmt, wie sie ihre Lehrer achtet.«

Vor vielen, vielen Jahren hat schon Gryphius vermerkt:

»Verlangt ein Lehrer jetzt
Verdienten Dank zu haben,
der suche schwarzen Schnee
und weiße Raben.«

Während meiner stundenlangen Recherchen trudelt der Newsletter eines bekannten Schulbuchverlags ein. Er gratuliert mir ebenfalls zum Weltlehrertag und will mir für meinen Einsatz »von Herzen« Danke sagen. Ich solle mir mal selber auf die Schulter klopfen. Na, aber klar doch! Ich stelle mich vor den Spiegel, schaue mir tief in die Augen und lese mir laut vor, was in diesem Newsletter steht. Irgendjemand muss mich schließlich mal loben! »Du bist Blitzableiterin, Diplomatin, Beschwichtigerin, Klartextrednerin und Konfliktlösungsprofi. Vertrauensperson, Zuhörerin, Unterstützerin, Coach und Motivationstrainerin! Du gestaltest die Gesellschaft von morgen aktiv mit. Großartige Leistung!« Im Newsletter steht auch, dass ich mich für meine grandiose und aufopferungsvolle Arbeit belohnen solle. Etwa mit einem edlen Schlüsselanhänger, auf dem »Goldstück« steht, oder mit einer Kaffeetasse, Aufschrift »Klasse Lehrerin!«. Auch ein Schaumbad sei eine schöne Belohnung oder ein Paar schicke Schuhe. Womit sich männliche Lehrer belohnen sollen, steht nicht im Newsletter. Mit Bratwurst und Doppelkorn?

Übrigens habe ich mit 16 Jahren den Muttertag abgeschafft. Ich fand ihn verlogen und überflüssig. Meine Mutter war einverstanden: lieber das ganze Jahr über Respekt als an einem Tag Frühstück ans Bett und Weinbrandbohnen.

Steinzeitlehrer
Unterricht ganz ohne Smartboard war möglich

Wie haben eigentlich Lehrer in den Achtzigerjahren unterrichtet? – Ihr wichtigstes Utensil: eine kleine Blechschachtel mit Kreide. Manchmal besaßen sie auch einen eigenen staubigen Tafellappen, weil die Schwämme in den Klassenräumen in einer trüben, stinkenden Brühe vor sich hin dümpelten.

Ohne Schere, Klebstoff und Tipp-Ex konnte kein Lehrer existieren. Es war fatal, sich in Examensarbeiten, Unterrichtsentwürfen oder auf Matrizen zu vertippen. Die Korrektur solcher Tippfehler erforderte eine hoch entwickelte Feinmotorik. In der Schule warteten keine Kopierer oder Drucker, sondern »Nuddelmaschinen«, in die man Matrizen einspannte. Möglichst faltenfrei. Drei, vier Klassensätze ließen sich damit herstellen, danach wurde der Text unleserlich – was einzelne Lehrer aber nicht daran hinderte, ihre

Matrizen noch jahrelang zu verwenden. Manche Deutsch-referendare tippten mehrseitige Erzählungen ab, die nicht im Lesebuch standen, die sie aber gern im Examen behandeln wollten. Mühen und Plagen, über die die alteingesessenen Lehrer süffisant lächelten. Frisch abgezogene Arbeitsblätter »dufteten« delikat nach Lösungsmitteln, und viele Schüler rochen ganz verzückt daran. So entstand die Drogenkrankheit »Schnüffeln«.

Für den Umgang mit »modernen Medien« (Filmprojektor und Sprachlabor) mussten spezielle Lehrgänge absolviert werden. Die frische Lehrkraft von heute tippt mal eben ans Smartboard, und blitzschnell erscheinen Grafiken, Texte, Fotos und Filme. Die Steinzeitlehrer schleppten Landkarten, Skelette, Overheadprojektoren, riesige Tonbandgeräte und Bücherstapel durch die Schule. Manche transportierten ihre Last im »geborgten« Bolle-Einkaufswagen. (Damals gab es außer Edeka und Rewe auch Geschäfte wie Meyer, Carisch-Kaffee, Bolle und Spar.) Auf den Landkarten für den Geografieunterricht standen noch Anmerkungen wie »sowjetische Besatzungszone« oder »unter polnischer Verwaltung«.

Im Materialraum gab es ein Episkop, mit dem man Buchseiten an die Wand werfen konnte. Allerdings nur im Winter, wenn es draußen duster war. Jalousien zum Verdunkeln gab es nicht. Nach kürzester Zeit war das Episkop heiß gelaufen, und der moderne Medieneinsatz musste abgebrochen werden. Wollte der Steinzeitmensch in Geschichte einen 16mm-Film zeigen, musste er ihn frühzeitig bei der Landesbildstelle bestellen. Der Film wurde in einem schwarzen Pappköfferchen in die Schule geliefert. Falls er nicht gerade im Wedding oder in Rudow ausgeliehen war. Bevor Videokassetten und DVDs zum Alltag gehörten, war so ein

Filmeinsatz eine spannende und aufregende Sache – nicht nur für die Schüler. Der Film konnte reißen oder neben der Spule ins Leere laufen. Am schönsten war es, wenn die Lehrkraft zum Stundenende den Film rückwärts abspielte. Heute sind Filmräume und Beamer in den Schulen etwas ganz Alltägliches. Sie werden besonders gern vor den Ferien okkupiert, sodass die armen Kinder an einem Schultag drei Filme sehen müssen. Natürlich öde Literaturverfilmungen und keine Autorennen, Zombie-Schlachten oder Liebesfilme mit romantischen Vampiren.

Schülerreferate wurden in der Steinzeit von Hand geschrieben und sahen bisweilen schauderhaft aus. Gekrakelt, geschmiert, zerknittert, zerknüllt. Heute bekommt der Lehrer edelste Mappen, jedes Blatt vom Referenten sorgfältig in eine Plastikhülle gefädelt oder laminiert. Wahre Feuerwerke von PowerPoint-Karaoke[2] prasseln auf einen nieder. Sehr diffizil, dem jungen Referenten klarzumachen, dass schicke Verpackung nicht alles ist und die äußere Form in einem adäquaten Verhältnis zum Informationswert stehen muss.

Die neuen Medien bieten aber auch der Lehrkraft enorme Vorteile: Schüler haben natürlich auch früher hin und wieder fremde Texte geklaut und als ihr Werk ausgegeben, aber es war schwierig, ihnen Plagiate nachzuweisen, wenn man das entsprechende Buch nicht fand. Der Wunsch nach genauen Quellenangaben wurde und wird von Schülern gern überhört. Heute tippt die Lehrkraft bei Google, Blinde Kuh oder Metaspinner einfach einen Halbsatz ein, und schon

---

2 **PowerPoint-Karaoke** gibt es wirklich: Die Teilnehmer singen keine Lieder, sondern halten aus dem Stegreif einen Vortrag zu unbekannten, zufällig ausgewählten Folien. Laut Wikipedia handelt es sich um ein »rhetorisches, präsentatorisches Trainingsspiel mit Unterhaltungscharakter«.

tauchen all die »Easy Readings« und Kurzrezensionen auf, die es überflüssig machen, die Originallektüre anzuschaffen, geschweige denn, zu lesen. Trotzdem halten sich einige Schüler, die es in die Oberstufe geschafft haben, für »Intellektuelle«. Und manche prahlen damit, für die Schule noch nie ein Buch gelesen zu haben.

Wir Steinzeitlehrer wollten die Schüler dort abholen, wo sie rumstanden, und manchmal blieben wir mit unseren Comics, Pop-Songs und anspruchslosen Lückentexten leider bei ihnen stehen... Ich kann mich an einen Kollegen erinnern, der empört rief: »Ich bilde die Schüler doch nicht fürs Kapital aus!«, als es bei einer Fortbildung um Module und Kompetenzen ging. »Emilia Galotti« habe den Jugendlichen weitaus mehr zu sagen als der Dax-Index, behauptete er. Dieser Kollege besitzt kein Internet, schreibt Zeugnisse immer noch mit der Hand und trauert den alten Zeiten nach, in denen nicht laufend evaluiert, getestet und gemessen wurde. Er hält die neuen zentralen Prüfungen in Deutsch für läppisch und schwärmt vom Abitur der Achtzigerjahre, obwohl er für die Formulierung seiner Aufgaben und Erwartungshorizonte die ganzen Herbstferien brauchte. »Es war alles vielfältiger, bunter und selbstbestimmter!«, behauptet er. »Früher war alles besser!«, hat schon meine Oma gesagt. Aber die kannte auch kein Smartboard.

Kleines Pädagogenpanoptikum
Im Biotop Schule leben auch wunderliche Exemplare …

Mit dem Lehrerkollegium verhält es sich wie mit einer großen Geschwisterschar: Jeder hat seine Rolle und spielt sie mehr oder weniger gut. Schubladendenken und Typisierungen sind im Alltag ungemein hilfreich! Deshalb sortieren wir Menschen gern nach ihrem Sternzeichen, ihren kulturellen und politischen Vorlieben, Ess- und (Bei-)Schlafgewohnheiten oder nach ihrer Nationalität. Auch im Schulalltag ist es sehr nützlich zu wissen, welchen Typ Lehrer man vor oder neben sich hat. Gleich kann man die Person viel besser einschätzen, ihr aus dem Weg gehen oder sie ins Herz schließen.

Als kleine Hilfe für unsere Referendare, Honorarkräfte und die vielen Quereinsteiger hier eine Führung durchs Kollegium. Die »Planstellen« sind weder geschlechtsspezifisch noch heteronormativ besetzt. Manchmal gibt es auch Mischtypen, das hängt ganz vom Aszendenten ab. Vielleicht sind Sie betreten, wenn Sie sich selber erkennen. Vielleicht freuen Sie sich aber auch, andere zu entdecken. Vielleicht ist noch eine »Planstelle« für Sie frei.

Das Weichei

Die Welt ist schlecht. Aber das Weichei rettet in jeder Unterrichtsstunde und in den Pausen die gesamte Menschheit. Intensiv fahndet es bei seiner Klientel nach problematischen Familienstrukturen und strömt bei Fahndungserfolg unendliches Verständnis aus: »Man darf Vanja auf keinen Fall überfordern! Ja, er ist aggressiv und neigt zu Übergriffen. Er schwänzt und klaut. – Aber habt ihr mal seine Mutter gesehen?« Vanja muss zu einer Verweiskonferenz, weil er einen jüngeren Schüler verprügelt hat. Das Weichei erscheint als letzter Lehrer, zögert nicht lange und setzt sich neben den Jungen: »Och, du Armer, du sitzt hier vorn ganz allein. Das ist ja wie bei einem Tribunal!« (»Fehlt bloß noch, dass er dem Gör den Arm um die Schulter legt und ihn an sich drückt«, denkt die schwarze Pädagogin.)

Das Weichei will vor allem und von allen geliebt werden. Es hat große Angst vor Liebesentzug. Besonders hart ist es, wenn der launische Schulleiter auf Distanz geht. Dann scharwenzelt das Weichei in allen Freistunden vorm Dienstzimmer rum und hofft, dass der Chef es irgendwann wieder wahrnimmt und nett zu ihm ist.

Das Weichei will niemandem wehtun. Bei ihm ist eine Drei schon eine schlechte Zensur. Fünfen und Sechsen vergibt es prinzipiell nicht. Es hofft, dass die Schüler ihn dafür mit Liebe belohnen. Das Weichei hat auch schon mal eine Kollegin beschwatzen wollen, einem Schüler etliche Punkte in Gesellschaftskunde zu schenken und so aus einer Vier minus eine Zwei zu zaubern, damit der Junge es in die Oberstufe schafft. Die Kollegin gehörte aber zu den schwarzen Pädagogen und rückte keinen einzigen Punkt heraus. Im Gegenteil, sie drohte damit, ihre Zensur noch runterzusetzen: »Eine Fünf entspricht Jerrys miserablen Leistungen eigentlich viel mehr!«

Das pädagogische Konzept des Weicheis heißt »Rumeiern«. Das haben die Schüler schnell begriffen und lassen das Weichei nach ihrer Pfeife tanzen. Klagen über schlechte Mathe-Noten, über die hohen Preise in der Cafeteria, über ungerechte Strafen und ungerechte Kollegen – und die Stunde ist gelaufen. Das Weichei hört verständnisvoll zu und ist gerührt, wie beliebt es ist. Trotzdem wählen die Schüler wieder diesen distanzierten und schweigsamen Mathematik-Kollegen zum Vertrauenslehrer.

Das Weichei nimmt begeistert die Möglichkeit wahr, sich neben dem Unterricht zum Schulpsychologen fortzubilden. In dieser Rolle kann es Schüler und Kollegen noch viel professioneller unterstützen. Es übt den tiefen Blick in die Augen: »Ich kann dir zwar nicht helfen, aber gut, dass wir darüber gesprochen haben.«

Das Weichei hat Angst vor pädagogischer Konsequenz und vor Regeln, auf deren Einhaltung es achten müsste. Deshalb verkriecht es sich bei Aufsichten in eine Ecke und dreht den Schülern lieber den Rücken zu. So muss es die Raucher und Kiffer nicht sehen. Beim Wandertag sitzt das Weichei inmitten der Schüler und der Picknickreste auf einer Wiese und sagt ratlos: »Jemand müsste mal hier aufräumen!« Wenn er eine »Mutti« an seiner Seite hat, ist das Aufräumen erledigt, bevor er den Müll überhaupt bemerkt. Hat er so eine schwarze Pädagogin dabei, dann sagt die nur trocken: »Na, dann fang doch gleich mal an. Da drüben ist ein Papierkorb!«

Die Betriebsnudel

Sie geht gern in die Schule, weil man dort so viele Leute trifft. Sie ist stets gut gelaunt und tut das jeden Morgen, wenn die anderen noch müde vor sich hin muffeln, lauthals kund. Sie spricht überhaupt gern sehr laut und sehr fröhlich. Am liebsten erzählt die Betriebsnudel von erlebnisreichen Wochenenden, von alkoholgeschwängerten Ski-Urlauben und von schicken Ferienklubs. »Ich habe mich keine Sekunde gelangweilt. Es gab so viele irre Angebote!«

Sie findet immer einen Anlass zum Feiern, und sei es der, dass die neuen Winterreifen billiger waren als erwartet. Die Betriebsnudel bringt auch zu ihrer Scheidung fünf Flaschen Sekt mit in die Schule. Vermutlich wird sie den Eintritt in die Wechseljahre ebenfalls als Event begehen.

Die Betriebsnudel entstammt gern dem Fachbereich Sport und organisiert alle schulischen Festlichkeiten. Mag auch ihr Unterricht nicht unbedingt ein pädagogisches Feuerwerk sein – ihre Büfetts und Feierlichkeiten sind es. Meint sie zumindest. Kollegen, die sich den Feten und dem Kauf einer Eintrittskarte verweigern (»Mein Vater wird an dem Tag achtzig!«), setzt sie beharrlich nach und malt ihnen detailliert aus, was ihnen alles entgeht. Wenn irgendwo ein Rest Sekt rumsteht, vernichtet ihn die Betriebsnudel. Sie macht auch nicht vor verschlossenen Flaschen im Kühlschrank halt. Selbst wenn ein Schild mit Totenkopf und »Finger weg!« drauf klebt. Manchmal denkt sie daran, eine neue Flasche zu besorgen. Aber meistens nicht. Deswegen verstecken die Kollegen eventuelle Sektvorräte im Kühlschrank der Chemie-

Laborantin. Es macht der Betriebsnudel nichts aus, mit roten Bäckchen und noch vergnügter als sonst in den Unterricht zu gehen. Die Schüler finden so eine gut gelaunte Lehrerin auch recht sympathisch. Nur, wenn sie kurz vor dem Abitur stehen, reagieren sie auf einmal ganz humorlos und wollen unbedingt ernsthaft lernen.

Hin und wieder erdreisten sich Neuzugänge im Kollegium, ihre eigene Abschlussfeier selber organisieren zu wollen. Da ist die Betriebsnudel sauer. Das ist ihr Revier. Schon immer gewesen. Beleidigt hält sie ihre Tipps für kostengünstiges Grillgut und Fassbiertransporte unter Verschluss. Sie verrät auch nicht, wo man die Stehtische und Partyzelte ausleihen kann.

Die Betriebsnudel veranstaltet auch Skat-Turniere, Vorlese- und Tanzwettbewerbe und Castingshows. Der Schulrat und die Bezirksbürgermeisterin werden jedes Mal eingeladen. Tatsächlich erscheint der Schulrat zu einem Fest. Er rät väterlich: »Passen Sie auf, dass Sie nicht zur Betriebsnudel werden.« Zu spät.

Der Zierfries

Manche Kollegen gehen gelassen durchs Leben und reagieren amüsiert bis stoisch auf die Provokationen der lieben Kleinen. Andere hingegen springen bereitwillig, ja, fast entzückt über jedes Stöckchen, das die Schüler ihnen hinhalten.

Die Kunstlehrerin ist wegen ihrer Kompetenz und ihrer netten Art recht beliebt. Sie wirft ein Dia an die Wand (ja, stimmt, diese Geschichte stammt aus der pädagogischen Antike. Es gab noch keine digitalen Kameras und schon gar keine Beamer und Smartboards). Ein Schüler soll den griechischen Tempel beschreiben. Er lässt sich über Säulen und

Kapitelle aus und kommt dann zur künstlerischen Gestaltung des Frieses. Dort tollen nackte Männer herum, einige ringen, andere betrachten ihre Achillesferse. »Also, auf dem Zierfries sehe ich ...«, beginnt der Junge.

»Das ist kein Zierfries, es heißt Fries«, korrigiert die Kunstlehrerin sachlich-freundlich. Der Schüler setzt noch mal an: »Also, man sieht lauter unbekleidete Männer auf diesem, äh, Zierfries.« Die Lehrerin wird nervös: »Das heißt einfach Fries.« Auch der nächste Schüler tappt wieder daneben und erwähnt den »Zierfries« am oberen Teil des Tempels. Absicht oder Versehen? Wer weiß das schon bei Lutz-Werner. Jetzt flippt die Lehrerin aus: »Wie oft soll ich es euch noch sagen? Das heißt Fries! Fries!!! Nicht Zierfries!«

Die Schüler horchen auf. Welch wunderbare Waffe wird ihnen da gerade in die Hand gegeben? Ab sofort fällt das Wort »Zierfries« – leise geflüstert oder halblaut gemurmelt – in jeder Kunststunde. Damit lässt sich die sonst so besonnene Lehrerin in Sekunden von null auf hundert bringen. Unweigerlich gerät sie aus der Fassung: »Wer war das? Wer hat hier Zierfries gesagt?« Selbst der No-Brainer der Klasse begreift irgendwann, dass er das Unterrichtsgeschehen jederzeit in die Hand nehmen kann. Er muss nur voller Unschuld fragen: »Frau König, was ist noch mal ein Zierfries?«

Und was ist Ihr Zierfries? Finden Sie es gemeinsam mit Ihrem Verhaltenstherapeuten heraus. Behalten Sie Ihre Reizthemen und Schwächen für sich, wenn Sie trotz innerer Weißglut nicht souverän oder humorvoll reagieren können. Kluge Schüler nutzen es geschickt aus, wenn sie einen solchen »Zierfries« wittern und die Lehrkraft in Rage bringen können. Vertreibt ein Lehrer-Wutanfall doch etliche Minuten, die man sonst eventuell mit stringentem Unterricht gefüllt bekäme. Hochrot geifernde Lehrer haben außerdem was unheimlich Komisches.

Vielleicht verzichten Sie auch darauf, Ihre Leidenschaften und Hobbys allzu begeistert im Unterricht auszubreiten. Sonst geht es Ihnen wie diesem Lehrer im Film, der seine kostbaren Jazzplatten mit in eine Chaoten-Klasse nimmt. Die Platten überleben die Stunde leider nicht.

Mutti

Mutti hat eine sturmfeste Kurzhaarfrisur und einen großen Rucksack. Wenn dem Schulleiter der Mantelsaum runterhängt oder dem Prüfungskandidaten ein entscheidender Hosenknopf fehlt, hilft Mutti. Sie hat immer Sicherheitsnadeln und Zwirn dabei. Überhaupt findet sich in ihrem Rucksack alles für den Notfall: Pflaster, Nagelfeile, Ersatzbrille, Tesafilm, Binden, ein Dietrich, Hustenbonbons, Schraubenzieher, Desinfektionsmittel, Taschenmesser und Müsliriegel für Unterzuckerte. Des Weiteren eine CD mit Entspannungsmusik und ein Klassensatz Rechenaufgaben für Vertretungsstunden. Vermutlich hat sie auch ein Bügeleisen, einen Feuerlöscher und einen Tapeziertisch im Rucksack.

Mutti hat für alles eine Lösung. Sie gilt als patent und schnell entschlossen. Schnell ist sie auch mit dem Urteil. Manchmal sogar treffsicher. Für Kollegen mit Burn-out-Anwandlungen hat sie keinerlei Verständnis. Für Selbstzweifel und Bücher auch nicht. Sie hat Wichtigeres zu tun: Marmelade kochen, Kosmetika herstellen, Patchworkdecken, Hosen und Blusen nähen und biogärtnern. Mit Sicherheit kann sie auch klöppeln, einen Strickapparat bedienen und Gobelins sticken. Sie hat vier Kinder und acht Enkel. Trotz ihres Engagements hinsichtlich vernünftiger Vornamen heißen zwei der Enkel Thymian und Lavendel. Immerhin konnte Mutti die Vornamen Gulasch und Salamander verhindern. Die beiden Kinder heißen jetzt Parfait und Oleander.

Mutti verwaltet die Schulküche und überlässt ihr Reich nur zögerlich anderen. Aus gutem Grund. Kaum ein Kollege macht mit seinen Schülern gründlich sauber. Obwohl überall laminierte Dienstanweisungen hängen. Da werden die Krümel einfach unter die Schränke gefegt, das Geschirr wird wild in die Regale gestopft und steht nicht an den Stellen, die Mutti ihnen mittels roter Aufkleber zugewiesen hat. Diverse Löffel fehlen. In der Spülmaschine hängen Maiskörner und Hühnerknochen. Die Putzlappen sind klatschnass und dreckig. Die Tische kleben. Der Kollege, der auf ihre wütende Standpauke leicht ironisch reagiert, darf nie wieder mit seiner Klasse in der Küche frühstücken. Er kann froh sein, dass Mutti ihn nicht gehauen hat. Die Versuchung ihrerseits war groß.

An Mutti schmiegen sich hilflose Männer an und möchten gern ihr Ko-Tutor sein. Denn da haben sie einen sorgenfreien Schulalltag. Sie müssen relativ wenig machen, weil Mutti ihnen beim kleinsten Fehler alles aus der Hand nimmt. »Einmal dumm gestellt – und du hast ein herrliches Leben«, schwärmt ihr aktueller Ko-Tutor im Lehrerzimmer. Er wird sofort ausgetauscht. Wegen unüberbrückbarer Differenzen. Da Mutti für den Schulleiter stopft und bäckt, erfüllt er blindlings alle ihre Wünsche. Schade für den vorlauten Kollegen. Mutti hätte ihn gut behütet, beraten und ernährt. Sie weiß alles über Allergien, Laktose und Gluten. Und hat ein großes Verständnis für schwächelnde Männer. Für schwächelnde Frauen hat sie allerdings keine Unze Nachsicht.

Mutti ist immer im Einsatz und niemals müde. Irgendwie unheimlich.

Der Frischling

Der Frischling ist von sich eingenommen und latent größenwahnsinnig. Er hat schließlich regelmäßig von ausgebrannten, viel zu alten Lehrkräften gehört, die sich tapfer allen Innovationen verweigern. Die Sehnsucht von Journalisten und Kindseltern nach jungen, unverbrauchten Pädagogen »mit frischen Ideen« erscheint riesig. Das macht selbstbewusst. Wie ein Geschenk des Himmels hält der Frischling Einzug in seine neue Anstalt. Beim überbezirklichen »Lehrer-Casting« hat er hautnah mitbekommen, wie verzweifelt Schulleiter um Nachwuchskräfte buhlen und kämpfen.

Der Frischling glaubt alles, was er über alte Lehrer gelesen hat. Sie halten sich von neuen Medien fern, werden von den Schülern elektronisch ständig ausgetrickst, kennen nur strikten Frontalunterricht, reagieren auf schicke Module, Methoden und moderne Fachbegriffe aus der Wirtschaft nur mit impertinentem Grinsen. Sie lassen die Schüler bei der Begrüßung aufstehen und Gedichte auswendig lernen, achten auf korrekte Schreibweise und schöne Handschrift. Sie malen mit Kreide ihre Ergebnisse an die Tafel, und die Kinder müssen das sauber abschreiben! Sie schleppen Landkarten und Atlanten in den dritten Stock, weil sie kein Smartboard bedienen können. Und es auch gar nicht lernen wollen! Alte Sturköppe. In Sport lassen sie die Kinder stundenlang Klimmzüge, Kniebeugen und Liegestütze ausführen und versauen so jede Motivation. Und im Lehrerzimmer halten sie mit ihren Altbüchersammlungen alle Schreibtische okkupiert und gönnen dem Nachwuchs keinen Zentimeter. Vom lauten

Gelächter und von den fröhlichen Wochenendberichten der jungen Kollegen fühlen sie sich in ihrer Ruhe gestört, dabei hören sie schwer und bekommen hohe Frequenzen gar nicht mehr mit. Aber die Pensionierungswelle rollt, und bald sind alle weg, die einem ins Leben reinzureden versuchen: »Sie wollen wirklich am Wandertag ins Kino gehen? Also, dieser Film eignet sich überhaupt nicht für eine siebte Klasse!« – »Ihre Gruppe war letztens so laut, dass wir nebenan kaum unsere Klausur schreiben konnten!« – »Sie haben da ein Arbeitsblatt am Kopierer liegen lassen. Hat das ein Schüler geschrieben? Da waren so viele Fehler drin.«

Nein, das hat kein Schüler geschrieben. Das hat der Frischling höchst persönlich verfasst. Rechtschreibfehler? Wen interessiert so was? Man schreibt doch ohnehin nur noch am Computer, und der hat ein Korrekturprogramm.

Der Frischling hält es mit der selektiven Wahrnehmung und bemerkt nur den einen Kollegen, der seine Zeugnisse noch mit der Hand schreibt. Dass alle anderen diverse Computerprogramme benutzen, interessiert ihn nicht. Auf einer Party mit seinen alten Studienkollegen beömmelt sich der Frischling: »Stellt euch vor, an meiner Schule schreiben die ihre Zeugnisse noch mit dem Füller. Mit Tinte! So ein Zeugnis habe ich letztens geklaut, das schenke ich dem Heimatmuseum!«

Der Frischling baut sich in der Sporthalle einen Parcours fürs Zirkeltraining und lässt ihn nach seiner Stunde stolz stehen. Da werden die Lehrer, die nach ihm Unterricht haben, von seinen Kästen, Barren und tollen Ideen begeistert sein. Schließlich ist er der Einzige, der modernen Unterricht macht. Mürrisch lässt die Nachfolgerin das schwere Gerät in die Materialräume bringen. »Mein Gott, Zirkeltraining haben wir als Schülerinnen schon in den Sechzigerjahren gemacht.«

In Deutsch hat der Junglehrer keine große Lust auf Goethe und Schiller. Er verkündet der Fachleiterin: »Wozu braucht man den Faust eigentlich? Emilia Galoppi fand ich schon als Schüler doof. Ich kann im Unterricht nichts durchnehmen, was mich affektiv nicht anspricht.« Und so behandelt er vor allem Jugendbücher über Gewalt und Gangs, über Neukölln, Rollenspiele im Internet und Cyber-Mobbing. Dabei merkt er nicht, dass die Schüler nur die Inhaltsangaben im Internet lesen und ihre Referate Kopien aus Wikipedia sind. »Sehr schön, Sascha!«, lobt der Frischling und vergibt eine seiner vielen Einsen.

»Im Curriculum stehen aber auch Schiller und Goethe«, mahnt die Fachleiterin. »Wir müssen den Schülern mit der Literatur neue Welten und Gedanken erschließen. Das geht nicht, wenn man sie immer auf sich selbst zurückwirft und nur affirmativ die Themen behandelt, mit denen sie ohnehin konfrontiert sind. Es gibt auch tolle Theaterstücke, die nicht in Neukölln spielen.«

Die Fachleiterin steht kurz vor der Pensionierung, also muss der Frischling nicht weiter auf sie hören. Er interessiert sich allerdings sehr für ihre Funktionsstelle. Um sich ins Gespräch zu bringen, übernimmt er die Pflege der Schulwebsite, setzt sich wöchentlich mit in die Steuergruppe und wiederholt dort gern die Ideen seiner Vorrednerinnen. Da viele Frauen immer noch beeindruckt sind, wenn ein Mann redet, egal was, sind sie von seinen Seifenblasen und seinem Engagement sehr angetan. »Mit Herrn Molodez haben wir wirklich Glück gehabt!«, sagt die Schulleiterin selig. »Ich hoffe, er bewirbt sich auf die Fachleiterstelle in Deutsch!«

Die Göttliche

»Disziplinprobleme? Kenne ich nicht. Ich habe so eine natürliche Autorität!« Die Kollegin lächelt dich mitleidig an. Du kommst gerade zerzaust und waidwund aus einer zehnten Klasse, die freitags bei dir Musik hat. Einmal in der Woche in der achten Stunde. Du hast mit Mühe die 28 Namen der lieben Kleinen gelernt und versuchst tapfer, jede Stunde etwas zu unterrichten, das entfernt mit Musik zu tun hat. Heute habt ihr sogar gesungen. »Na, das klang etwas schräg«, sagt die Kollegin. »Ich könnte ja auch fachfremd Musik unterrichten. Ich habe eine große Affinität zur Musik, ja, zu den Künsten überhaupt. Ich schreibe und zeichne viel. Ich spiele auch seit meiner Kindheit Klavier. Aber ich will mir meine Freude an der Musik nicht durch Lehrplanvorgaben verderben lassen.« Und ihre Augen signalisieren dir: »Das Singen würde ich aber auf jeden Fall besser hinbekommen als du traurige Träne.«

Die Kollegin bekommt überhaupt alles besser hin. Dank ihrer Intelligenz, ihrer Kreativität, ihrer ausgefeilten Didaktik und ihrer brillanten Methodik. Die Schüler sind von ihr und ihrem Unterricht fasziniert. In der Mittelstufe genauso wie in der Oberstufe. Das wissen alle Kollegen im Lehrerzimmer, denn die Göttliche hat nicht nur ein großes Mitteilungsbedürfnis, sondern auch eine tragende Stimme. Sie lässt die anderen gern an ihren Erfolgen teilhaben und verrät ihnen manchmal kleine methodische Geheimnisse. Die Göttliche hat Germanistik und Romanistik studiert, aber sie unterrichtet auch Physik, Psychologie und Philosophie, Darstellendes Spiel und Geschichte.

Während deine Deutschschüler im städtischen Theater gähnen und hinterher widerwillig Rezensionen zum jungen Werther schreiben, sind ihre Schüler geradezu ekstatisch bei der Sache. »Man muss die jungen Menschen natürlich begeistern können! Meine wollen schon wieder ins Theater.« Die Göttliche schwebt auf einer Wolke in ihren Oberstufenkurs. Dort brennen die Schüler auf die Fortsetzung des »Zerbrochenen Kruges«, während deine dir offen mitteilen, dass sie Kleist blöd finden und lieber »Tschick« behandeln würden.

Du bist so dumm, auf einer Fachkonferenz davon zu erzählen, dass das Jugendbuch, das der gesamte 8. Jahrgang lesen soll, in deinem Kurs gar nicht ankommt. »Das verstehe ich nicht«, sagt die Göttliche, »das Buch ist doch ein Selbstläufer. Meine Kurse fanden das immer ganz toll.«

Im neuen Schuljahr musst du einen Deutschkurs der Göttlichen übernehmen. Du gehst schweren Herzens zum Unterricht. Vermutlich wird dir keine einzige Stunde so überwältigend gelingen, dass die Schüler andächtig und ergriffen zu dir aufschauen. Du rechnest mit großem Protest weil ein Lehrerwechsel stattfindet. Aber die Schüler reagieren fast gleichmütig auf das neue Personal. Die Stunden verlaufen unspektakulär, aber friedlich. Ein Theaterbesuch steht an. »Ach nö, nicht schon wieder. Das letzte Mal war schon so ätzend.« Der Kurs protestiert. Du bist erstaunt: »Was? Ich denke, ihr geht so gern ins Theater, und es gefällt euch dort immer so gut?«

»Wie kommen Sie denn darauf?«, fragt die Klassensprecherin. »Das hat Frau Divius auch immer geglaubt. Der Einzige, der hier gern macht, was die Lehrer wollen, ist Merlin.«

Es braucht etwas Zeit, aber mit den Schuljahren wirst du feststellen, dass einige Kollegen ehrlich über ihre Arbeit berichten und Schwächen offen zugeben, während andere mauern und kunstvolle Fassaden errichten – in der pädagogischen Fachliteratur unter dem Begriff »Potemkinsche Dörfer« bekannt. Die Göttliche ist jetzt übrigens Oberschulrätin und wird dir demnächst einen Unterrichtsbesuch abstatten. Viel Spaß!

Der Zyniker

Er glaubt, die Welt zu kennen, und ist mit allen Wassern gewaschen. Er mag keine Kinder und Jugendlichen. Er schätzt Harald Schmidt und Martin Sonneborn. Er wollte nie Lehrer werden und weiß selber nicht, wie er in dieses Schlamassel geraten ist. Er empfindet es als unter seiner Würde, pubertierende Jugendliche zu domestizieren. Deshalb geht er der Schulleiterin regelmäßig damit auf die Nerven, dass er nur in der Oberstufe eingesetzt werden möchte. Aber selbst dort ist das Unterrichten für einen intelligenten Menschen eine Zumutung. Der Zyniker ist noch nie einem wirklich klugen Schüler begegnet. Das Einzige, was er an seinem Beruf mag: Ständig findet er seine intellektuelle Überlegenheit bestätigt.

Nach jeder Stunde fällt er im Lehrerzimmer auf seinen Gesundheitsstuhl, den er von daheim importiert hat, und flucht über die Dummheit seiner Kurse. »Die Schüler werden wirklich immer blöder«, stöhnt er. Zwei andere wesensverwandte Kollegen nicken und lästern mit. Selbstzweifel in Bezug auf die Qualität seines Unterrichts kennt der Zyniker nicht. Er beklagt die zunehmende Verblödung der Gesellschaft. Mittlerweile werden ja Leute Schulleiter und Schulräte, die man früher gerade mal als Hausmeister eingestellt hätte.

Schule ohne Schüler – das wäre toll! Wenn Projektwochen anstehen, entwirft er so abwegige Themen, dass kein Schüler mit ihm arbeiten möchte. Das findet der Zyniker sehr wohltuend, denn dann kann er in Ruhe die Materialräume entrümpeln, das Schulprogramm Korrektur lesen oder Curricula überarbeiten. So etwas kann er gut. Er ist für höhere Aufgaben prädestiniert, aber seine Eltern konnten eine Promotion finanziell nicht unterstützen. Und so viele Förderangebote und Stipendien wie heutzutage gab es damals einfach nicht. Für die Politik ist er zu klug. Nur das gesunde Mittelmaß macht da Karriere. In der Schule übrigens auch. Auf den Funktionsstellen und in der Schulverwaltung sitzen nicht gerade die Besten, wie er gern kundtut. Der Zyniker hat sich dreimal auf eine Schulleiterstelle beworben, aber die Kollegien, die ihn dann nicht wählten, waren einfach nicht in der Lage, seine Befähigung zu erkennen. Die wählten lieber einen Schwachmaten aus ihrer Mitte.

Für seine Karriere-Misserfolge rächt sich der Zyniker an den Schülern. Er ist gern schlagfertig und witzig auf Kosten anderer. Die Schüler können mit seinen sarkastischen Bemerkungen nichts anfangen. Wenn sie pampig reagieren und nicht die nötige Demut zeigen, verteilt der Zyniker genüsslich Strafarbeiten, Tadel und Verweise. Wenn die Vertrauenslehrerin ihn besänftigen und von harten Maßnahmen abbringen will, lässt er sich nicht erweichen. »Diese Kinder brauchen Konsequenz und Härte. Wenn sie schon nicht selber denken wollen oder können!«

Der Zyniker führt die Schüler gern vor, lässt sie endlos an der Tafel herumrechnen und hilft ihnen bei ihren Irrwegen nicht, sondern kommentiert alles mit seinem feinen Humor. Die Sechs schreibt er dann tief befriedigt und demonstrativ in seinen Lehrerkalender. Er mag Mädchen nicht besonders und verfügt über ein umfassendes Repertoire an frauenfeindlichen Witzen und Sprüchen. »Was kann ich dafür, wenn Ihre Schülerinnen überhaupt keinen Humor haben? Die sind ja nicht mal in der Lage, einen Witz zu erkennen, geschweige denn, zu verstehen«, erklärt er der empörten Klassenlehrerin. Auch so eine zu kurz gekommene Emanze, von denen es im Kollegium nur so wimmelt.

Er amüsiert sich bei jeder Fortbildung und an jedem pädagogischen Tag über die Sinnlosigkeit dieser Unterfangen. Je nach Autorität des Dozenten lacht er hinter vorgehaltener Hand oder auch ganz offen. Eine Coaching-Spezialistin soll weinend die Arbeitsgruppe verlassen haben, an der der Zyniker teilnahm.

»Der Herr Wilde ist eigentlich ein ganz Lieber. Dieser Zynismus ist doch nur ein Schutzschild, weil er so sensibel ist«, erklärt dir die Mutti des Kollegiums.

Der Zyniker ist ein gutes Vorbild, wie du mal nicht enden möchtest.

Der kleine Zampano

Der kleine Zampano nähert sich bedenklich dem Renten- und Johannistrieb-Alter, aber er hält sich immer noch für unwiderstehlich. Vorm Spiegel zupft er ab und zu kokett am grauen Schläfenhaar rum. Im Lehrerzimmer erzählt er gern, was er früher mal für ein flotter Feger war: Der große Don Juan der 68er, ein politgetränkter Playboy, ein wahrer Wüstling. Interessierten Kolleginnen zeigt er Fotos von damals: »Hier, sieh mal, neben der großen roten Fahne, der mit den langen Locken, das bin ich! Lecker, oder?« Die junge Kollegin nickt höflich und pflückt seine Hand von ihrer Schulter.

Der kleine Zampano glaubt allen Ernstes, die »jungen Dinger« in der Oberstufe würden sich für ihn so hübsch und sexy anziehen. Er wird ganz wuschig, wenn sie ihn mit ihren Dekolletés anlächeln. Fängt an zu stammeln und zu stottern. Ein paar Mädchen haben das natürlich schnell gemerkt und machen sich einen Spaß daraus, ihn in Verlegenheit zu bringen. So ein alter Zausel, dem das Wasser im Munde zusammenläuft, wenn frau im Vorübergehen mal eben die Hüften schwenkt, ist doch ein lustiges Opfer. Außerdem gibt er gute Zensuren, wenn frau mit ihm flirtet.

Der kleine Zampano steht mit einem Kollegen im Flur. Sie reden gerade über die letzte Fachkonferenz. Das Gespräch bricht abrupt ab, als die selbstbewusste Sexbombe der Oberstufe vorüberbraust. Sie geht sehr dicht am kleinen Zampano vorbei, streift ihn fast. Der zieht sofort den Bauch ein und stellt sich ein wenig auf die Zehenspitzen, um größer zu wirken: »Oh, was für ein hübsches Tattoo!« Auf der Schulter der Schülerin ringelt sich das Ende einer Schlange, der Rest verschwindet im Ausschnitt des T-Shirts, wohin der kleine Zampano am liebsten hinterherkriechen würde. Die Schülerin hat an jedem Finger zehn Interessenten und für den Zampano gar keinen Finger frei. Sie bleibt demonstrativ stehen und fragt, wie ihre letzte Klausur ausgefallen ist. Der andere Kollege schaut gelangweilt die Wand an. Er steht mehr auf erwachsene, unabhängige Frauen. Der kleine Zampano starrt dem rasanten Kind in hilfloser Verzückung hinterher, nachdem er einräumen musste, dass er die Klausur leider noch nicht anschauen konnte. »Ach, wenn ich jünger wäre...«, sinniert er und sucht in den Augen seines Kollegen männliches Einverständnis. Aber der ignoriert das Zwischenspiel und erinnert den Zampano noch mal an das Protokoll der letzten Konferenz.

Im Lehrerzimmer kursiert das Skizzenbuch einer begabten Schülerin. Sie hat es auf der Toilette liegen lassen. Auf der dritten Seite hat sie eindeutig den kleinen Zampano karikiert: ein eitler Gockel auf einem Misthaufen.

Der faule Sack

Der Prototyp des Lehrers ist natürlich der faule Sack. Ein ehemaliger Bundeskanzler muss ganze Heerscharen davon gekannt haben. Der faule Sack ist in der Regel männlich, vereinzelt gibt es aber auch faule Säckinnen. Der faule Sack hat den Lehrerberuf gewählt, weil man da gerüchteweise nur halbtags arbeitet und drei Monate Urlaub hat. Und wenn man es geschickt anstellt, noch viel mehr.

Bevor das Schuljahr beginnt, sieht sich der faule Sack genauestens den Kalender an. Sind ihm die Abstände zwischen den einzelnen Ferien zu groß, markiert er mit Rot die Krankheitstage, die er dazwischen nehmen wird. Er bekommt dann ein Attest mit der Diagnose »Schulphobie«. Wo sitzt sein Hausarzt? Da will ich auch hin!

Der faule Sack schafft mit Mühe die vier Klassenarbeiten, die als Mindestzahl vorgegeben sind. Manchmal vergisst er auch eine. »Oh, ich habe nur drei Aufsätze geschrieben? Das ist mir völlig entgangen!« Und dann lässt er noch schnell ein Diktat schreiben, das kann auch ein fauler Sack in nur zwei Stunden korrigieren. Er ist ohnehin nicht so pedantisch, was Fehler angeht. Es soll ja Kollegen geben, die die Arbeiten ihrer Schüler dreimal durchlesen, um auch dem letzten Komma-Fehler auf die Spur zu kommen. Der faule Sack liest höchstens einmal. »Die Schüler sehen sich meine Korrekturen doch sowieso nicht an!«

Der faule Sack steht gern in der Nähe des Kopierers. Dort kann er hin und wieder ein Arbeitsblatt von eifrigen

Kolleginnen abgreifen und gleich in der nächsten Unterrichtsstunde einsetzen. In seinen Freistunden untersucht er unauffällig die Schreibtische seiner Kollegen. Auch dort liegt häufig brauchbares Material rum, das man schnell mal kopieren kann. Da ist er gar nicht faul, sondern ziemlich fix.

Ist er laut alphabetischer Kollegenliste mit einem Konferenzprotokoll an der Reihe, schiebt er einen wichtigen Arzttermin vor. Bei der nächsten Konferenz ist er dann meist schon in Vergessenheit geraten. Er ist stolz darauf, in den zwanzig Jahren seiner Schulzugehörigkeit gerade mal ein einziges Protokoll verfasst zu haben. Und das hat er noch so geschickt eingefädelt, dass die Kollegin, die gemeinsam mit ihm dran war, die ersten zwei Stunden der Sitzung protokolliert hat – und er die letzten zwanzig Minuten.

Wenn im Fachbereich der Unterricht geplant wird und die einzelnen Aufgaben verteilt werden, duckt sich der faule Sack weg. Er würde nie übereifrig »Hier!« rufen wie so manche Kollegin. Wird er von der säuerlichen Chefin zur aktiven Mitarbeit ermahnt, wählt er schnell einen Aufgabenbereich, mit dem er sich nicht lange aufhalten muss. Etwa die Auswahl eines Diktats oder eines Grammatiktests. Zeitaufwendige Planungen – wie Erörterungen, Romane oder Dramen – meidet er wie der Teufel das Weihwasser. »Das soll die Fachbereichsleiterin selber übernehmen! Wofür bekommt die so viel Gehalt?!«

Der faule Sack ist im Kollegium nicht sonderlich beliebt, hat er doch den Ruf der deutschen Lehrerschaft massiv geschädigt. Das macht ihm aber nichts. Er selber hält sich für ziemlich engagiert und fleißig. Genies wie er werden ja häufig von ihrer Umwelt missverstanden und beneidet. Er rekelt sich auf seinem Sessel und sagt unschuldig: »Was?

Ich hatte gerade eine Vertretungsstunde? Das habe ich leider völlig übersehen!«

Der Wanderpokal

Es ist wie beim Kindergeburtstag. Wer zum Schluss den Schwarzen Peter in der Hand hält, hat verloren. Und bekommt einen schwarzen Strich auf die Nase. Als wir das früher gespielt haben, war uns Kindern natürlich nicht klar, dass es sich um ein rassistisches Spiel handelt. Deswegen werde ich jetzt auch schleunigst den Begriff wechseln. »Schwarze Peter« = »Wanderpokale« gibt es auch im Schuldienst. Man weiß nicht, wie sie ihr Staatsexamen geschafft haben. Man weiß nicht, wie und warum sie überhaupt im Schuldienst gelandet sind. Man weiß auch nicht, welcher Depp sie verbeamtet hat. Aber auch im Angestelltenverhältnis wird man sie nicht so ohne Weiteres wieder los. Manchmal haben Wanderpokale sogar einen Doktortitel. Wo haben sie den bloß gekauft?

Pädagogische Wanderpokale gab es schon zu Zeiten, als man noch nicht verzweifelt in allen Menschenansammlungen nach Quereinsteigern für den Schuldienst suchte. Wenn zur ersten Gesamtkonferenz des Jahres ein Schwall neuer Kollegen auftauchte, wusste man nie so genau, ob ein zwangsversetzter Wanderpokal dabei war.

Was macht ein Wanderpokal? Eigentlich NICHTS. Meist fehlt er. Und wenn er mal anwesend ist, kommt er eine Stunde zu spät. Oder er geht eine Stunde früher.

Der Wanderpokal gibt sich nicht sofort zu erkennen. Es dauert eine Weile, ehe man mitbekommt, dass er ungern korrigiert und Klassenarbeiten wochenlang unter dem Bett stapelt. Wenn Elternvertreter und Schulleitung verärgert mahnen, dann hat der Hund die Klassenarbeiten zerfetzt. Darüber sind einige Schüler gar nicht so traurig.

Man entdeckt auch nicht sofort die leeren Schnapsflaschen im Fach des Wanderpokals. Und man nimmt auch nicht jede Schülerklage gleich so bierernst. Schüler erzählen viel, wenn der Tag lang ist. »Die Frau Hüther hat immer so 'ne Alkoholfahne!« – »Das wird ihr medizinisches Mundwasser sein«, verteidigst du die Kollegin. Lehrer sind schließlich loyal. Allerdings bröckelt deine Loyalität so allmählich, nachdem du Frau Hüther zum sechsten Mal vertreten musstest. Die Schüler halten mittlerweile dich für den regulären Englischlehrer.

Der Wanderpokal liest gern die Tageszeitung, während seine Schüler irgendwas ausrechnen, abschreiben oder Skat spielen. Muss der Wanderpokal Musik unterrichten, lässt er die Schüler ihre Lieblingsmusik spielen und eine Hitliste wählen. Er selber setzt Sonnenbrille und Gehörschutz ein um ungestört dösen zu können. Im Sportunterricht rollt er einfach einen Ball in die Halle. Fußball geht immer.

Mittlerweile glaubst du den Schülern eher. »Frau Hüther ist nie vorbereitet. Sie vergisst auch immer, was wir in der letzten Stunde durchgenommen haben.« Frau Hüther weigert sich, in der Oberstufe zu unterrichten, obwohl sie dafür bezahlt wird. Die Oberstufenleitung setzt die Kollegin im 12. Jahrgang ein. Prompt wird die Dame krank.

Kein Schulleiter kann richtig planen, weil nie ganz klar ist, wann der Wanderpokal überhaupt zur Arbeit erscheint. An manchen Schulen wird er nur als Vertretungskraft eingesetzt, da kann er am wenigsten schaden. Den Schaden gering halten will auch der Wanderpokal selber. Deswegen findet er seine Vertretungsklassen gar nicht erst. An großen Schulen ist es auch wirklich schwierig, all die Gänge und Räume aufzuspüren. Da läuft man und läuft – und auf einmal ist die Stunde rum.

Der Wanderpokal wird während seiner Krankheitszeiten von Kollegen immer mal wieder im »Narkosestübchen« oder im »Groben Gustav« gesehen. Der Wanderpokal verbittet sich solche Verdächtigungen und droht mit Personalrat und Anwalt. »Krank sein bedeutet schließlich nicht, dass man im Bett liegen muss!« Im Rahmen seiner langwierigen Krankheiten eröffnet der Wanderpokal bisweilen eine Vernissage (er ist nämlich ein verkannter Künstler) oder eine Videothek. Oder er organisiert Tupper-Partys.

Einer der Wanderpokale besticht seine Schüler mit kleinen Geschenken und Geldprämien. Er teilt ihnen verschwörerisch mit, dass er Schule eigentlich auch doof findet. Und dass es am besten wäre, wenn sie sich gegenseitig in Ruhe ließen. Das fliegt nur auf, weil die Klasse einem Vertretungslehrer eröffnet, für wie viel Euro sie zur mündlichen und schriftlichen Mitarbeit bereit ist.

Wanderpokale können trotz ihrer »Low Performance« ausgesprochen selbstherrlich im Lehrerzimmer ihre Erfolge kundtun. Die verblüfften Kollegen sind meist sprachlos.

Der Schulleiter hofft auf massive Elternproteste. Möglichst von Eltern mit Kontakten zur Lokalpresse. Das ist die einzige Chance, einen Wanderpokal loszuwerden. Wenn der Schulleiter oder das Kollegium sich beim Schulamt beschweren, passiert in der Regel nämlich gar nichts. War der Elternprotest erfolgreich, darf sich die nächste Schule über den Wanderpokal freuen.

Sehnsucht

Schulklassen im Kulturbetrieb unterwegs

Ach, wie hat mein pensionierter Mann das vermisst! Hunderte netter junger Menschen, die vor einem Jugendtheater ungeduldig auf Einlass warten. Hier wird inszeniert, was in der Berliner Oberstufe in Literatur behandelt werden muss und vielleicht im Abitur vorkommt. »Emilia Galotti«, »Das Fräulein von Scuderi« oder »Kabale und Liebe«. Hier harrt die künftige Elite unseres Landes darauf, Wissen und Kultur aufzusaugen. Eine Kollegin hat zwei Karten übrig, und natürlich sind mein Mann und ich sofort bereit, sie und ihre Zwölftklässler zu begleiten. Wenn wir sonst ins Theater oder Konzert gehen, stoßen wir meist auf ältere Menschen, es sei denn, wir besuchen das hochgelobte »Theater des Jahres«, da trifft man auf internationale Zuschauer unter vierzig und Stücke, die an Schülertheater erinnern.

Da auf meiner Eintrittskarte »Parkett rechts« steht, wende ich mich zum rechten Eingang. Eine einsame Platzanweiserin empfängt mich. Alle übrigen Zuschauer drängeln sich an der linken Tür, und das Stück beginnt deshalb mit einer deutlichen Verzögerung. Der Schauspieler, der in Unterhosen mit aufreizend »unmännlichen« Bewegungen auf die Bühne hüpft, erobert die Herzen seines jungen Publikums im Sturm. Ich sinniere, was dieser Auftritt mit Kleists »Prinzen von Homburg« zu tun hat, und bewundere Nonkonformisten, die sich nicht von jedem vordergründigen Klamauk korrumpieren lassen. Wie zum Beispiel die junge Frau vor mir, die in der ersten Halbzeit unentwegt auf ihr Smartphone starrt, Nachrichten empfängt und verschickt, nicht ohne diese zuvor ausführlich mit ihrer Nachbarin diskutiert zu haben. Hin und wieder senkt sich ihr Haupt für einen kurzen Power Nap. (Sie können mit diesem Begriff nichts anfangen? Na gut, früher hieß so was »Nickerchen«. Große Firmen wie BASF, Opel und Lufthansa stellen ihren Mitarbeitern sogar Räume dafür zur Verfügung, denn eine kleine Siesta tagsüber erhöht die Leistungskraft und fördert die Motivation!)

Vor mir sitzt also eine kluge und zukunftsorientierte Schülerin, die ihre Energien einzuteilen weiß. Warum soll sie auch einer Aufführung Respekt zollen, die für sie unendlich langweilig ist? Schauspieler müssen fesseln und faszinieren! Wenn sie das nicht können, sollten sie den Beruf wechseln (wir suchen derzeit im Berliner Schuldienst dringendst Quereinsteiger für fast alle Schulfächer und Schulformen ...), oder sie müssen die Folgen aushalten. Wie etwa das Verhalten der drei jungen Frauen hinter mir. Sie haben riesige Handtaschen, eher Säcke dabei, in denen sie unentwegt etwas suchen. Klapp, Tasche auf. Kram, kram, raschel, knister, knusper. Klapp, Tasche zu. Dabei unterhalten sie sich laut und deutlich. Es geht um den Alkoholkonsum am letzten Wochenende. Ich liebe freie Persönlichkeiten! Sie lassen sich nicht von kleinbürgerlichen Konventionen beeindrucken, wie ich sie als Kind noch lernen musste: Im Theater isst man nicht, im Theater spricht man nicht, mit schwerer Bronchitis bleibt man daheim und hustet nicht störend ins Bühnengeschehen.

Im Saalhintergrund wird ein permanenter, männlich dominierter Klangteppich produziert, auf den die Schauspieler elegant ihre Dialoge setzen. Eine Plastikflasche fliegt durchs Parkett, ein Schüler haut seinem Kumpel, der zwei Reihen vor ihm sitzt, auf den Kopf. Ich amüsiere mich königlich. Welche Kreativität, welch ungezügeltes Temperament! Endlich mal wieder Leben in der Bude! Die Schülerinnen und Schüler meiner Kollegin wirken dagegen domestiziert und eingeschüchtert. Sie hocken wie Mumien in ihren Sitzen, angespannt und verängstigt. Niemand zappelt, raschelt oder öffnet zischende Seltersflaschen. Wer weiß, mit welchen Konsequenzen meine Kollegin sie bedroht hat. Arme, geknechtete Kinder! Sicher müssen sie nach dem Theaterbesuch eine Inhaltsangabe schreiben.

Leider will mein Mann in der Pause gehen. Ihm gefällt die Inszenierung nicht. Er huldigt ja dem Humboldt'schen Bildungsideal und denkt immer noch stur, der Inhalt sei wichtiger als die Form. Er wirft mit Sprüchen um sich wie: »Wenn ein Buch und ein Kopf zusammenstoßen und es klingt hohl, dann ist nicht immer das Buch daran schuld.« »Ein Buch ist ein Spiegel: Wenn ein Affe hineinsieht, so kann kein Apostel herausgucken.« Alles sehr konservativ, autoritär und archaisch. Da er das Auto hat und wir uns weit entfernt von unserem Domizil befinden, muss ich notgedrungen mit. Die S-Bahn wird nämlich bestreikt.

Aber ich finde in den Herbstferien schnellen Trost für das entgangene Theatervergnügen. Da besichtigen wir ein ehemaliges DDR-Gefängnis in Sachsen. Gemeinsam mit uns besieht sich eine Schulklasse die engen Transportwagen, Zellen und Verhörräume. Ein Museumsführer redet pausenlos auf die Jugendlichen ein. Haut ihnen kübelweise Historie und Begriffe wie Unrecht und Verfolgung um die Ohren. Auch hier beeindrucken mich die jungen Menschen, die cool ihre Individualität bewahren und sich nicht an spießige Regeln halten. Ein paar Mädchen kontrollieren im Taschenspiegel ihr Make-up, Knaben kauen ungerührt Kaugummi, in der Ecke erledigt einer wichtige Telefonate. Vielleicht gründet er gerade ein Start-up oder spekuliert an der Börse. Ich bewundere den Begleitlehrer, der seinen Schülern so viel Freiheit gönnt. Das kann nicht jeder Pädagoge! Aber hier steht ein echter Potenzialentwicklungscoach, der den Kindern alle Möglichkeiten zur persönlichen Entfaltung gibt.

Denn das brauchen wir: kreative, nonkonforme, unbefangene und originelle junge Menschen. Aufbegehrend gegen alte Zwänge, konzentriert auf sich selbst und das eigene Tun. Schade, dass ich nicht mehr im Schuldienst bin und in dieser Hinsicht förderlich wirken kann. Aber ich kann zumindest mit diesem Buch andere Hirne und Herzen erreichen!

Helfer in der Not
Vom Quereinsteiger zum Landarzt

Im Umland ist der Notstand ausgebrochen: Überall fehlen Landärzte. Jungmediziner vor der Familiengründung möchten nicht so gern aufs Dorf. Sie wollen Kinos, Klubs, Strandbars, Nachtbusse, Public Viewing, Spätis und jede Menge Freiraum. Auf dem Dorf, wo jeder jeden kennt und kontrolliert, fühlen sie sich eher unwohl.

Mein Mann und ich würden in dieser Notsituation gern helfen. Wir sind in einem Alter, in dem Weisheit und Gelassenheit die höchsten Tugenden sind. Trubel und Action brauchen wir nicht mehr. Es zieht uns dorthin, wo Störche über die Felder spazieren, Rehe das Fallobst im Garten fressen und Rohrdommeln aus dem nahen Teich dumpf vor sich hin dröhnen.

Wir sind zu alt? Lachhaft. An unserer ehemaligen Schule

sind drei Quereinsteiger über sechzig! Und etliche Lehrer-
kollegen geben nach ihrer Pensionierung weiter Spanisch-
und Gymnastikunterricht. Es zählen schließlich nicht die
Lebensjahre, sondern die geistige Beweglichkeit und ob man
mit den Händen noch die Zehenspitzen erreichen kann.

Ein Studium lohnt sich für uns nicht mehr? Wer redet
denn von einem Studium? Wir werden Quereinsteiger! An
Berliner Grundschulen ist derzeit jeder dritte Lehrer ein
Quereinsteiger. Warum soll das nicht auch im Arztberuf
möglich sein? Ich bin da ganz zuversichtlich. Schon als Kind
hatte ich eine große Affinität zu diesem Fachgebiet. Ich habe
regelmäßig unseren Dackel abgehört und an meinen Puppen Amputationen vorgenommen. Als ich meine kleinen
Geschwister gegen Pocken impfen wollte, reagierte meine
Mutter allerdings etwas unwirsch und behinderte mich in
meiner Berufsvorbereitung. Dabei hatte ich das Küchenmes-
ser mit Vaters Wodka sterilisiert.

Mit sechzehn habe ich in den Sommerferien als Stations-
hilfe gearbeitet. Im Krankenhaus um die Ecke musste ich
Fußböden und Toiletten reinigen. Und die besabberten
Teller, wenn die Ärzte und Schwestern sich bei 35 Grad
Schokoladeneis genehmigt hatten. Wir Putzfrauen bekamen
davon natürlich nichts ab. Damals gab es noch keine »flachen Hierarchien«. Die Welt war noch in Ordnung! Wenn
ich die Krankenzimmer wischte, studierte ich die Patienten-
karten an den Betten. Ich führte mit den Kranken, die sich
über meine Zuwendung freuten, lange Anamnesegespräche
und folgte mit meinem Schrubber unauffällig den Chefarzt-
Visiten. Von einer Patientin bekam ich einen Stapel Arzt-
romane geschenkt und die Empfehlung, mir im Fernsehen
die »Schwarzwaldklinik« anzuschauen.

Leider konnte ich mit meinem mittelmäßigen Abitur-durchschnitt nur Germanistik studieren. Ein teurer Medi-zin-Studienplatz war der strebsamen Klassenbesten vorbe-halten, die gleich nach dem Examen zwei Kinder bekam und danach beim Gatten als Sprechstundenhilfe reüssierte. Ich wurde notgedrungen Lehrerin statt Internistin.

Aber der Arztberuf hat mich nie losgelassen. Ich kenne alle Fernsehserien, in denen Chirurgen und Pathologen agie-ren. Ich habe so viele Operationen am offenen Herzen und am schlaffen Busen gesehen, dass ich solche Eingriffe im Schlaf durchführen könnte. Ich blättere häufig im Pschyrem-bel und schaue mir Krankheitssymptome an. In Apotheken sammle ich »Senioren-Ratgeber« und »Rundschauen« ein. Mein Mann löst darin die Kreuzworträtsel, ich lerne neue Zipperlein und alle möglichen Heilmittel kennen. Im Inter-net gibt es zu jedem Thema Beratungsseiten und Selbsthilfe-foren, sei es für Schlafapnoe oder Diabetikerfüße. Alles an-schaulich bebildert. Von der Gürtelrose über das Glaukom bis hin zur Penisvergrößerung oder Schamlippenstraffung.

Ich kenne mich in autogenem Training aus und wäre auch bereit, mich im Reich der Chakren und Faszien weiterzubil-den. Während des Betriebspraktikums betreue ich gern die Schüler, die in Apotheken oder beim Arzt arbeiten. Durch regelmäßige Erste-Hilfe-Kurse mit meinen 10. Klassen bin ich auf dem neuesten Stand der Erstversorgung. Ich kann defibrillieren, beatmen und Notfallnähte legen. Weil die Schulleiterin wegen des Lehrermangels so verzweifelt war, habe ich auch schon mal ein paar Monate Biologie unter-richtet. Mein Lieblingsthema: »Der menschliche Körper und seine Funktionen«.

Ich verfüge mittlerweile über ein beachtliches Fachwissen. Haben Sie Gesundheitsprobleme? Fragen Sie mich! Auch in psychologischer Gesprächsführung bin ich versiert. Unser Schulpsychologe hat mir da unendlich viel gegeben. Der blickt seinem jeweiligen Gegenüber tief in die Augen, berührt kurz dessen Hand und sagt sanft: »Gut, dass du hier bist!«

Natürlich fehlt mir die Berufspraxis, aber das ist ja bei all den Quereinsteigern im Schuldienst nicht anders. Ich hospitiere derzeit abwechselnd bei meinen Freundinnen. Eine ist Internistin, die andere Lungenärztin. Im Wartezimmer führe ich Vorbereitungsgespräche mit den Patienten und stelle schon mal die ersten Diagnosen. Ich messe den Blutdruck und schicke die Stuhlproben ins Labor. Bald darf ich auch Spritzen geben!

Nördlich von Berlin wird demnächst eine Landarztpraxis frei. Die Stadtverwaltung hat erfreut auf unsere Bewerbung reagiert. Meine Hausärztin findet mein Vorhaben allerdings anmaßend. Gerade Landärzte müssten in jeder Hinsicht medizinisch fit sein. »Was ist mit den vielen Quereinsteigern im Schuldienst?«, frage ich unschuldig. Meine Hausärztin ist empört. »Das ist etwas ganz anderes!« Und auf ihrer Stirn steht geschrieben: »Lehrer kann schließlich jeder!«

III. Teil:

Von anderen Hochbegabten

Supernanny und Blitzableiter
Schulsekretärin gesucht

Sie langweilen sich zwischen Aktenordnern, Kakteen und Verwaltungskram? Sie lieben Überraschungen, Unwägbarkeiten und Hektik? Kommen Sie an unsere Sekundarschule im Herzen Berlins! Über 1 000 liebenswerte Menschen erwarten Sie!

Ihr Büro ist klein und gemütlich. Im gediegenen Mobiliar der Siebzigerjahre werden Sie sich wohlfühlen. Sie kommen in engen Kontakt mit Leuten, die in Ihrem Rücken nach Formularen, Schülerakten und Büromaterial suchen. Bei Ihnen landen die Mühseligen und Beladenen, die Verletzten und Geschundenen, die Zeternden und die Tratschenden. An Ihrer Schaltstelle sammelt sich alles: private Versandhauspakete, die sich Kolleginnen aus praktischen Gründen in die Schule bestellen, Prospekte, Listen, Abrechnungen, Abmahnungen, Atteste, ratlose Handwerker, Klagen über Lehrerinnen und Lehrer, Klagen über Schülerinnen und Schüler, Klagen über den Schulleiter, über den Hausmeister und die Schulrätin. Beschwerden darüber, dass Sie nicht immer gleich ans Telefon springen und nicht jeden Wunsch sofort erfüllen.

Sie haben gute Nerven und Humor. Ein leichter Hang zum Masochismus wäre ebenfalls von Vorteil. Es stört Sie nicht, dass Sie für wichtige Schreibarbeiten nie richtig Ruhe haben – es sei denn, Sie verschließen mal kurz die Sekretariatstür und ignorieren das Klopfen, Trommeln und Brüllen im Flur. Noch besser ist es, wenn Sie über die grundlegende Fähigkeit der selektiven Wahrnehmung verfügen und Störgeräusche ausblenden können, seien es aufgeregte Kollegen direkt an Ihrem Tresen, streitende Schüler oder keifende Eltern.

Sie sind ein Multitasking-Talent. Sie kochen mal eben Kaffee und schmieren Schnittchen für wichtige Besucher (Bildungsexperten, Schulräte und Hofschranzen aller Art). Sie verteilen die Post in die 150 Fächer der Kollegen, Sozialpädagogen und ehrenamtlichen Senior Partner, der Schülerzeitungsredakteure, der Elternvertreter und der Schülerfirma. Sie kämpfen sich morgens mit dem aktuellen Vertretungsplan durch Horden von Jugendlichen, die gierig auf eventuellen Unterrichtsausfall warten. Sie suchen in endlosen Kellergängen die Hausmeisterin, die mal wieder ihren Pager irgendwo liegen lassen hat, oder Sie holen einen Delinquenten aus dem Unterricht. Sie können Wünsche von den Augen ablesen und kommen mit Ein-Wort-Sätzen klar: »Briefumschlag!« – »Schulbescheinigung!« – »Pflaster!« Sie reagieren nicht befremdet, wenn in Ihrem Berufsalltag »bitte« und »danke« eher Fremdwörter sind.

Sie behandeln Prellungen, angebliche Wespenstiche, Übelkeit und blaue Augen. Sie können Hypochondrie von echtem Leid unterscheiden, egal, ob es sich um Lehrpersonal oder Schülermaterial handelt. Sie halten Kühlkissen, Desinfektionsspray und Binden mit Flügeln bereit. Sie wissen, dass man hyperventilierenden Kindern die Plastiktüte nur über die Nase, nicht über den Kopf zieht.

Sie sind am Telefon freundlich und geduldig. Sie fangen elterliche Gewitter ab, die eigentlich der Mathe-Fachleiterin oder dem Sportlehrer zugedacht sind. Sie merken, wenn sich eine Schülerin mit verstellter Stimme selber krankmeldet. Sie kennen wichtige Telefonnummern auswendig (Schulleitergattin, Jugendamt, Lokalpresse, Polizei, Pizza-Service). Sie weisen Mütter, die lieber shoppen gehen, als ihr krankes Kind von der Schule abzuholen, nachdrücklich auf ihre elterlichen Pflichten hin. Sie übernehmen die Aufgaben, die anderen unangenehm und lästig sind. Zum Beispiel das fehlende Geld für Lehrer-Büfetts einzusammeln, damit die Cafeteria-Betreiberin nicht auf ihrem Minus sitzen bleibt. Sie hören sich im Lehrerzimmer stoisch die Ausreden an: »Wieso? Ich habe doch nur ein einziges Brötchen gegessen. Dafür soll ich zehn Euro bezahlen?«

Sie sind freigebig und teilen mit der bedürftigen Lehrerschaft Ihren Kaffee. Sie waschen auch klaglos deren Geschirr mit ab. Sie tragen es mit Fassung, wenn Ihre Einkäufe aus dem Kühlschrank in der Teeküche verschwinden, dafür andere Lebensmittel, die von Lehrergelagen und Schülerfrühstücken übrig bleiben, monatelang zwischen- und endgelagert werden.

Sie gehen gelassen mit »originellen« Situationen um. Sie sehen nach, ob Kollegin Manthey sich wirklich Läuse eingefangen hat. Sie entfernen eine Zecke aus Lara-Lunas Wade. Sie trösten die hysterische Schülerin, die ihr Handy verloren hat. Sie erklären dem Kollegen aus Bielefeld, der gerade zum neuen Deutschfachleiter gekürt worden ist, dass es nicht Ihre Aufgabe ist, Kaffee, Kakao und Kekse für sämtliche schulischen Sitzungen bereitzustellen. Nein, Sie tippen auch nicht seine Protokolle oder beschriften seine Briefumschläge. Und auch seine Zeugnisse muss er ganz allein schreiben, selbst wenn das in Bielefeld die Sekretärinnen erledigt haben.

Sie zählen kommentarlos die Kupfermünzen, die auf einer Konferenz zusammengekommen sind, und kaufen davon Blumen für die kranke Oberstufenleiterin. Sie suchen im Altpapier nach wichtigen Briefen, die der Schulleiter versehentlich entsorgt hat. Sie kopieren Zeugnisse, die von Schülern verschlampt worden sind. Sie erklären Brian aus der 8. Klasse, dass er seinen Physiklehrer nicht wegen Ruhestörung anzeigen könne. »Aber wieso nicht? Er hat sich gestern bei meinen Eltern beschwert und damit eindeutig meine Ruhe gestört!«

Sie sind großzügig, wenn es um Ihre Zeit geht. Unser Schulleiter bekommt seine literarischen Anwandlungen erst am späten Nachmittag. Da wäre es schön, wenn Sie ihm nicht mit Ihrer tariflich zugesicherten Kaffeepause kommen, sondern noch ein paar Seiten für ihn tippen. Im Gegenzug wünschen wir uns ein wenig Bescheidenheit, wenn es um Ihre Gehaltsvorstellungen geht.

Sind Sie neugierig geworden?

Na, ordentlich Knete gemacht?
Cafeteria-Betreiber schwimmen im Geld

Es ist dunkel und still. Das riesige Schulgebäude liegt leer und verlassen. Doch halt, am Ende eines Nebentrakts brennt noch Licht. Sitzt der Schulleiter wieder an seinem Schreibtisch, weil er nicht heim zu Frau und Kindern will? – Nein, dort im Nebengebäude zählt der Cafeteria-Betreiber seine Einnahmen. Wie jeden Wochentag verlässt er die Schule gegen 21.30 Uhr mit einer Schubkarre voller Geld. Das überweist er direkt auf seine Nummernkonten in der Schweiz und auf den Kaiman-Inseln. In die Schule fährt er immer mit einem alten Combi, aber Eingeweihte im Lehrerzimmer wissen aus sicheren Quellen, dass er einen Maserati, einen Porsche und drei Ferienhäuser sein Eigen nennt. »Und das alles von unserem Geld!«

Während die Pädagogen an einer Schule, einschließlich

der Fachbereichsleiter und Studiendirektoren, nur ein dürftiges Salär für ihren engagierten Einsatz erhalten, verdient eine Mensa-Pächterin oder ein Cafeteria-Betreiber ordentlich Kohle. Das verschleiern die aber gerne, damit der Sozialneid nicht zu groß wird. Sie klagen über einen realen Stundenlohn von 4,50 Euro und über einen Arbeitstag, der mehr als 14 Stunden dauere. Morgens um fünf Uhr treten sie angeblich zur Arbeit an, schmieren hundertfünfzig Schrippen und schälen Berge von Kartoffeln. Statt die belegten Brötchen allerdings zum Selbstkostenpreis abzugeben, verlangen sie einen ganzen Euro dafür! Sie müssten ja Gewinn machen, um Miete, Strom und Angestellte bezahlen zu können. Und in den elend langen Schulferien würden sie schließlich gar nichts einnehmen. Da würden sie an der Wurstbude im Freibad jobben oder Zeitungen austragen. In Wirklichkeit donnern sie mit ihrer S-Klasse über die Autobahn zum Jachthafen in Warnemünde. Wir lassen uns doch nicht für dumm verkaufen.

Sehnsüchtig drücken sich einige Lehrer, die noch ihr Eigenheim abbezahlen müssen, die Nase an den Cafeteria-Glasscheiben platt. Eine Dorade mit Sättigungsbeilagen: 5,50 Euro! Eine Roulade mit Rotkraut: 4,90 Euro. Ist das teuer!!! Und Gänsebraten zu Weihnachten ganze 9 Euro! »Da kann man sich ja wirklich einen Pelz mit verdienen«, bemerkt ein Mathe-Kollege trocken. »Ach, wenn ich doch auch einen Berlin-Pass hätte«, seufzt seine Ko-Tutorin, die wie alle anderen am Tisch mit einem mageren Monatsgehalt von 3000 Euro auskommen muss. Bedürftige Schüler können mit dem Berlin-Pass für nur einen Euro Mittag essen. Hin und wieder lungern ausgehungerte Kollegen nachmittags in der Mensa rum. »Die alten Brötchen kauft doch jetzt niemand mehr. Die Wurst wellt sich ja schon. Kann ich die nicht billiger haben?« Frau Weber-Weißmann hat praktischerweise gleich eine Tupperschüssel mitgebracht. Aber der Mensa-Pächter hat kein Herz für verarmte Lehrer. Lieber verschenkt er die restlichen Brötchen an Schüler.

Kollegen, die sich die horrenden Mensapreise leisten können, sitzen in einer gemütlichen Ecke hinter einem Wandschirm und mäkeln ein wenig an den Königsberger Klopsen herum, die sie selber viel besser zubereiten können. »Das hat der nie im Leben selbst gekocht, das sind alles nur aufgewärmte Convenience-Produkte«, behauptet der Feinschmecker vom Englisch-Stützpunkt.

An den entbehrungsreichen pädagogischen Tagen verdienen sich Mensa-Betreiber zusätzlich eine goldene Nase. Dann sind alle 150 Lehrkräfte und das sozialpädagogische Personal acht Stunden lang in der Schule eingesperrt, bilden sich fort und warten gierig auf die Kaffeepausen und aufs Büfett. Natürlich müssen sie dem Cafeteria-Pächter jedes Gürkchen, jeden Petersilienstängel und jede Möhre bezahlen. Empörend. Sie opfern schließlich auch ihre Freizeit und bekommen dafür keine Zusatzgratifikation!

Einmal erhält der Cafeteria-Pächter Post von einem Rechtsanwalt. Ihm wird Betrug und Körperverletzung vorgeworfen. Er hat an die zu fütternden Schüler vor den Ferien »minderwertige Nahrung« verteilt (Kindermilchschnitten und Ostereier! Vermutlich hat er die als kostenlose Werbeprodukte erhalten. Der Mann spendiert doch nichts!) und deklariert nicht, womit er den Tee süßt. Sicher mit Industriezucker, der die Kinder dick, dumm und süchtig macht. Der Fachbereich Arbeitslehre schlägt daraufhin eine gesunde Produktpalette vor. Doch der Cafeteria-Betreiber bleibt auf seinem Gurken-Joghurt und Sahnequark-Pumpernickel sitzen. Nicht einmal die Lehrer wollen gesund essen. Zum Ausgleich verdient er in diesem Monat ganz gut, weil er auf Verlangen der Elternvertreter drei Euro für die schädliche Cola kassiert anstelle der üblichen 70 Cent. Denn die Schüler weichen nicht — wie es gesundheitserzieherisch geplant war — auf Kräutertee und Obstschorle aus, sondern kaufen zähneknirschend die teure Cola. Schon zum Frühstück.

Einige Kollegen haben Mittel und Wege gefunden, ihren Hunger kostengünstig zu stillen. Zum Beispiel sammeln sie auf dem Schulgelände das Pfandgut ein, das faule Schüler stehen und rumkullern lassen. Für einzelne Lehrer wird das Flaschensammeln geradezu zur Lebensaufgabe! Sie finanzieren davon Klassenfahrten und Abschlussfeste. Zum Ärger des Hausmeisters und der Reinigungskräfte, die ebenfalls gern mit leeren Flaschen ihr Taschengeld aufbessern. Der Pächter der Cafeteria ist immer ausgesprochen stinkig, wenn er für 20 Pfandflaschen Brötchen oder Bargeld rausrücken muss.

Andere bedürftige Kollegen studieren den Geburtstagskalender und grasen in ihren Freistunden die Lehrerzimmer ab, ob irgendwo Kuchen oder ein paar Lachsbrötchen auf Zugriff warten. Wie im Märchen vom »König Drosselbart« hat Frau Wegerich immer Töpfchen dabei, in denen sie Vorräte sammelt, falls nach der 8. Stunde der kleine Hunger kommt. Der Cafeteria-Pächter rückt ja leider keine größeren Portionen raus, wenn man ihm mitteilt, dass man heute gaaaaanz lange Unterricht und gaaaanz großen Hunger hat. Er will für einen Nachschlag Extrageld, der alte Knicker. Dafür verschwindet halt hin und wieder einer seiner schönen Bone-China-Kaffeebecher mit dem Rosendekor, bis nur noch die alten weißen Humpen übrig sind. Und dafür nimmt der unverschämte Pächter neuerdings Pfand, weil die Becher in den Lehrerzimmern stehen bleiben und er sie erst wieder einsammeln muss, wenn er seinen teuren Kaffee (ein Euro!) ausschenken will.

Lächeln, bis es wehtut
Alltag einer Erzieherin

Und aus dem Chaos sprach eine Stimme zu mir:

»Lächle und sei froh, denn es könnte schlimmer kommen!«

Ich lächelte und war froh – und es kam schlimmer.

Der Satz hängt über dem Schreibtisch, den du dir mühsam erkämpft hast. Denn wozu braucht eine Erzieherin einen Schreibtisch? Für die zwei Stunden Bürokram in der Woche? Vielleicht noch Internetanschluss? Lächerlich.

Du hast Frühdienst und öffnest. Die ersten schlaftrunkenen Kinder werden reingetragen. Sina hustet und hat ganz offensichtlich Fieber. Aber ihre Mutter ist schneller weg, als du reagieren kannst. Das Telefon klingelt. Kollegin Karin hat starke Migräne. Kein Problem, du übernimmst ihre Gruppe mit. Du hast ja einen neuen Sozialassistenten zur Unterstützung. Leider hat Karin den Journalisten vergessen, der einen Tag lang hospitieren will. »Der Termin steht seit Wochen! Kannst du dich ein bisschen um den kümmern?« – »Worüber will der denn schreiben?« – »Über fehlende männliche Stimuli im Kita-Alltag«. Du könntest ihm eine Menge über männliche Stimuli jeder Art erzählen, aber das Telefon klingelt gerade wieder. Kollegin Jutta muss unbedingt zum Zahnarzt und kommt zwei Stunden später. »Kein Problem«, sagst du und lächelst. In der letzten Fortbildung zum Thema »Kommunikationsstrategien« hat euer Team gelernt, dass man freundlicher wirkt, wenn man auch beim Telefonieren bewusst die Mundwinkel nach oben zieht.

Schrilles Geschrei dringt aus dem Gruppenraum. Josefine zieht kräftig an Viktors Locken. Der Sozialassistent unterhält sich gerade in einer Ecke mit dem Journalisten. Du brauchst einige Zeit, um Josefines eisernen Griff zu lockern und Viktors Tränen zu trocknen. Max ist in einen Hundehaufen getreten. Das merkt sein Vater aber erst, als sie durch das halbe Gebäude gelaufen sind. Der Sozialassistent wird grün im Gesicht, die Ein-Euro-Kraft verweigert sich, und während du den Dreck entfernst, fragt der Journalist interessiert: »Welchem Erziehungskonzept folgen Sie eigentlich?«

Beim Frühstück wirft Anton seinen Kakao um. Leider hast du heute eine helle Bluse statt dunkel gefleckter Tarnkleidung angezogen. Der Journalist auf dem Kinderstühlchen weiß nicht, wohin mit seinen langen Beinen. »Was halten Sie von der Initiative ›Männer in die Kitas‹?« Du vermutest im Stillen, dass es schon längst anständige Sitzgelegenheiten, genug Aushilfskräfte und eine angemessene Bezahlung geben würde, wenn mehr Männer in Kitas tätig wären. Aber das sagst du lieber nicht, nachher zitiert er dich noch mit Namen. Stattdessen löst du sanft einen Leberwurstring aus Tamaras Händen und übst wieder mal mit Ben Naseputzen. »Nein, du musst schnauben! Nicht hochziehen. Na los, fester!« Und zu dem Journalisten sagst du: »Es wäre toll, wenn mehr Männer in Kitas arbeiten würden!« Der Sozialassistent lässt sich gerade von Emma und Paula Zöpfchen flechten.

Nach dem Frühstück singt ihr das Lied vom Maulwurf und der Ameise. Du hast erst vor Kurzem mit dem Gitarrenunterricht begonnen. Die Akkorde klingen noch ein wenig unsicher. Der Journalist macht sich Notizen. Janus will wissen, ob Ameisen ein Herz haben. Du weißt es nicht und versprichst nachzusehen. Der Journalist fragt, wie viele Fortbildungen ihr pro Jahr machen müsst. Bei den Sitztänzen stellt er sich so ungeschickt an, dass du ihm gern mehr Übungen zur Vernetzung seiner Hirnhälften ans Herz legen würdest. Heute liest du etwas aus dem alten Kinderbuch vom »Ameisen-Ferdl« vor. Carmen und Doreen streiten sich, wer dabei auf deinem Schoß sitzen darf. Sandras Hamster ist gestern gestorben, deshalb darf sie sich beim Vorlesen ankuscheln. Das Malen mit den Fingerfarben gibt deiner Bluse den Rest. Sonst hast du immer ein T-Shirt zum Wechseln im Schrank, aber heute Morgen um 4.30 Uhr hast du schlichtweg vergessen, eins einzupacken.

In der Mittagspause will ein Paar sein Kind anmelden. Sie haben einen Termin mit Kollegin Jutta, die leider noch nicht vom Zahnarzt zurückgekommen ist. Du beantwortest geduldig all ihre Fragen. Ob ihr auf Vollwertkost achtet. Wie die soziale Mischung in der Kita ist. Welche Fremdsprachen ihr anbietet. Gibt es Computerkurse und Hochbegabtenförderung? Du willst wissen, wie alt das Kind ist. Die Frau legt sich selig die Hand auf den flachen Bauch: »In sieben Monaten kommt es zur Welt«.

Am frühen Nachmittag hat der Sozialassistent Kopfschmerzen und bittet darum, gehen zu dürfen. Der Journalist, der ursprünglich bis Dienstschluss bleiben wollte, schließt sich ihm spontan an. Du ziehst allein dreißig Kinder an. Ludwigs Schnürsenkel reißt, Bernhardine schafft es nicht rechtzeitig aufs Klo, das Telefon klingelt. Aber auch dieser Tag geht vorbei. Schließlich habt ihr es an einem Tag voller Krankmeldungen auch schon mal geschafft, zu zweit hundert Kinder zu betreuen.

Dein Mann zieht nur die Augenbrauen hoch, als du abends kurz vorbeischaust, um die Bluse zu wechseln. Du hast noch eine Gruppensitzung: eine Therapie für Erzieherinnen mit psychosomatischen Störungen. Du hast manchmal so ein Rauschen im Ohr. Heute bist du mit Erzählen dran. Du schilderst lächelnd deinen Arbeitstag. Die Psychologin fragt streng: »Und? An welcher Stelle hätten Sie Nein sagen müssen?«

Sind Sie der Hausmeister?
Mehr Männer in die Kitas!

»Mama, wir haben heute eine neue Erzieherin bekommen: Herrn Karwitz!« Mama reagiert ein wenig befremdet. Ein Mann als Erzieher? Kann der das? Mit so kleinen Kindern? Der ist doch mit Sicherheit schwul. Sie ist ja tolerant, aber...

Eine andere Mutter hingegen hält ihre Begeisterung nicht zurück: »Max-Marvin, schau mal, ein Mann. – Darf er Sie mal anfassen? Mein Sohn hat noch nie einen Mann aus der Nähe gesehen. Ich bin doch alleinerziehend. – Wenn Sie möchten, könnte ich auch mal was Schönes für uns drei kochen!«

Und die dritte Mama flötet: »Sie dürfen ruhig Klartext mit meinem Sohn reden. Ihre Kolleginnen sind immer viel zu lieb.«

Erzieher werden? Och nö. Das war nicht gerade Pauls dringendster Wunsch. So was mit Musik und Theater wäre ihm lieber gewesen. Aber seine Mutter meinte: »Geh doch mal zu der Informationsveranstaltung. Die suchen ganz gezielt Männer. Da hast du gute Zukunftschancen. Schauspieler ist doch kein ordentlicher Beruf!« Paul, damals 17, geht widerstrebend los und stellt fest: Im Saal sitzen 200 junge Frauen. Und vier junge Männer. »Da kommen ja auf jeden an die 50 Mädels!«, überlegt Paul. Das reinste Schlaraffenland. Sein Entschluss steht fest: »Ich werde Erzieher!« Ein Kumpel kichert: »Was, du willst Basteltante werden? Trägst du dann auch in 'ner Kittelschürze Nachttöpfe durch die Gegend?« Paul grübelt ein wenig: »Man kann ja auch mit größeren Kindern arbeiten, die schon stubenrein sind!«

Das angenehme Zahlenverhältnis setzt sich in der Ausbildung fort: 25 Frauen und zwei Männer sind in der Klasse. Endlich begreift Paul den Ausdruck »Hahn im Korb«. Aber als er sein Praktikum in einem Hort absolviert, drückt ihm die Leiterin als Erstes eine Rohrzange in die Hand: »Auf der Jungstoilette ist was undicht. Könnten Sie mal nachsehen?« Nachsehen kann Paul natürlich, aber leider kann er auch keine Klospülungen reparieren. Als er später die lieben Kleinen im Hof einsammeln will, fragt eine Mutter irritiert: »Sind Sie der Hausmeister? Was machen Sie mit Jill-Alina? Ich will nicht, dass Sie meine Tochter anfassen!«

Gleich nach der Prüfung bekommt Paul eine Vollzeitstelle in einer Kita. Seine Mitbewerberin, drei Jahre reicher an Erfahrung, aber leer ausgegangen, begrüßt ihn bei der nächsten Begegnung: »Hallo, Quotenmann!« Noch bevor Paul am neuen Einsatzort einen Finger rührt, heißt es ergriffen: »Ach, hier arbeitet ein Mann? Das ist ja wundervoll!« Bei drei Prozent Männern in deutschen Kitas ist er ein Paradiesvogel.

Die neuen Kolleginnen freuen sich: »Wir sind so ein Hühnerhaufen und quatschen gern. Ein Mann bringt da endlich mal Struktur rein.« Bei Pauls Amtsantritt haben sie brennende Teelichter von der Straße bis zum Büro aufgestellt. »Herzlich willkommen!« steht auf einem bunten Schild. Kollegin Sylvia hat ein Tablett Muffins gebacken — verziert mit dem biologischen Symbol für die Gattung Mann: ein Kreis und ein schräger Pfeil nach oben. Aus Marzipan. Die Kolleginnen haben viele gute Ideen, was Paul alles übernehmen könnte: sämtliche Lagerfeuer und Schneeballschlachten, Tauziehen, Sexualaufklärung für die Jungen und »Überlebenstraining im Wald«. Die Survival-Kits dafür liegen auch schon bereit: Taschenmesser, Kompass, Feuerstarter, Pflaster, goldene Rettungsdecken und ein Insekten-Kochbuch. Pauls Begeisterung hält sich in Grenzen. Er hat schon als Schüler nichts vom Zelten gehalten. All die Ameisen und Käfer, die einem ins Ohr krabbeln. Und die sanitären Anlagen kilometerweit entfernt. Schnitzen und Nahkampf kann Paul zur Enttäuschung seiner Kolleginnen auch nicht. Dafür aber Gitarre spielen und Pantomime. Paul freut sich, als er nach wenigen Monaten einen großflächig tätowierten Kollegen bekommt, der für die »Kids« sofort eine Gummizelle zum Toben und eine Holzwerkstatt fordert.

Seine Kolleginnen teilt Paul heimlich in drei Gruppen ein: potenzielle Flirts, Ersatzmuttis und Hüterinnen des Grals. Von der letzten Sorte gibt es glücklicherweise nur eine: »Ein Mann kann doch gar nicht mit kleinen Kindern umgehen!« Tief befriedigt konstatiert sie, wie ein paar Küken in Tränen ausbrechen, als Paul seine Stimme erhebt. »Der redet viel zu laut, die Kinder bekommen ja Angst!« Paul fehlt tatsächlich diese professionelle Artikulation, die viele Frauen beherrschen, wenn sie mit Kindern reden: die Stimme eine Oktave höher schrauben, eine süßlich-bemühte Intonation wählen und eher singen als sprechen. Paul übt zu Hause das Zirpen, Säuseln und Flöten, aber Kollegin Sylvia meint am nächsten Tag nur trocken: »Hast du einen Clown gefrühstückt?«

Zu den Ersatzmuttis gehört Pauls Chefin. Vorm ersten Elternabend bügelt sie noch schnell sein Hemd auf: »Der erste Eindruck ist doch entscheidend!« Sie hat für ihn auch immer Sicherheitsnadeln und Knöpfe parat. Andere Kolleginnen servieren Paul Apfelstückchen und Kuchen: »Der lebt alleine. Den versorgt doch niemand.« Sie verzeihen ihm sogar, dass überall seine dreckigen Kaffeetassen rumstehen. Bei Kollegin Sylvia gelten da andere Maßstäbe: »Mädel, räum mal deinen Dreck weg! Oder habt ihr zu Hause Personal?«

Paul bereut seine Berufswahl keine Sekunde. »Kleine Kinder sind so unbefangen und offen. Man bekommt für seine Arbeit so viel von ihnen zurück!«, schwärmt er seinen Freunden vor.

Auf einer überregionalen Tagung gibt Pauls Chefin kund: »Bätschi, wir haben jetzt zwei Männer im Boot! Und einen Riesenzulauf von alleinerziehenden Muttis!« – »Mein Sozialassistent kann Bogenschießen und Boxen.« – »Und ich habe einen Praktikanten, der spielt Fußball wie Messi! Und er baut mit den Kids ein Baumhaus!« – »Unser Quereinsteiger ist Malermeister und renoviert gerade alle Gruppenräume! Schade, Bärbel, dass in eurer Kita nur Frauen sind. Da haben die Jungs überhaupt kein Vorbild.« Bärbel zuckt die Schultern: »Bogenschießen und Renovieren kann ich selber. Ich würde es auch begrüßen, wenn viel mehr Männer Erzieher würden. Vielleicht könnten die sich dann frei entfalten und müssten nicht eure Rollenerwartungen erfüllen ...«

Baby-Shower
Eine reizende Idee aus den USA

Nina legt mir ein Attest auf den Lehrertisch: »Ich komme ab morgen nicht mehr zur Schule.« – »Wie lange denn?«, frage ich. Nina sagt triumphierend: »Erst mal überhaupt nicht mehr.« Ich stutze, Nina strahlt: »Ich bin schwanger!« Na toll, eine junge Mutter in der 10. Klasse. Dafür rede ich mir den Mund fusselig, wie wichtig ein guter Schulabschluss ist? Hätte Nina das nicht ein paar Jahre verschieben können? »Du hast wohl im Biologieunterricht nicht aufgepasst«, kann ich mir als Klassenlehrerin nicht verkneifen. »Doch, aber das Präservativ ist gerissen«, verkündet Nina ungerührt. »Und all deine Pläne für die Zukunft?« – »Och...« Nina hätte es in die Oberstufe schaffen können.

In diversen Klassen sitzen derzeit junge Frauen mit Babybauch, die ein paar Monate später stolz mit ihrem Kinderwagen anrollen. Und alle Mädchen und ein paar Kolleginnen kreischen entzückt, wenn sie das Baby sehen. Ist ja auch ein nettes Spielzeug, so ein kleines Kind. Kann man hübsch anziehen, rumtragen und vorzeigen. Und es entbindet einen erst mal von anstrengenden Abschlussprüfungen und Entscheidungen über die berufliche Zukunft. Nur blöd, wenn es unentwegt kräht und Forderungen stellt. Darauf sind manche jungen Eltern nicht gut vorbereitet. Deshalb gibt es auch das »Baby-Projekt«. Da bekommen Jugendliche für 48 Stunden einen Baby-Simulator umgehängt: eine drei Kilo schwere Säuglingspuppe, die unentwegt versorgt und getröstet werden will.

Bei dem Projekt kann man schnell feststellen, ob man schon reif fürs Kinderkriegen und die lebenslange Elternzeit ist. Vielleicht hätte ich statt all der anderen Projekte (Wie finde ich den richtigen Beruf? Warum soll ich im Internet nicht mobben? Wie verhindere ich Gewalt? Wie verschönern wir unseren Bezirk?) das Projekt mit den schreienden Puppen wählen sollen. Schließlich muss die Schule heute ja alle Lebensbereiche bis ins Detail regeln. Laut Presse und Politik sind wir neben unserem Fachunterricht auch für Ernährung, Moral, Gender, Religion, wirtschaftliche Fakten, internationale Konflikte, Mietverträge, Steuererklärungen, Versicherungen, Kredite und alles Übrige zuständig.

Ein paar Monate später erhalte ich einen hellblauen Brief mit einer hellblauen Karte: In Silberschrift werde ich zu Ninas »Baby-Belly-Party« eingeladen. Was ist das denn? Das allwissende Internet klärt mich auf: »Diese wunderbare Tradition wird bereits in vielen Ländern gepflegt.« Wie so viele wunderbare Dinge stammt die Tradition aus den USA. Die Schwangere wird an diesem Feiertag mit Geschenken überhäuft. Ich finde bei fachkundigen Versandhändlern viele Vorschläge, was ich schenken könnte. Zum Beispiel eine Windeltorte. Man rollt 80 Windeln zu kleinen Knuddeln und baut daraus eine dreistöckige »Torte«. Halterungen und Verzierungen dafür kann man im Baby-Belly-Shop bestellen. Auch Rubbellose für die Feier gibt es dort. Des Weiteren Baby-Bingo und Baby-Memory. Und lustige Requisiten für die Erinnerungsfotos. Ich stimme mich mit der Englisch-Kollegin ab, die ebenfalls eingeladen ist. Wir schenken Nina ein Buch über Säuglingspflege und Kinderpsychologie. Die junge Frau packt unser Präsent aus und dreht es verwirrt hin und her. Sie wollte lieber einen Sterilisator für die Fläschchen. Das stand dezent hinten auf der Einladung: »Was ich gut gebrauchen könnte...« Eine Klassenkameradin von Nina sagt: »Schau doch mal in das Buch rein, da liegt bestimmt noch ein Gutschein drin.« Nee, kein Gutschein, das Buch war teuer genug. Außerdem lassen wir uns unsere Geschenke nicht vorschreiben!

Die junge Mutter hat über ihren Bauch eine große Schärpe mit dekorativen Blumen und einem Button »Mom to be« drapiert. Das hätte man ohne den Button glatt übersehen! Ich erinnere mich dunkel, wie meine Mutter und ihre Freundinnen in der Schwangerschaft gewaltige Zeltkleider trugen, um ihre Fruchtbarkeit zu verstecken.

Auf Ninas Geschenketisch stehen zwei Windeltorten, ein blauer Nachttopf und viele blau verpackte Utensilien. Wir sind fünfzehn Gäste. Ein paar Mitschülerinnen, Ninas Mutter und der schmächtige Kindsvater. Der sieht aus, als bräuchte er selber noch viel Betreuung. Armes »Baby to be«! Alles ist hübsch dekoriert. Viele lustige Schilder mit der glitzernden Aufschrift »It's a boy!«, Babyfüßchen als Girlanden und Konfetti. Und alles in Blautönen. Ein guter Start für einen richtigen »Cis-Mann«! (Das ist ein weißer heteronormativer Mensch, als biologischer Mann geboren und seiner sozialen Rolle immer treu geblieben. Wie langweilig.)

Mitten im süßen Büfett — schade, ich hätte jetzt lieber Bouletten als hellblaue Cupcakes gegessen — hängt eine Art Skulptur. Ein riesiger Bauch, auf dem eine Hand ruht. Natürlich blau grundiert. Auf dem Bauch tummeln sich kleine Autos, Hubschrauber und Polizisten rund um den Namenszug »Santiago-Jerome«. »Da kommt dann später noch das Geburtsdatum drauf«, erklärt Nina. Sie hat den Gipsabdruck bei einer geschäftstüchtigen Künstlerin machen lassen. Die verewigt später auch Kinderhände und -füße und den Baby-Popo in Gips und deklariert das als tolles Geschenk für Großeltern, Onkel und Tanten. Ich finde es mutig, den eigenen Bauch samt leicht erschlaffter Oberweite über den Wohnzimmertisch zu hängen. Aber ich bin ja auch altmodisch. Das merke ich im Verlauf der Feier zunehmend.

Cupcakes, Marshmallows und Popcorn haben in blauer Lebensmittelfarbe gebadet. Es ist bestimmt unziemlich, auf einer »Baby-Shower-Party« nach einem Kräuterschnaps zu fragen. (Ob es den im Notfall auch in Hellblau gibt?!) Also leide ich still vor mich hin. Vor allem, als wir jetzt Ninas Bauch mit Fingerfarben bemalen sollen. Die anderen Gäste produzieren lächelnde Sonnen, Vögelchen und Blümchen. »Und jetzt Sie, Frau Frydrych!« Ich male gezwungenermaßen ein paar Noten. Schließlich unterrichte ich ja auch Musik. Ich wundere mich, dass Nina immer noch ein Bauchnabelpiercing trägt. »Das ist aus Bioplastik. Extra für schwangere Frauen. Damit das Piercingloch nicht zuwächst.« Wie tröstlich, dass es für viele gravierende Probleme des Lebens eine Lösung gibt.

Eigentlich mag ich Gesellschaftsspiele, aber das mit der schmutzigen Windel ist »nicht so meins«. Wir müssen uns im Kreis eine mit Nutella gefüllte Windel weiterreichen. Wer die Beute gerade mit spitzen Fingern hält, wenn die Musik aufhört, scheidet aus. Ich gewinne einen großen blauen Schnuller aus Schaumgummi. Als »wahnsinnig witzig« empfiehlt ein Versandhaus auch das Spiel mit dem Aufziehspielzeug: Drei kleine Plastikfiguren, hellblau gekleidete Babys, krabbeln auf allen vieren über den Tisch. Heißa! Welche wird gewinnen? Auch die anderen lustigen Spiele auf der Party bedienen den anspruchsvollen Humor!

Dann kommt das Erinnerungsfoto. Nina mit bemaltem Bauch im Mittelpunkt, wir anderen ranken uns um sie herum. Für das Bild setzen wir einen blauen Kopfschmuck auf und wählen ein Utensil aus Ninas Baby-Box. Hoffentlich stellt meine Ex-Schülerin das Bild nicht bei Facebook aus. Es gibt doch im Internet jetzt Gesichtserkennung. Wenn mich jemand mit Riesenschnuller und Nachttopf findet, ist meine Karriere ruiniert.

Nach dem Gruppenfoto verabschiede ich mich. Die hellblauen Cupcakes liegen mir schwer im Magen. Als ich mich bei meiner Schwester in Hessen über diese Feierlichkeit auslasse, erzählt sie, dass es bei ihnen »Pinkel-Partys« gebe. Da feiern die Männer das erste Wasserlassen des Neugeborenen. Möglichst, bevor die junge Mutter heimkommt und noch genug Zeit ist, leere Bierflaschen und Schnapsleichen zu entsorgen. Das Internet empfiehlt, einen hölzernen Storch vor die Tür zu stellen oder eine Wäscheleine mit Baby-Klamotten zu spannen. Vati bekommt als Geschenk eine Nuckelflasche mit Schnaps. Auch für die Männer gibt es lustige Spiele: um die Wette Windeln wickeln oder mit verbundenen Augen

Babynahrung verkosten. Der Schatz des immateriellen Welt-kulturerbes kennt keine Grenzen.

Natürlich kommt auch Nina mit ihrem Santiago-Jerome auf dem Arm in die Schule, und aus den entzückten Mienen ihrer Mitschülerinnen schließe ich, dass einige nun auch das Projekt »Baby statt Berufsausbildung« in die engere Wahl ziehen. Warum nicht? Irgendjemand muss meine Rente spä-ter ja bezahlen. Und im Mittelalter kam man schließlich auch ohne Schulabschluss klar. Noch in der Generation mei-ner Mutter hieß es auf dem Dorf: »Lehrstelle? Brauchst du nicht! Wenn du das kannst, was ich kann, reicht das!«

Kleine Affen
Kinderhaltung muss sich rentieren!

Kinderhaltung ist kostspielig. Mein Vater hat mal ausgerechnet, dass man in jedes studierte Kind inklusive Klavierunterricht fast eine halbe Million investieren muss. Ich kann Eltern gut verstehen, die die hohen Kosten für den Nachwuchs ein wenig amortisieren wollen: Manche Kinder müssen Werbezettel verteilen oder bei einer Imbisskette Hamburger basteln, aber das rentiert sich finanziell nicht.

Kultur und Sport eröffnen da ganz andere Möglichkeiten! Ich habe zum Beispiel einen Filmstar in meiner zehnten Klasse: Montana Maier. Mit Künstlernamen (Montana Hope), Agentin und eigener Website. Die engagierte Mutter schleppt ihren Sprössling zu Castings aller Art. Als Baby darf er in Werbefilmen mit Früchtebrei um sich spucken und neuartige Windeln eintragen, als Grundschüler Pizza und Schokoriegel verkosten und als Pubertist eine Leiche in einem norddeutschen Regionalkrimi spielen. Sein Filmschaffen bessert das Haushaltsgeld erfreulich auf – allerdings nicht unbedingt die schulischen Leistungen. Die Direktorin ist stets sehr pikiert, wenn sie den Knaben mal wieder für drei Tage Filmdreh beurlauben soll »Wollen Sie wirklich seiner Karriere im Weg stehen? Wer weiß, vielleicht wird er der neue James Dean?«, gebe ich zu bedenken. Die Direktorin unterschreibt grummelnd den Urlaubsantrag. »Aber das muss er alles nachholen! Sagen Sie ihm das!«

Mutter und Sohn warten noch immer auf den internationalen Durchbruch, die Konkurrenz ehrgeiziger Eltern ist sehr groß. In der Zwischenzeit verdingt sich der junge Mann in allerlei Talkshows und Pseudo-Dokus – das Thema ist nicht wichtig, er kann zu allem »abliefern«: »Meine Mutter ist Nymphomanin!«, »Ich liebe eine ältere Frau, sie ist meine Lehrerin!«, »Mein Vater ist eine Frau!« Montana hat schon lange die Schule verlassen. Manchmal google ich ihn. Aber ein Filmstar ist er bisher leider nicht geworden. Dafür sind es drei andere Schüler unserer Anstalt. Die erzählen in Interviews gern, wie furchtbar ihre Lehrer waren und wie froh sie sind, der Schule entronnen zu sein. Dabei wüssten sie ohne mich nicht, wer Dürrenmatt und Beethoven sind. Braucht man aber auch nicht für Filme wie »Hölle Babystrich« oder »Hölle Neukölln«.

Der Weg zu Ruhm und Reichtum ist steinig und oft langwierig. Aber berühmte Vorbilder zeigen, dass es sich lohnt, Ehrgeiz und zähe Arbeit schon ins Kleinkind zu investieren: Turnprinzessinnen und Ballettmäuschen, Mozart und Lang Lang, jede Menge Ball schmetternder Tenniskinder (die im ausgewachsenen Zustand aber manchmal vorführen, dass es problematisch werden kann, wenn man immer nur den Körper trainiert). Wer Erfolg haben will, muss früh anfangen! In manchen Staaten prüfen Talentscouts in den Kindergärten Wuchs und Knochenbau zukünftiger Olympiasieger. Diese Form staatlicher Förderung gibt es bei uns ja leider nicht, deswegen müssen die Eltern als Talentscouts einspringen.

Im Kurhotel an der Ostsee werden die Gäste zu einer Tanz-Show geladen. Der Moderator erklärt dem Publikum, dass bei einer Rumba Erotik und Flirt eine zentrale Rolle spielen. Herein schwebt ein Pärchen im Grundschulalter. Das kleine Mädchen trägt ein sexy Glitzerkleidchen, viel Make-up und kunstvoll onduliertes Haar. Es lächelt routiniert. Der »kleine Kavalier« rudert im schwarzen Anzug mit starrem Blick seine Partnerin durch den Saal. Er sieht unglücklich aus. Vermutlich würde er lieber Sandburgen bauen. »Ach, wie niedlich«, seufzen etliche ältere Zuschauerinnen. Die Mutter am Bühnenrand strahlt stolz und filmt das junge Paar. Wenn der Kleine erst mal die nationalen Meisterschaften gewonnen hat, wird er einsehen, dass Mutti immer nur sein Bestes wollte.

Ich suche manchmal das ein oder andere Klavierstück bei YouTube, wenn ich mit dem Einüben neuer Stücke nicht weiterkomme. Meist präsentieren mir dann Kleinkinder die richtige Interpretation. In einem rasanten Tempo, das ich vermutlich nie erreichen werde. Die kleinen Künstler stolpern fast noch in Windeln auf die Bühne und müssen von ihren Managern auf den Klavierhocker gehoben werden. Das Publikum ist verzückt. Vati stellt einen Film nach dem anderen bei YouTube ein. Schließlich sind über diese Website schon viele Leute berühmt geworden. Nicht nur mit Gesang und Instrumentalspiel, sondern auch mit Einkaufs- oder

Styling-Tipps. »Influencer« wollen meine Schülerinnen und Schüler jetzt werden. Vor acht Jahren, als in allen RTL- und SAT.1-Thrillern in Leichen gestochert und geschürft wurde, war der Traumberuf noch Pathologe

In mir wallt oft leiser Zorn darüber auf, dass meine Eltern so frei von Ehrgeiz waren. Wir durften unsere Kindheit mit Rollschuhen (ohne Protektoren und Sturzhelm!) und Lego-steinen verplempern. Wenn meine Mutter genug Ambitionen gehabt hätte, wäre aus meinem Bruder vielleicht ein zweiter Heintje geworden, und wir vier Kinder hätten heute alle ein Wassergrundstück und eine Jacht. Meine Schwestern wären bestimmt Klasse-Eiskunstläuferinnen oder Turnierreiterin-nen geworden, hätten meine Eltern nur etwas mehr Druck ausgeübt. Mir haben sie nur einen Büchereiausweis besorgt und mich in der Sofaecke in Ruhe lesen lassen. Stattdessen hätten meine Eltern mich zu Misswahlen anmelden können, und ich würde heute mit Karl Lagerfeld Austern schlürfen und mich nicht mit Erörterungsaufsätzen und Schulsatiren rumplagen. Allerdings bot das Fernsehen zu meiner Jugend-zeit auch nur drei müde Schwarzweißkanäle, und es gab noch nicht diese tollen Chancen wie heutzutage: »Deutschland sucht den Superstar«, »Germany's Next Top-Model«, »The Voice«, »Curvy Supermodel«, »Shopping Queen«, »The Biggest Looser«, »Bauer sucht Frau«, »Dschungelcamp«.

Ich bin beim Friseur, und alle Frauen, die dort tätig sind, erzählen begeistert von der Fernsehsendung »Voice Kids«. Da stehen Kinder ganz cool vor einem Riesenpub-likum und singen wie Dreißigjährige mit großer Lebenser-fahrung. »Eine Mordsstimme, die Kleine! Und sieht aus wie eine Lady, gar nicht wie elf.« Das muss ich mir ansehen! Die »Voice Kids« halten ihr Mikro sehr profimäßig und bedanken sich artig bei der Jury, wenn sie nach ihrem Auftritt kritisiert und aussortiert werden. Das ist doch eine gute Übung fürs spätere Leben! Eine andere Kundin kommentiert humorlos: »Alles dressierte Äffchen! Die Eltern müsste man verprügeln, die ihre Kinder so einen Mist machen lassen!« Sie empört sich auch noch über die süßen kleinen Mädchen, die in den USA an Schönheitswettbewerben teilnehmen. »Diese Püppchen werden von den Erwachsenen nur instrumentalisiert. Alles Fassade, hohl und eitel! Da sind mir Kinder mit Rotznase und dreckigen Knien wesentlich lieber, die ›Alle meine Entchen‹ krähen und noch nicht kokett mit dem Hintern wackeln.«

Die Frau hat einfach nicht begriffen, worauf es heutzutage ankommt!

Schöner, teurer, besser!
Kindergeburtstag als Event

Manche Kinder lassen sich mit einer Geburtstagsparty bei McDonald's abspeisen. Dort bekommen sie eine Pappkrone aufgesetzt, ein »Kinder-Menü« serviert und dürfen einen Blick hinter die Kulissen werfen. In diversen Internetforen tauschen sich Eltern über den Burger-Brater und seine Kinderpartys aus: Wie lange muss man sparen, um dort acht Kinder angemessen bewirten zu können? Sollte man den vierjährigen Sohn schon hinschicken? Wie lange kann man die Kinder dort parken? Gibt es auch eine Torte? Ein Vater schreibt böse: »Meine Söhne dürften nicht zu einer Feier gehen, die in einer Frittenbude stattfindet.« Daraus entwickelt sich eine empört-engagierte Diskussion über gesunde Ernährung und Peergroup-Zwang. So ein Engagement wünschte man sich manchmal in politischen Belangen!

Andere Kinder müssen sich an ihrem Geburtstag mit Schnitzeljagd durch den Stadtpark, Stockbrot und Lagerfeuer begnügen. Es gibt Eltern, die spielen sogar noch Topfschlagen und »Mensch ärgere dich nicht« mit den kleinen Gästen. Ein Vater hat eigenhändig Kasperletheater aufgeführt und immer mit einem Blech gedonnert, wenn der Teufel erschienen ist. Peinlich. Manche Eltern machen es sich sehr einfach und gehen mit der fröhlichen Kinderschar ins Kino, in den Zoo oder ins Museum. Ohne einen Workshop gebucht zu haben! Statt Elefantenkunde und Laubhüttenbau gibt es Cola und Bockwurst. Eine Mutter hat mit den »Feierbiestern« getöpfert! Ein, zwei Eltern richten gar keine Feier aus. »Die wollen sich nicht blamieren…« Aus paritätischen Gründen werden deren Kinder dann auch nicht mehr eingeladen.

»Merle ist sehr anspruchsvoll, der müssen wir schon was bieten!«, sagt die Mama stolz. Sie hat dabei vor allem die anderen Eltern im Blick, denen man schon gar nicht billig und dilettantisch kommen kann. So ein Kindergeburtstag ist ein entscheidendes Happening! Die elterliche Konkurrenz beginnt bereits, wenn für die Krabbelgruppe die ersten Clowns und Schlangenbeschwörer engagiert werden. Jede Party muss nun noch teurer, origineller und aufwendiger inszeniert werden als die vorige.

Was heißt Party? Ein Kindergeburtstag ist ein Event! Der kleine Solitär will schließlich gebührend gefeiert werden! Dafür gibt es jede Menge Locations und Agenturen, je nachdem, wie weit man das Portemonnaie öffnen kann. Das Outsourcen so einer Feier schont Tapeten, Möbel und Nerven. Die Basic-Version »Kindergeburtstag« ist schon für 300 Euro zu haben. Zwei Animateure bespaßen drei Stunden lang bis zu zehn Kinder. Jedes weitere Kind kostet 11,50 Euro.

Merle wird zehn und hat im Freundeskreis schon viele Events absolviert. Sie hat sogar die Billigversionen mit Begriffe-Raten, Pantomime und Nachtwanderung über sich ergehen lassen. Sie wurde mit Airbrush und Glitzer tätowiert, mit Naturfarben als Tiger, Affe und Nilpferd geschminkt. Sie hat auf Geburtstagen jongliert, seilgetanzt und feuergeschluckt. Sie war im Legoland: »Das war voll langweilig, Mama!« Sie hat Rollschuh-, Bowling- und Sommerrodelbahnen kennengelernt. Eine Feier stieg sogar in einer Oldtimer-Straßenbahn. Merle war nicht sonderlich beeindruckt. Auch die Schokoladen-Manufaktur riss sie nicht zu Begeisterungsstürmen hin.

Ihre Eltern wollen sich da mehr einfallen lassen. Nur was? Soll es eher pädagogisch orientiert sein? Oder kreativ? Vielleicht doch mehr in Richtung Abenteuer oder Forschen? Merle ist nicht so sportlich, da fallen Kletterwald und Pony-Reiten schon mal weg. Fechten und Bogenschießen ist auch nichts.

Die Mama blättert ratlos in den Prospekten. Papa surft im Internet. Er findet massenhaft Angebote von Ausstattungsfirmen und Event-Agenturen. »Was ist denn ein Mitgebsel?«, fragt er verwirrt die Gattin. »Sollten es zu einem Geburtstag nicht eher Mitbringsel sein?« Die Gattin erklärt ihm sanft, dass man keinen der kleinen Gäste ohne Geschenketüte vom Acker lässt. Natürlich nicht mit banalen Gummibärchen oder Kinderschokolade gefüllt, sondern mit Knackfröschen, Lupendosen, Seifenblasenbärchen, Fingermonstern und Trillerpfeifen. Oder mit einem schicken Kinderknietablett für Autoreisen. Auf großen Bällen gibt es schließlich auch Damen- und Herrenspenden.

Papa knurrt verständnislos, aber am Geld soll's nicht

scheitern. Allerdings findet er es etwas übertrieben, die Kinder mit einer Stretch-Limousine zum Flughafen zu karren, von wo aus sie einen Tag ins Pariser Disneyland fliegen. »Ach, Papa, bitte, bitte. Das wäre toll!« Merle ist begeistert von der Idee. Der Vater flucht, dass er dieses Angebot laut vorgelesen hat.

Am einfachsten ist es noch mit den Geschenken. Im vorigen Jahr sind die Eltern mit Merle in »Kiddie's Wonderland« gegangen. Dort schritt das wählerische Kind die Regale ab und warf das ein oder andere Spielzeug in einen Korb, den ihr ein Verkäufer hinterhertrug. Den kleinen Gästen wurde in der Einladung mitgeteilt, in welchem Geschäft der Geschenkekorb auf Käufer wartet. Die Mama kontrollierte hinterher anhand einer Preisliste die Höhe der jeweiligen Investitionen. In diesem Jahr wünscht sich Merle ein neues Smartphone und will die Gäste finanziell daran beteiligen.

Aber wie soll gefeiert werden? Alle Motto-Partys sind bereits abgearbeitet: Dschungel-Show, Hawaii-Party, Geisternacht, rosa Elfen, rosa Prinzessinnen und rosa Top-Models. Feuerwehr, Meisterdetektive und Astronauten-Party findet Merle doof. Dabei gibt es gerade für die Feuerwehr-Party die meisten Accessoires. »Schau mal«, sagt der Papa, der manchmal auch ein wenig gegen Geschlechterklischees ankämpfen möchte, »109 Teile in der Motto-Box für nur 49,95 Euro. Warnwesten, Rückenspritzen, Girlanden, Mini-Tattoos und Stempelset.« Merle lehnt Gendern ab und will keine Warnweste anziehen. Und mit Wasser rumspritzen? Das war vielleicht mal vor fünf Jahren lustig.

Die Ausstattungsfirma bietet auch fünf Liter Seifenblasenflüssigkeit an, Hüpfsäcke im Doppelpack und eine Zubehörgarnitur fürs Dosenwerfen. Was war es doch früher mühsam, selber aus Spülmittel und Strohhalmen Seifenblasen herzustellen ... Oder jahrelang Konservendosen zu sammeln, damit die Kinder Büchsen werfen können. Der Vater erinnert sich an alte Zwiebel- und Kartoffelsäcke, die für Hüpfwettbewerbe eingesetzt wurden.

Merle will keine Motto-Party. Sie will auch nicht ins extra angemietete Kindertheater und schon gar nicht in ein ordinäres Kino. Ins Mais-Labyrinth? Das Kind winkt müde ab. Vielleicht ein veganer Kochkurs in »Petras Zauberstudio«? Für nur 32 Euro pro Kind gibt es eine Kochmütze, ein Drei-Gänge-Menü und ein Kochdiplom. Man kann bei einem anderen Veranstalter auch Steinzeitmenüs nachkochen. Merle reagiert mit Abscheu: »Nee, Kochen und Keksebacken ist voll assig!« Zwei Angebote kommen schließlich in die engere Auswahl. Entweder buchen die Eltern die Premium-Version im Tonstudio: drei Stunden lang dürfen die Kinder eine CD mit fünf Liedern aufnehmen. Natürlich mit allen technischen Raffinessen und Fotosession fürs Profi-Cover. »Das Cover wird rosa!«, bestimmt Merle. Oder die Gäste fahren mit einem rosa Heißluftballon und süßen Mitgebsel-Picknicktaschen über die märkische Landschaft.

Das wird eine schwierige Entscheidung, aber der Heißluftballon ist teurer, insofern sicher die bessere Wahl. Auch Merle findet die Idee gut. So was Schickes hat es in ihrer Klasse noch nicht gegeben. Ihr Prestige wird um einiges steigen. Merles Mutter ahnt dunkel, dass es in den Folgejahren immer schwieriger und teurer werden wird, dieses Ereignis zu toppen. Aufgrund der hohen Partykosten reagiert der Vater ein wenig zynisch und murmelt irgendwas von Sezierpartys in der Pathologie und Schürfen im Erzbergwerk. Auch das Wort »Arschtrittmaschine« meint die Mutter gehört zu haben.

Ja, da haben es die Kinder an meiner Brennpunktschule leichter. Die verschweigen gern ihr Geburtsdatum, um den berüchtigten Geburtstagsprügeln zu entgehen. Ein interessanter Brauch, angeblich aus Neid entstanden, weil viele Kinder gar keine Feier bekommen. Das wäre doch eine tolle Idee für Merle: Geburtstagsprügel als hochpreisiges Eventmodul! Erwachsene, die schon alles haben, können schließlich auch Abenteuerurlaub im Knast oder im Straflager buchen. Ich werde mir die Idee mit dem Prügel-Event patentieren lassen!

Einhorn, Zauberstab und Lillifee
Die Einschulungsfeier

Einschulungsfeiern werden immer pompöser. Am zweiten Sonnabend nach den großen Ferien ist die Straße vor der Grundschule mit Autos verstopft, die kreuz und quer parken, möglichst vor den Einfahrten der unschuldigen Anwohner. Die kennen diesen alljährlichen Termin meist aus leidvoller Erfahrung und haben ihre Großeinkäufe schon vorher erledigt. Für den Transport der Schulanfänger sind Geländelimousinen (Sport Utility Vehicles) sehr beliebt. In einer Großstadt müssen ja häufig mit dem Auto Wüsten und Savannen durchquert werden und dafür ist so ein SUV optimal geeignet. Aus den Großraum-Limousinen steigen kleine Mädchen mit aufwendigen Zopffrisuren und Knaben in Designerklamotten, umzingelt von polierten Glatzköpfen in dunklen Anzügen. Ist das die Security? Nein, hier treten offensichtlich moderne Väter, Onkel und Großväter in Erscheinung. Einer von ihnen trägt die Schultüte, weil die für das Kind viel zu schwer ist. Dem Tross folgen ein paar jüngere Geschwister mit kleineren Zuckertüten. Und Mutti zieht den Schultrolley des Sprösslings hinter sich her.

Zuckertüten sind laut Wikipedia nur im deutschsprachigen Raum üblich und wurden das erste Mal 1810 in Mitteldeutschland urkundlich erwähnt. Anscheinend war das Schulsystem in Sachsen und Thüringen schon damals so bedrückend, dass es mit Bonbons versüßt werden musste. In der DDR waren Schultüten übrigens sechseckig, in der BRD rund mit einem Normmaß von 70 Zentimetern Länge. Für schlaffe 139 Euro kann man heute eine exklusive Motto-Zuckertüte bestellen. Mit glitzernden Stoff-Applikationen, gehäkelten Einhörnern, Eulen und Raketen. Und mit verstärkter Spitze. Emil soll doch nicht inmitten seiner Kekse und Bonbons stehen, nur weil seine Schultüte inkontinent ist. Nebenan bei Waldorfs sind Ranzen und Zuckertüten gern aus Filz, die Kleidung aus erdfarbenem Leinen. Die Schultüten glitzern nicht billig, sondern sind mit anspruchsvollem Design-Papier aus dem Museumsshop beklebt.

Omas und Opas Schultüte war früher auch selbst gebastelt. Unten rein kam manchmal Zeitungspapier, weil die ganztütige Füllung einfach zu teuer gewesen wäre. Gerüchteweise gab es auch Kinder, die nur Zeitungspapier in ihren Tüten hatten. Die schreiben später als Erwachsene verbitterte Glossen.

Die Sporthalle der Grundschule ist überfüllt, obwohl vorher Platzkarten ausgegeben wurden. Einige Großfamilien haben sich deshalb auf die Stühle gesetzt, die für die »Einschüler« reserviert sind. Der Rest muss stehen. Aber das macht nichts. Die Eltern rennen sowieso ständig zum Filmen hin und her. Gleich drei Camcorder zielen auf Daphne und Noah, ein niedliches Zwillingspaar, das gerade offiziell begrüßt und mit quietschgelben Verkehrssicherheitsmützchen ausgestattet wird. Eine Fast-Food-Kette ist der großzügige Sponsor. Auf der provisorischen Bühne singen und tanzen die Zweitklässler, stolz darauf, nicht mehr die Kleinsten zu sein. Ihre Klassenlehrerin steht auf kreatives Schreiben, und so dauert die »Vogelhochzeit« 20 holprige Strophen länger. Ein paar kleine Kinder brechen in Tränen aus, ein paar Erwachsene telefonieren oder unterhalten sich lautstark. »Nur Lehrerinnen, wieder kein einziger Mann dabei!«, schimpft eine Mutter in ihr Smartphone.

Die Rektorin hat auf ihrer letzten Fortbildung gelernt, dass eine Handpuppe den Zugang zu verstockten und verschüchterten Kindern ungemein erleichtert. Also lässt sie mit Quietschstimme eine kleine Lillifee zum Volk sprechen. Das Bauchreden muss die Rektorin allerdings noch üben. Vielleicht auf der nächsten Fortbildung für Schulleiter? Die kleine Lillifee spricht vom »Ernst des Lebens«. »Wer hat den Ernst schon mal gesehen?« Das Publikum bleibt stumm und ratlos. Eine Sozialpädagogin bietet sich an, den Ernst im Keller zu suchen. Leider wird sie nicht fündig. Eine Mutter zischt verbittert: »Dasselbe hat die Frau vor zwei Jahren bei Thymians Einschulung auch schon erzählt!« Sie nimmt sich vor, die Fantasielosigkeit von Grundschullehrern gleich in ihrem nächsten Zeitungsartikel zur deutschen Bildungsmisere anzuprangern.

Beim letzten Sketch wird es auf der Bühne hektisch. Miras Zauberstab fehlt. Er spielt aber die zentrale Rolle bei der Verwandlung einer Kröte in einen Schulrat. Oder war es umgekehrt? Eine errötende Kollegin bringt den Stab zurück. Sie hat ihn als Zeigestock verwendet. Wie aus den Lehrerzimmern überhaupt so manches verschwindet, was nutzbringend erscheint – Kaffeebecher, Sektflaschen, USB-Sticks, CDs mit flotten Kinderliedern.

Die jungen Künstler aus der Einführungsphase stellen sich im Spalier auf, und die Erstklässler machen sich auf den Weg zum Ernst des Lebens, was immer das nun sein mag. Zwei, drei Kinder ziehen schwere Gepäcktrolleys hinter sich her. Ein Junge wirft sich auf den Boden, tobt und strampelt und will partout nicht mit ins Klassenzimmer. Erst, als ihm in Aussicht gestellt wird, dass er während der ersten Stunde auf Mamas Schoß sitzen darf, beruhigt er sich. Aufgeregte Großfamilien rennen hinterher, obwohl sie eigentlich in der Sporthalle bleiben und für den Förderverein spenden sollen. Aber Daphne, Cheyenne und Finn müssen unbedingt auf ihrem neuen Platz im Klassenraum fotografiert werden. »Vielleicht noch ein Foto zusammen mit der neuen Lehrerin?« Beim dritten Fotowunsch dieser Art wird die Lehrerin ein wenig mürrisch. Sie möchte gern anfangen. Ein letztes Mal zupfen die Muttis an ihrem Kind herum und nehmen die Spiderman-Schultüte in Verwahrung.

Als endlich Ruhe eingekehrt ist und die Kinder erwartungsvoll auf ihre neue Lehrerin schauen, wird die Tür aufgerissen. Eine dicke Mama schiebt ihr weinendes Kind in den Raum: »Tut mir leid, der Bus ist nicht gekommen, und wir haben den Raum nicht eher gefunden.« Draußen im Flur diskutieren die anderen Eltern so laut, dass drinnen die neue Lärmampel empört auf Rot umspringt: über den Sinn der dreikantigen Tricki-Dicki-Bleistifte, die sie extra anschaffen mussten, über den Quatsch, heutzutage noch Schreibschrift zu lernen, und vor allem über den zu kurzen Rock einer Lehrerin. Und wie doof die Rede der Rektorin mit ihrer Handpuppe war. Eine Mutter spottet über die Küsschen-Haltestelle am Schuleingang. Dort können sich verzweifelte Eltern jeden Morgen von ihrem Kind verabschieden. Bis in die Klasse dürfen sie es nämlich nicht begleiten.

Die lieben Kleinen werden nach einer Stunde wieder in die Freiheit entlassen und draußen mit Geschenken und Küssen überhäuft. Gleich geht es zusammen mit der Groß-familie in das schicke Restaurant nebenan, das heute völlig ausgebucht ist. Alles Einschulungsfeiern. Einige kampf-bereite Mütter umzingeln die Lehrerin und drohen gleich einen Hospitationsbesuch an. »Wann wird das erste Diktat geschrieben?« – »Wann gibt es richtige Zensuren und nicht nur so verbale Beurteilungen?« – »Wann werden die Gym-nasialempfehlungen ausgesprochen?« Die Lehrerin antwortet milde: »Nun lassen Sie uns doch erst einmal im Schulalltag ankommen!«

Fantasiebegabte Eltern
Wie soll mein Kind heißen?

Sie erwarten Nachwuchs? Sie möchten für Ihr Kind keinen Allerweltsnamen wie Emma, Paul, Liam oder Sophie? Sie grübeln, Sie recherchieren im Internet, Sie schlittern von einer Ehekrise in die nächste? Sie streiten mit den Schwiegereltern, die mit Enterben drohen, falls das Kind nicht mit zweitem Namen Roswitha oder Klaus-Dieter heißt?

Suchen und streiten Sie nicht weiter. Ich kann Ihnen helfen. Seit Jahren sammle ich klangvolle und ausgefallene Kindernamen. Freunde und Bekannte unterstützen mich dabei. Die tollsten Kreationen finde ich sonntags in der Lokalpresse, wenn in den Todesanzeigen alle Enkel und Urenkel mit aufgeführt werden. Das erscheint vielleicht etwas makaber, ist aber sehr ergiebig. Oder ich schaue mich in Grundschulen um. Dort hängen an den Flurwänden manchmal Plakate, auf denen alle Schülerinnen und Schüler namentlich verewigt sind.

Man merkt, dass sich manche Eltern richtige Mühe geben, um Namen zu finden, die nicht in den jährlichen Hitparaden der Frauenzeitschriften auftauchen. Ich vermute, etliche Vornamen sind Eigenschöpfungen und haben die Standesbeamten erst mal irritiert. Aber jedes Kind ist einmalig. Also sollte es auch einen einmaligen Namen tragen!

Humanistisch gebildete Eltern grasen gern in der Antike und nennen ihr Baby Aphrodite, Kassandra, Flavia, Octavia, Marc Aurel, Lisa-Kleopatra und Echnaton (kein Scherz!!!). Ich fand Ismene und Thebe, eine Drusilla, eine Artemisa, eine Olegaria und einen Morpheus-Maximilian. Ob die Eltern die Namen vorher googeln und die kleine Hanna Magna bewusst die »Große« genannt haben? Und heißt ihr Liebling Drusilla nach der Schwester des blutrünstigen Kaisers Caligula oder nach einer Filmserien-Vampirin?

Fündig werden Sie auch in der Geografie: Savannah, Montana, Jonas Jerusalem und San Diego. Meine Vorschläge: Negev, Haifa, Madeira und Teneriffa.

Beliebt sind Namen mit russischem Bezug. Etwa Anuschka und Ninotschka, auf gut Deutsch: Annilein oder Ninaleinchen. Ich stieß auf Wolga, Troika, Koschka, Petruschka und Suschka. Troika ist übrigens ein Pferdeschlitten, Koschka ein Kätzchen, Petruschka Petersilie und Suschka die Verkleinerungsform eines üblen Schimpfwortes (»Hündin«). Die beiden letzten Varianten würde ich nur bedingt empfehlen. Ich tendiere eher zu Ural, Wodka und Baikal.

In einem Park schimpft die Erzieherin: »Piano, kommst du endlich?« Tatsächlich hört eins der Kinder auf diesen Namen, löst sich vom Klettergerüst und rennt seiner Gruppe hinterher. Ich bin begeistert. Was für ein großes Spektrum musikbetonter Namen eröffnet sich hier: Tremolo, Septime, Terz, Sopran, Allegro, Synkope, Forte, Oboe, Cello und Celesta.

Seltener sind derzeit noch medizinische Namen. Ob Carotis' Eltern wissen, dass sie ihr Kind nach der Halsschlagader benannt haben? Wie wäre es mit Appendix, Systole, Makula oder Tinnitus? Hier können Sie richtig kreativ werden. Namen aus der Arztpraxis tauchen bisher nicht sehr häufig auf.

Wenn Ihnen die Entscheidung schwerfällt, wählen Sie doch klangvolle Doppelnamen — wie die Erziehungsberechtigten von Lara-Fiona, Nora-Luna, Grace-Natalie, Daphne-Maggie, July-Cheyenne, Leighton-Leroy, Noah-Lysander, Harley-Bruce oder Lex-Luther-Romeo, Lea-Laetitia und Kara-Felina.

Man sollte ein wenig darauf achten, dass der Vorname inhaltlich, klanglich und rhythmisch zum Nachnamen passt. Das ist bei den folgenden Kombinationen besonders hübsch gelungen: Don Panzer, Angel Schmidt, Ranke Rakowski, Daphne Pape, Pascal-Alexander Wutzler, Jumbo Chang, Phoebe Kluge, Minerva Just, Mara Neele Künkel, Scarlett Schneider, Dorette Nudel und Fabienne Wurst.

Auch durch Stabreime (»Milch macht müde Männer munter!«) kann man sich vom Mittelmaß abheben und seine Kinderschar originell benennen: Melina, Marena, Mariam und Mirjana. In einer anderen Familienanzeige lese ich von Marja, Marjola und Matjora. Von Lina, Leon, Lenox und Leanne. Und von Judy, Jana, Janina und Jara. Auf geht's! Es gibt noch 23 andere Buchstaben im deutschen Alphabet, die Sie verwenden können. Sogar das X: Xaver, Xara, Xenia und Xanthippe.

Den Hang der nächsten Familie zum Y kann ich persönlich gut nachvollziehen. Hier heißen die Kinder: Sylfe, Marvyn, Lyon und Tymon. Oder hat die Mutter auf einer polnischen Tastatur getippt und das i nicht gefunden?

Versuchen Sie es mit Reimen: Nennen Sie Ihre Töchter Sina, Dina, Nina und Lina. Oder Zoe und Chloe. Und für die Söhne sind gleiche Nachsilben sehr schön: Serafin, Julin und Fridolin.

Kurz und bündig mögen es hingegen die Eltern von Harm, Sven und Bo.

Wenn Sie noch ausgefallenere Varianten suchen, sehen Sie sich Castingshows an. Bei Heidi Klums Laufstegschönheiten und Dieter Bohlens Gesangstalenten haben die jeweiligen Eltern den Kindern zusammen mit dem Namen bereits das Schicksal, etwas ganz Besonderes zu werden, in die Wiege gelegt: Vernon-Viola, Luana, Taynara, Tallana, Sarah Joelle, Talessa-Allegra, Vionnuala, Shari-Lee oder Lucie Lou-Jean.

Gerade, wenn eine ganze Geschwisterreihe in den Familienanzeigen aufgeführt ist, lässt sich deutlich erkennen, dass hier kreative und nachdenkliche Eltern am Werk waren:

Vera-Cecilie, Franca-Annelie und Ingmar-Benedikt
Sphinette, Elfrun und Euphemia
Zora, Franja, Aja und Tinko
Lio-Anton und Milan-Junis
Mira-Marie, Kineta und Lou-Rabea
Yanke-Nele, Arnika und Alina-Sophie

Manchmal haben Kinder allerdings Probleme, sich mit ihrem Namen zu identifizieren. Das liegt natürlich an der Umwelt, die sich mit allzu kreativen Variationen schlecht anfreunden kann. Finn Land wird es seinem Vater eventuell übel nehmen, dass er so einen lustigen Namen bekommen hat. Auch Elvis, Schlumi und Lavendel werden spätestens in der Grundschule zu grübeln beginnen, warum die Mitschüler immer kichern, wenn sie aufgerufen werden. Manchem Kind müsste man auch die Aussprache des eigenen Namens beibringen. Der »Övves« ist durch die Kabarettistin Kebekus landesweit bekannt geworden. Oder nicht? Nach langem Nachfragen stellt sich beim kleinen Övves heraus, dass sein Name so geschrieben wird: »Yves«. Ein anderes Kind behauptet steif und fest, es heiße »Brutzele«. Die Lehrerin verkneift sich ein Grinsen und eruiert irgendwann, dass der Junge »Bruce Lee« heißt, in einer anderen Anstalt als »Brussli« geführt. Im Kindergarten taucht »Pischelbär« auf. Auch hier denkt sich die Erzieherin: »Das kann eigentlich nicht sein!« und findet in dem Anmeldebogen den richtigen Namen: Pierre-Gilbert. Das Mädchen Nominölle heißt in Wirklichkeit Naomi-Noelle.

Ganz einfach machen es sich Kulturen und Stämme, die ihre Kinder durchnummerieren. Oder die vierte Tochter »Jetzt reicht's!« oder »Wieder kein Sohn« nennen.

Ich wünsche Ihnen eine glückliche Hand bei der Namenswahl und Kinder, die Ihnen später nicht zürnen ...

Eltern auf die Barrikaden!
Gemeinsam gegen das Zwangssystem Schule

Im Untergrund schwelt und rumort es. Eine neue Eltern-
bewegung entfaltet sich. In Internetforen sammeln und for-
mieren sie sich: die Schulgegner, die Home-Schooler, die
Freilerner, die Republikflüchtigen.

Arme Eltern. Ich verstehe euch! Ihr werdet vom deutschen Staat entmachtet und eurer natürlichen Rechte
beraubt. Selbstherrliche Experten sprechen euch jede erzie-
herische Kompetenz ab. Politiker und Journalisten stellen euch unter Generalverdacht. Alle mischen sich in eure
Intimsphäre ein: Wie lange das Kind fernsieht, ob es gesund
ernährt und warm angezogen wird. Überall Kontrolle und
Denunziation: Ein blauer Fleck an Pauls Schenkel – schon
kommt das Jugendamt! Dabei wäre die eine oder andere
Ohrfeige doch ganz hilfreich. Erziehungsratgeber boomen.

Wo früher die weise Muhme und der alte Oheim gute Ratschläge gaben, steht heute das Altenheim, und Vati muss nun ganz allein entscheiden, was er im Supermarkt mit seinem kreischenden Kind macht. Autoritäres Eingreifen oder gleiche Augenhöhe? Lob der Disziplin oder Grusel vor der schwarzen Pädagogik? Stundenlanges gutes Zureden oder eine schlichte Watschn?

Arme Eltern. Schule und Lehrer sind eure natürlichen Feinde. Mareike und Paul haben mit euch eine frohe und ungetrübte Kindheit erlebt. Mit der Einschulungsfeier beginnen Kummer und Leid, nur kurz von der Zuckertüte versüßt. Im pädagogischen »Teilzeitgefängnis« werden Paul und Mareike unterdrückt und terrorisiert. Jeden Abend packt ihr mit ihnen ihren »widerlichen Lastsack«, das »Symbol der Demütigung«. Seht den Kleinen wehmütig nach, wenn sie am nächsten Morgen ins »Umerziehungslager«, in die »Barbarei« wandern, wo Lehrer »Menschenrechte beugen« und viel Geld »für die Unterdrückung von Kindern« verdienen. Lehrer »stiften zum Krieg in den Familien an« und »zelebrieren kulturellen Imperialismus«. Eure Kinder werden zwangsgeimpft, zwangsbeschult und zwangsunterrichtet. Sie müssen schwimmen lernen, Präservative über Obst und Gemüse ausrollen und zu Weihnachten auf DVDs heidnische Märchen wie die »Schneekönigin« zwangsbetrachten.

Arme Eltern. Lehrer bestellen euch ein, um euch aus reinem Machtstreben heraus zu eröffnen, dass eure Erziehung fehlgeschlagen ist. Ihr seid den absurden Ansprüchen der Schule ausgeliefert. Man verpflichtet euch gar zur Erziehungsberatung oder zum Anti-Gewalt-Training. Man zwingt euch, mit schlechtem Gewissen durchs Leben zu gehen, verunsichert und hilflos. Eure natürliche Autorität, eure Intuition und euer gesunder Menschenverstand werden von der Schulbürokratie untergraben und infrage gestellt.

Aber nur Mut, die Gegenwehr formiert sich. Immer mehr Eltern wollen sich nicht länger vor den »Karren der Schule« spannen lassen. Was habt ihr schließlich mit den Anforderungen der Lehrerin Meier-Wohltat zu tun? Deren Befehlsgewalt endet am Schultor! Ob Mareike Hausaufgaben macht oder nicht, muss euch Eltern eigentlich gar nicht interessieren. Schließlich wäscht die Lehrerin auch nicht Mareikes T-Shirts oder putzt Pauls Ohren. Denkt euch einfach: »Na und? Dann hat Mareike in Ethik halt dreimal das Arbeitsmaterial vergessen.« – »Paul hat Kai eins auf die Nase gehauen? Ach was. Vielleicht war es richtig und wichtig.«

Tapfere Sektenangehörige machen es vor: Sie gehen lieber in Erzwingungshaft, als dass sie ihre schulpflichtigen Kinder dem Zwangssexualunterricht aussetzen. Sie möchten ihren Nachwuchs in Unschuld und Unwissenheit aufwachsen lassen. Sie sollten einen Zweckverband mit manchen Muslimen gründen, die ihre Kinder auch nicht in den Biologieunterricht schicken wollen. Beherzte Eltern emigrieren in Nachbarländer, um ihre Kinder von der Schulpflicht, »diesem Relikt aus diktatorischen Zeiten«, zu erlösen. Vermutlich hätten sie gern das Bildungssystem und die Hofmeister des Absolutismus zurück. Da gab es noch keine Schulpflicht für alle.

Jedes andere europäische Land in Europa hat »Freilerner«. Das Kind als solches ist nämlich gut und unheimlich lernwillig, wenn man es nur in Ruhe lässt. Es lernen schließlich auch nicht alle Kinder gleichzeitig laufen und sprechen. Warum müssen sie dann in der Schule zeitgleich lesen, schreiben und rechnen lernen? Ein Freigeist, der sein Leben selber bestimmen kann, lernt mit zwölf derartige Dinge viel schneller als so ein armes, fremdbestimmtes Schulkind. Angeblich reißen sich Elite-Universitäten um diese Freilerner, die viel selbstbestimmter, sozialkompetenter und organisierter als Zwangsschulkinder sein sollen.

Eltern, ihr müsst euch nur vereinigen, dann wird es euch gelingen, eure Mareikes und Pauls von der Schulpflicht zu befreien. Bis dahin kann man auf den Zwangselternabenden schon mal Sprechchöre üben: »Kommt herunter, reiht euch ein, Zwangsschule ist gar nicht fein!« Unterrichtet eure Kinder zu Hause. Was die Quereinsteiger aus allen Branchen in der Schule als Unterricht anbieten, könnt ihr schon lange! Eure Kinder werden es euch danken. Cambridge wartet auf sie! Oder lasst Paul und Mareike einfach ihre Freiheit. Auf euerm Bauernhof lernen sie wie von selber genug fürs Leben. Vielleicht werden auch irgendwann all die doofen Zwangsprüfungen und -examen abgeschafft, die unnötigen Druck auf das Leben junger Menschen ausüben. Freuen wir uns auf all die Freilerner, die später Arzt, Lehrer oder Rechtsanwalt werden!

Kleines Elternpanoptikum

Man soll den Tag wirklich nicht vor dem Elternabend loben.

Im Laufe der Jahre lernt man so nach und nach die Eltern seiner Zöglinge kennen. Und entdeckt bei einigen Kindern voller Mitgefühl die unmittelbare Ursache all ihrer Macken, Marotten und Verhaltensauffälligkeiten. So manches Kind schickt man zum Schulpsychologen, und wenn es dort mit Mami oder Papi aufkreuzt, offenbart sich schon bei der Begrüßung, wer hier ganz dringend eine intensive Behandlung braucht.

Es gibt aber auch richtig nette Schülereltern. Die haben Verständnis dafür, dass nicht nur ihr Kind im Mittelpunkt steht. Die helfen, wenn es nötig ist, ohne dabei Vorteile für ihr Kind erreichen zu wollen. Die kommen notfalls sogar mit auf Klassenfahrt. Als Dank wird ihnen hier ein völlig ironiefreier Text gewidmet!

Die Nervensäge

Der Auftritt der Nervensäge erfolgt in den frühen Morgenstunden. Außer dem Hausmeister ist noch niemand im Gebäude. Der Hausmeister ist ein stoischer Mensch mit dickem Fell und Drahtseilnerven (vor allem, wenn er dringend etwas reparieren soll). Er lässt die Nervensäge in die heiligen Hallen und hört sich teilnahmslos an, dass sie ein wichtiges Date mit der Schulleitung hat. Es geht dabei um Existenz und Zukunft der Schule. Das kennt der Hausmeister schon. Er geht in sein Kabuff und schließt die Tür hinter sich. Die Nervensäge schnappt nach Luft, sie war mit ihren Ausführungen noch längst nicht fertig.

Die Schulleiterin ist über den frühen Besuch »not amused«. Zumal es dafür keinerlei Verabredung und Anlass gibt. Sie schiebt trotzdem die Schülerakten beiseite und hört geduldig zu. Die Nervensäge vertritt offiziell die Gesamtelternschaft. Und mit der darf man es sich nicht verderben. Schließlich trifft man sie ständig wieder: in der Schulkonferenz, in der Steuergruppe, in der Mensa, im Bezirksamt – und manchmal auch vor Gericht.

Eine Performance der Nervensäge dauert in der Regel eine Stunde. Dabei erhält die Schulleiterin wertvolle Insider-News: Der Stadtrat für Bildung ist am Wochenende mit 1,5 Promille im Blut erwischt worden. Seine Frau hat ihn übrigens verlassen, und sein Sohn wurde beim Graffiti-Schmieren aufgegriffen. Die Nervensäge hat bald einen wichtigen Termin beim Baustadtrat und wird sich dafür einsetzen, dass die abgefackelte Mädchen-Toilette endlich renoviert wird. Der Nervensäge ist es zu verdanken, dass sechzehn Mütter beim Schulfest Karotten, Äpfel, Birnen und Gurken schälen und portionieren. Sie selber wird Waffeln und Pom-

mes frites zubereiten. Sie hat gute Kontakte zu einem Groß-
händler. Übrigens wird der Senat die Anforderungen für die
zentralen Mathematikprüfungen senken. Das weiß die Nervensäge aus sicherer Quelle. So wie sie auch sicher weiß, dass
der unfähige Physiklehrer ihres Sohnes bald umgesetzt wird.
Sie verkündet, zeitnah einen Text über die Elternaktivitäten
für die Website abzuliefern. »Das Design Ihrer Website ist
nebenbei, entschuldigen Sie, ein wenig veraltet. Ich könnte
Ihren Internetauftritt grundlegend überarbeiten.«

Die Schulleiterin hat wie der Hausmeister gute Nerven
und bleibt freundlich-gelassen. Sie weiß, welche Informationen und Versprechungen sie ernst nehmen muss.

Zu großer Form läuft die Nervensäge bei Elternabenden
auf. Falls Sie das Berliner Schulgesetz nicht kennen: Zu solchen Versammlungen laden die Elternvertreter ein. Sie lei-
ten offiziell auch den Elternabend. Allerdings sind die meisten froh, wenn die Lehrer das für sie übernehmen. Nicht so
die Nervensäge. Bei ihr werden auch die Klassenlehrer streng
nach der Rednerliste abgefertigt. Die Nervensäge kennt die
»Kids« genau, spricht ihre Sprache und weiß, wie man mit
ihnen umgehen muss. Von ihr könnte so manche Lehrkraft
noch was lernen! Ihre jeweiligen Ausführungen an Elternabenden dauern so lange, dass einige Väter entnervt auf die
Uhr schauen. In den hinteren Reihen fällt halblaut das Wort
»selbstherrlich«. Die Nervensäge lächelt souverän. Manche
Männer können es einfach nicht aushalten, wenn eine Frau
kompetenter ist als sie.

Glück haben die Lehrer, vor denen die Nervensäge, warum
auch immer, Respekt hat. Mit denen will sie keinen Ärger.
Deshalb sondiert sie vorsichtig, wie die ticken, und redet
ihnen nach dem Mund. Aber an pädagogischen »Schwach-

maten« vergreift sie sich gern, da kommt sie auch schon mal zum Hospitieren in die Schule, zieht entnervt die Augenbrauen hoch, wenn der Versuch in Chemie nicht klappt, oder redet dazwischen. »Wann haben Sie zuletzt die Hefter kontrolliert?«, fragt sie den Physiklehrer. »Haben Sie der Klasse eigentlich Ihre Jahresplanung ausgehändigt?«

Der Elternabend muss beendet werden, als der Hausmeister mürrisch in der Tür steht und am Lichtschalter spielt. Die Nervensäge setzt ihre Vortragsreihe auf dem Parkplatz fort, bis sich ein paar neugierige Eltern dazu entschließen, noch mit ihr in die Kneipe zu gehen. Die richtig wichtigen Informationen gibt es in der Politik auch immer erst beim informellen Saufen. Die erfahrenen Klassenlehrer sind durchs Kabuff des Hausmeisters entflohen und längst zu Hause.

Die Führungskraft

Der Spross der Führungskraft muss an seinem Traditionsgymnasium die 9. Klasse wiederholen. Irgendwie haben die Fachlehrer in Mathe, Physik, Englisch und Geschichte versagt. Das »kommuniziert« die Führungskraft dem Schulleiter zum Abschied ganz deutlich. Dann meldet sie den mürrischen Sohn Leander an einer »nachgefragten« Gesamtschule an. Unter gut informierten Eltern geht nämlich das Gerücht, an Gesamtschulen könne man viel leichter ein Einser-Abitur ablegen als am Gymnasium. Die Führungskraft stellt der zukünftigen Rektorin viele investigative Fragen: Wie hoch ist der Ausländeranteil? Wie sieht das Schulprogramm aus? Wie hat die Anstalt bei der letzten Schulinspektion abgeschnitten? (»Können Sie mir den Bericht bitte kopieren!«) Werden in der Cafeteria Bio-Produkte verwendet? Wird dort noch richtig gekocht oder nur aufgewärmt? (»Mein Sohn verträgt keine Convenience-Produkte!«) Wann wurden die Schülertoiletten das letzte Mal renoviert? Wird in allen Kursen individualisiert und binnendifferenziert? Vermitteln die Lehrkräfte Medien- und Selbstkompetenz? Gibt es fachübergreifenden Projektunterricht? Wie geht man gegen Cyber- und analoges Mobbing vor? Ist die Schule kreide- und gewaltfrei? Kann der hochbegabte Sohn Leander gleich in die anspruchsvolleren Kurse? Sonst würde es sich die Führungskraft noch mal überlegen. Es gibt im Bezirk schließlich genug andere Gesamtschulen, die sich die Finger nach gutbürgerlichem Nachwuchs lecken.

Die Schulleiterin hat, wie schon erwähnt, gute Nerven und beantwortet geduldig alle Fragen. Sie hat sogar einen freien Schulplatz für Leander. »Sehr nette Klassenlehrer! Ihr Sohn wird sich wohlfühlen! Der Klassenraum ist von engagierten Eltern gerade erst renoviert worden. Und in vier Wochen findet eine Klassenfahrt statt. Da kann Leander sich gleich einleben.« Die Klassenfahrt geht nach Thüringen. Die Führungskraft rümpft die Nase. Es gibt schließlich auch gut organisierte Studienfahrten nach Frankreich oder Italien. Aber immerhin. Am Gymnasium fanden aus Protest gegen die Arbeitsbedingungen gar keine Klassenfahrten mehr statt.

Leander fährt mit nach Thüringen und erleidet einen spontanen Keuchhusten-Anfall, als er die armseligen Sammelschlafräume sieht. Gleich am ersten Tag müssen die Lehrer mit ihm zum Landarzt, der irgendwas von »psychosomatisch« und »hysterisch« brummelt. Trotz aller Widrigkeiten findet Leander schnell Anschluss, aber seine Leistungen bleiben auch in der Gesamtschule hinter den Erwartungen seines Vaters zurück. Anscheinend haben auch hier die Lehrer keine Ahnung von modernen Methoden, moderner Motivation und modernen Medien. Vor allem im Physik-, Arbeits-lehre- und Mathematikunterricht entdeckt die Führungs-kraft gravierende Mängel.

Es ist Zeit einzuschreiten. Die Führungskraft lässt sich zum Elternsprecher wählen und schaut nun einmal in der Woche bei der Schulleiterin vorbei. In der freien Wirtschaft hat man schließlich Ahnung vom »echten Leben«, von Eva-luation, Teambuilding, Corporate Identity, Diversity, Solu-tion Development, Selfmarketing, Entrepreneurship, Hands-On-Mentalität, von flachen Hierarchien, Stakeholdern und Work-Life-Balance.

»Wir kommen hier nur mit einer entsprechenden Getting-Things-Done-Einstellung weiter«, erklärt die Führungskraft der verblüfften Schulleiterin. Die Führungskraft verlangt die Statistiken der letzten Normarbeiten und Abiturabschlüsse und würde gern in den Schülerakten die Grundschulprog-nosen überprüfen. Die Gattin der Führungskraft erscheint regelmäßig zum Hospitieren, vor allem bei den »Problem-lehrern«. Ein Elternabend wird einberufen, auf dem die umstrittenen Fachlehrer Rede und Antwort stehen sollen. Also die Fachlehrer, die kaum Einsen, dafür aber viele Vieren und Fünfen vergeben. Sie sollen ihr pädagogisches Konzept erläutern. »Sie müssen auch mal über Ihren pädagogischen Tellerrand schauen!«, fordert die Führungskraft. »Und ohne Engagement und Motivation der Klassenlehrer geht natürlich gar nichts.«

Die Klassenlehrerin bricht daraufhin in Tränen aus und verlässt den Raum. Ein paar naive Eltern erklären, dass sie mit besagten Kollegen überhaupt keine Probleme hätten. Der Klassenlehrer plädiert dafür, die inquisitorische Befragung zu beenden. »Der Hebel, den Sie in der Hand haben, ist die

Erziehung Ihrer Kinder! Bitte kümmern Sie sich in erster Linie darum, und zweifeln Sie nicht ständig die Fachkompetenz der Lehrer an! Sie sollten auch nicht alles glauben, was Ihre Kinder von der Schule erzählen. Wir glauben auch nicht alles, was die Kinder von ihrer Familie erzählen ...«

Die Führungskraft schnappt nach Luft. »Mein Sohn lügt nicht!« Gleich morgen gibt es eine Beschwerde beim Schulrat!

Die Hilflose

Ich bin noch nicht lange im Beruf, als ich der »Hilflosen« begegne. Alle Kindseltern haben meine private Telefonnummer, und ich habe ein entzückendes Helfersyndrom. Handys gibt es übrigens noch nicht. Für alle Anrufe nehme ich mir Zeit und höre empathisch zu. Ich fühle mich wichtig und kompetent, wenn ich bei Erziehungs-, Ernährungs- und Eheproblemen helfe. Manchmal nervt es ein wenig, wenn ich nicht in Ruhe Fernsehserien gucken kann, weil Connors Mutter gerade wissen will, ob es wirklich keine Hausaufgaben gibt, oder Louisas Vater sich mit mir über Rechtschreibregeln streitet, weil er mit der Vier im letzten Diktat nicht einverstanden ist. Kassandras Mutter beschwert sich bitterlich, weil jemand die Federtasche ihrer Tochter aus dem Fenster geworfen hat. Ich möge doch bitte herausfinden, wer das war! Sehnsüchtig schiele ich zum Bildschirm, auf dem noch kräftig geraucht und zu jeder Tageszeit Alkohol verkostet wird. Und erkläre geduldig, warum man »das« manchmal mit »ß« schreibt. Ja, wir befinden uns noch in der Zeit vor der Rechtschreibreform.

Besonders häufig ruft mich Maries Mutter an. Das Gespräch beginnt rituell damit, dass sie nach Maries Leistungen fragt. Und ich antworte rituell: »Marie ist sehr still und beteiligt sich nicht. Sie führt während des Unterrichts Tagebuch, malt Herzen, Särge, kleine Galgen und Guillotinen oder träumt vor sich hin.« Die Mutter nimmt das zufrieden zur Kenntnis und leitet direkt zu ihren Beziehungsproblemen über. In dem einen Jahr unserer Telefonarbeit lerne ich sechs verschiedene Männer kennen. Der eine hat ein Alkoholproblem, der andere eine Kinder-Allergie, der nächste ist jähzornig, der übernächste liegt ihr auf der Tasche und klaut, der vorletzte sitzt im Knast, und den letzten wird sie einfach nicht los. Das Delikt »Stalking« gibt es offiziell noch nicht, und so steht er jeden Abend vor ihrem Haus, läuft Slalom um die Straßenlaternen, klingelt gegen Mitternacht Sturm oder liegt morgens schnarchend auf der Fußmatte.

Die Sorgen der Frau wandern ohne Umwege direkt in mein Hirn. Dort spazieren sie stundenlang herum, auch wenn das Telefonat längst beendet ist. Ich suche Adressen von Beratungsstellen heraus, von Ärzten, Psychologen und Suchtberatern, von Selbsthilfe- und Yoga-Gruppen.

Eines Tages taucht Marie nicht in der Schule auf. Am Abend ruft mich ihre Mutter fünfmal an, weil sie nicht weiß, wo die Tochter steckt. Wir telefonieren mit Maries Freundinnen, mit dem Kindernotdienst, mit der Elternvertreterin und mit dem Hausarzt. Maries Mutter schimpft, schluchzt und zetert: »Die soll mir bloß nach Hause kommen!« Ich schalte den Fernseher aus und versuche die Mutter zu beruhigen. Ich bin betrübt und kann vor Sorge kaum schlafen. Ist Marie weggelaufen? Und wohin? Und warum? Oder ist ihr etwas zugestoßen? Hat der Stalker sich ihrer bemächtigt? Ist sie in irgendeinem Keller eingesperrt? Wer hat sie zuletzt gesehen? Mittlerweile ist auch die Polizei eingeschaltet.

Am dritten Abend nach Maries Verschwinden rufe ich die Mutter an. Die kaut gerade irgendetwas und wirkt beschwipst. »Wer? Ach, Marie. Was soll sein? Alles in Ordnung. Sie war bei ihrem Freund. Seit gestern ist sie wieder daheim. – Ja, ja, nächste Woche kommt sie auch wieder in die Schule. Hat sich erkältet.«

Mein reizendes kleines Helfersyndrom macht leiser Wut Platz. Warum hat mir niemand mitgeteilt, dass Marie längst wieder daheim ist? Ich hätte in Ruhe »Dallas« anschauen und nachts besser schlafen können. Wie Schuppen fällt es mir von den Augen: Kein einziges Mal hat Maries Mutter einen der empfohlenen Psychologen oder eine der Selbsthilfegruppen aufgesucht. Wozu auch? Sie hat ja ihren persönlichen Mülleimer. Ich bin beleidigt. Beim nächsten Anruf geht es um Probleme mit einem neuen Partner, der keine eigene Wohnung hat. Spontan entfährt mir: »Ach, Frau Weiß, rufen Sie doch bitte die Telefonseelsorge an! Ich muss korrigieren.«

Tage später lädt mich der Schulrat zum Gespräch. Maries Mutter sitzt bereits triumphierend an seinem Schreibtisch und beschwert sich über mein Verhalten. »Trifft es zu, dass Frau Weiß Sie mehrfach in der Woche angerufen hat?«, fragt der Schulrat. »Und haben Sie sie tatsächlich an die Telefonseelsorge verwiesen?« Ich vermeine, ein leichtes Grinsen in seinem Gesicht zu sehen, eine Art stilles Verständnis. Der Schulrat rät Frau Weiß, zur evangelischen Krisenberatung zu gehen. Mir rät er, meine Telefonnummer zu ändern und einen Anrufbeantworter anzuschaffen. Seither haben nur noch die Elternvertreter meine Rufnummer. Für akute Notfälle!

Die Traum-Mama

Der erste Elternabend des neuen Schuljahrs nähert sich dem Ende. Alle wissen, was jetzt kommt: »Wir brauchen noch zwei Elternvertreter. Wer möchte denn gern kandidieren?« Auf diese Frage begegnet mir wie jedes Jahr betretenes bis eisiges Schweigen. Die Eltern verhalten sich genau wie ihre Kinder, wenn sie nicht aufgerufen werden wollen: Blick senken, ganz still dasitzen, nur ja nicht auffallen, intensiv in der Tasche kramen oder ganz wichtige Notizen machen. Sie wissen: Wer sich zuerst rührt, hat verloren. Nachdem ich mehrfach geschworen habe, dass die zeitliche Belastung gering ist, erklären sich Frau Dr. Werner und Herr Külz gequält dazu bereit, das ehrenvolle Amt auszuüben. Die anderen Eltern verzichten sofort auf eine geheime Abstimmung und wählen die neuen Elternvertreter einstimmig. Sie sind froh, dass es nicht sie getroffen hat. Dankbar notiere ich Name und Adresse der »Auserwählten« und bringe sie am nächsten Morgen ins Schulleiterbüro, wo die Sekretärin schon ungeduldig wartet: »Der Abgabetermin war vor einer Woche!«

Ganz anders verläuft die Elternsprecherwahl in meiner neuen 7. Klasse. Ich muss nicht lange bitten. Zwei Frauen sagen sofort: »Ja, das würden wir gern machen!« Und sie sagen das nicht nur. Ohne ihre Mitarbeit würde in unserer Schule manches gar nicht zustande kommen.

Der Cafeteria-Betreiber hat gekündigt, und die lieben Kleinen verhungern nur deshalb nicht, weil diese Mütter und einige Helfer täglich Kisten und Tüten heranschleppen. Sie backen Kuchen und schmieren Brötchen. Alles ehrenamtlich. Der Gewinn kommt der Schule und den Kindern zugute, die das nur dann gnädig zur Kenntnis nehmen, wenn man es ihnen ausdrücklich sagt. Die sich nicht schämen, Kakaoflaschen zu klauen, wenn die »Tresenkraft« gerade anderweitig beschäftigt ist. Einmal klaut sogar jemand den Cafeteriaschlüssel, weil er an den Schrank mit den Süßigkeiten kommen will. Ein Vater hält abends Wache und fängt das Naschmaul. Das darf dafür ein paar Wochen lang abwaschen und Kisten tragen.

Meine Elternvertreterinnen nehmen an Konferenzen und abendlichen Sondersitzungen teil. Sie bringen zum Elternabend Kekse und Obst mit. Sie sammeln Spenden für unsere Klassenbücherei. Sie vermitteln bei innerschulischen Konflikten sachlich und konstruktiv. Sie fallen uns Lehrern nicht automatisch in den Rücken, wie es modernes Brauchtum ist. Sie stellen nicht ständig ihr eigenes Kind in den Mittelpunkt, sondern sind für die ganze Klasse da.

Ich werde vom Kollegium offen beneidet. Ohne meine beiden Elternvertreterinnen hätte es in diesem Schuljahr keinen Weihnachtsbasar und auch kein Sommerfest gegeben. Wir Lehrer sind etwas müde: Die Schule soll geschlossen und mit einer anderen zusammengelegt werden. Es gibt pausenlos Dienstbesprechungen, Sondertermine, Umzugs- und Umbaupläne. Keiner weiß, welcher Kollege bleibt und wer an andere Schulen umgesetzt wird. Gerüchte gehen um, dass die neue Schulleiterin ein wahres Monster sein soll. Auch die Schüler sind frustriert. Sie wollen nicht mit einer anderen Anstalt koalieren. Sie hängen depressiv im ergonomischen Schulmobiliar, schmollen hinter den »Lerninseln« im Flur und haben keine Lust auf Feste. Also organisieren ihre Eltern weihnachtliche Marktstände auf dem Schulhof und motivieren das frustrierte Personal, die Lehrer und Schüler. Gemeinsam verkaufen wir dann doch Glühwein und Kekse, selbst gebastelten Schmuck und Strickwaren, grillen Würstchen und verlosen gespendete Gewinne, räumen auf und waschen ab. Und die Erwachsenen trinken hinterher im Lehrerzimmer die alkoholischen Reste. Als die Reste alle sind, zaubert Frau Marx, die eine Elternvertreterin, noch zwei Flaschen Rotwein aus ihrer großen Einkaufstasche.

Meine Klassenfahrt kann nur stattfinden, weil Frau Marx bereit ist, uns zu begleiten. Mein Kollege hat nämlich die Fliege gemacht, als er hörte, was beim Umzug und an der neuen Schule alles für Ungemach droht. Allein darf ich nicht auf Klassenfahrt gehen. Die Reise muss Frau Marx natürlich selber bezahlen. Ich übrigens auch. Es gibt keinerlei Erstattungen vom Amt. Klassenfahrten sind schließlich Vergnügungsfahrten und unverdienter Zusatzurlaub...

An anderen Schulen, so lese ich in der Zeitung, streichen Schülereltern Klassenzimmer und Flure. Sie renovieren vergammelte Toiletten und räumen Keller auf. Sie kümmern sich um vernachlässigte Kinder. Der Staat spart nämlich an den falschen Stellen und setzt stillschweigend auf die Mitarbeit der Eltern. Privatinitiative und ehrenamtliche Tätigkeit ersetzen an vielen Orten staatliche Fürsorgepflichten.

Im nächsten Jahr übernehme ich eine neue 7. Klasse. Meine Gewinnchancen, noch einmal auf so nette und engagierte Eltern zu treffen, schätze ich nicht sehr hoch ein. Vermutlich werde ich eher auf Besserwisser, Stinkstiefel, notorische Quengler und Verweigerer stoßen.

Das Phantom

Während am Gymnasium die Eltern den Lehrern die Türen einrennen und bei jeder Petitesse mitreden und mitbestimmen wollen, halten sie sich an den »Brennpunktschulen« oft vornehm zurück. Wenn an einem Elternabend 15 Personen anwesend sind (zwei Klassenlehrer, die Sozialpädagogin, eine Reinigungskraft und der Hausmeister mitgerechnet!), ist das schon viel. Die restlichen Eltern »stellt« man irgendwann am Telefon oder bei einem Hausbesuch. Oder man lädt sie zur Einzelvisite am Elternsprechtag. Ein paar tauchen sogar auf, wenn sich ihre Kinder bei Schulfesten präsentieren: etwa bei einer Theateraufführung »Alles von Goethe in 20 Minuten« oder im Schulorchester (Ohropax mitbringen!).

Jolyn hat laut Schülerbogen auch Eltern. Aber die hat noch niemand zu Gesicht bekommen. Wer hat das Kind eigentlich an der Oberschule angemeldet? »Ich glaube, das Mädchen ist allein gekommen, weil die Eltern krank waren«, erinnert sich die Schulsekretärin.

Im ersten Jahr gibt es auch keinen triftigen Grund, Jolyns Eltern zu kontaktieren. Das Mädchen erscheint regelmäßig, hat fast immer Schulsachen dabei und meldet sich hin und wieder zu Wort. Sie ist eine unauffällige Schülerin. Und da es in der Klasse genug auffällige gibt, ist man froh, auch ein paar ruhige und unproblematische Kinder zu haben. In den Pausen spielt Jolyn mit ihren Freundinnen und mit ihrem Smartphone.

Jede Woche sehe ich die Unterschrift von Jolyns Eltern im Schulplaner. Die Lehrer vermerken im Schulplaner alle Neu- igkeiten wie Zensuren, Tadel, Auffälligkeiten und Lobeshym- nen. Und die Eltern zeigen, dass sie davon Kenntnis genom- men haben. Bei Jolyn sehen die Unterschriften allerdings so aus, als stammten sie aus einem exotischen Alphabet.

Als wir von einer Klassenfahrt zurückkommen, werden alle Kinder abgeholt. Nur Jolyn nicht. Wir warten eine halbe Stunde, dann beschließen wir, das Mädchen selber heimzu- bringen. Obwohl Jolyn gerade eben noch mit ihren Eltern telefoniert hat, wartet nur ihr kleiner Bruder vor dem Haus, um beim Gepäcktragen zu helfen. Die Eltern mussten ganz schnell was Wichtiges erledigen. Seltsam.

Als die Pubertät unerbittlich näher rückt, ändert sich einiges. Jolyn beginnt zu fehlen. Ihre Leistungen sacken ab. Sie zeigt mir Atteste des berühmten »Doc Holiday«. Der praktiziert drei Straßen weiter und verteilt seine Schulbefreiungen recht großzügig. Auf einer Jahrgangskonferenz fragen die Kollegen, ob Jolyn entschuldigt oder unentschuldigt fehlt. Ich antworte: »Sie legt mir meist Atteste vor. Hier ist das letzte. Der Arzt bescheinigt ihr eine Schulphobie.« Sofort ruft ein Kollege hochinteressiert: »Wie heißt der Arzt???«

Dann bringt Jolyn irgendwann keine Atteste mehr mit und fehlt einfach so. Gesprächsbedarf hat sie keinen. Weder ich noch mein Kollege oder unsere Sozialpädagogin können ihr irgendeine Erklärung entlocken. Ich möchte mit den Eltern reden. Jolyn zuckt die Schultern: »Machen Sie doch. Mir egal.«

Drei Tage lang versuche ich die Eltern zu verschiedenen Tageszeiten anzurufen. Nichts. Ich schreibe ihnen einen Brief und bitte sie zu einem Gespräch in die Schule. Der Brief kommt nach zehn Tagen zurück: »Empfänger unbekannt«. Jolyn verkündet mir, dass sie vor zwei Jahren umgezogen sind. »Und die Telefonnummer stimmt schon lange nicht mehr!«, sagt sie schadenfroh. »Ihr sollt doch Änderungen eurer Daten sofort im Sekretariat melden«, maule ich.

Vom Lehrerzimmer aus kann man nur Festnetznummern erreichen, Handy-Anschlüsse nicht. Außerdem ist die Fröhlichkeit im engen Lehrerzimmer immer so groß, dass man sein eigenes Wort nicht versteht. Also wähle ich die neue

Nummer von Jolyns Eltern erst, als ich wieder zu Hause bin. Ich höre ein paar Takte Heavy Metal und die Ansage: »Dieser Teilnehmer ist vorübergehend nicht erreichbar.« Wie sich zeigt, ist dieser Teilnehmer die ganze Woche über nicht erreichbar. Jolyn auch nicht. Anscheinend geht sie jetzt lieber in die Shopping Mall am Bahnhof. Erneut bitte ich die Eltern, diesmal per Amtspost, zu einem Gespräch. Ich schlage ihnen drei verschiedene Termine vor und bitte um Rückmeldung. Nichts.

»Da werden wir wohl einen Hausbesuch machen müssen«, meint die Sozialpädagogin Katrin. Keine Ahnung, warum sie »wir« sagt, wenn sie meinen Kollegen und mich meint. Man kann Hausbesuche vorher ankündigen oder auch nicht. Je nachdem, wie oft man vergeblich an der Tür klingeln will.

Wir kündigen unseren Besuch nicht an, sondern fahren nach Schulschluss einfach vorbei. Wir landen in einer dieser bildschönen Hochhaussiedlungen, in die man die verantwortlichen Architekten zur Strafe zwangseinweisen müsste. Für mindestens fünf Jahre. Die Wohnung befindet sich im elften Stock. Wir klingeln. Jemand öffnet die Tür einen Spalt weit und knallt sie schnell wieder zu. »Was war das denn?«, frage ich. »Das waren Jolyn und mindestens zehn Müllsäcke«, meint mein Kollege, der näher am Türspalt stand. Unser Klingeln, Klopfen und Flehen wird nicht mehr erhört. Ich habe keine Lust, auf Knien durch den Briefschlitz zu spähen. Wir ziehen uns erfolglos zurück und informieren das Jugendamt. »Verdacht auf Kindesvernachlässigung und Verwahrlosung«.

Drei Wochen später wirft sich mir ein wahrer Hüne in den Weg, als ich in die Klasse gehen will. Er brüllt: »Sie haben mir das Jugendamt auf den Hals gehetzt. Von wegen, ich würde meine Tochter vernachlässigen! Eine Schweinerei ist das! Warum haben Sie vorher nicht mal angerufen oder sind vorbeigekommen, ehe Sie so einen Quatsch machen? Ich zeig' Sie an!! Wegen übler Nachrede!« Aha, Jolyns Vater. Er wirft mir voller Wut meinen Brief vor die Füße, und ich versuche, meinen Adrenalinpegel unter Kontrolle zu bekommen. Ein paar Kollegen sind in Rufbereitschaft, falls ich Hilfe brauche. Meine Schüler lauern sensationslüstern im Türrahmen. Ich möchte ihnen aber keine Show à la »Schlag den Raab!« oder »Einer wird gewinnen« bieten. »Bitte lassen Sie sich einen Termin bei der Schulleitung geben«, stottere ich.

»Träum weiter, Mädchen. Jolyn geht längst an eine andere Schule.« Der Mann mit der Gestalt eines Football-Profis entfernt sich. Das Jugendamt teilt ein paar Wochen später mit, dass in der Familie alles in Ordnung sei.

»Ich zeig' Sie an!«
Von der Klagewut moderner Eltern

»Geben Sie mir sofort mein Handy zurück! Ich muss um
12 Uhr meinen Vater anrufen!« Lennox rennt zeternd seiner
Lehrerin hinterher, die gerade ihre Beute zum Sekretariat bringen will. Sie hat dem Schüler das Handy im Deutschunterricht
weggenommen, nicht ohne vorher die pädagogischen Ritual-
fragen abzuarbeiten, was ein wenig kompliziert ist. Denn nebenbei muss sie ja noch ihren Fachunterricht abwickeln. Aber
diese Fragen führen nun mal den Schüler zu Selbstbestimmung
und verantwortlichem Handeln. Und sie sind grundlegend für
ein einheitlich agierendes Pädagogenkollektiv, äh, -team.

Erste Frage: »Lennox, was machst du da?« Die Lehrerin
zeigt, dass ihr das Verhalten des Schülers unangenehm auf-
fällt. Lennox schickt gerade eine SMS in die Nachbarklasse
und kann auf die Frage gar nicht reagieren.

Zweite Frage: »Lennox, wie lautet unsere Regel?« Die Lehrerin mahnt deutlicher. Lennox denkt nicht im Traum daran, die entsprechende Regel aufzusagen.

Dritte Frage: »Was geschieht, wenn du gegen diese Regel verstößt?« Die Lehrerin erinnert an Konsequenzen. Lennox grinst verächtlich. Soll sie doch mal versuchen, ihm das Handy wegzunehmen.

Vierte Frage: »Wofür entscheidest du dich?« Die Lehrerin appelliert an Einsicht und Vernunft. Noch könnte Lennox sein Handy wegpacken, ohne sein Gesicht zu verlieren, aber es kommt gerade eine Antwort-SMS herein.

Heute ist die Lehrerin Sekundenbruchteile schneller als sonst. Anscheinend hat sie eine Fortbildung »Fang das Handy!« besucht. Leider gehört sie zu den Lehrkräften, die nie reflektieren, inwieweit ihr Unterricht eigentlich gut vorbereitet ist, wenn Schüler sich dabei anderweitig beschäftigen ...

Lennox kreischt im Schulflur so schrill herum, dass die Lehrerin einknickt und ihm das Smartphone wieder aushändigt. Dabei achtet sie darauf, den Schüler nicht zu berühren – sonst kreuzt sein Vater wieder wutentbrannt in der Schule auf und zeigt sie wegen Körperverletzung an. Vor einigen Wochen trug sie eine Sommerbluse mit dezentem Ausschnitt. Da wollte der Kindsvater sie vom Dienst suspendieren lassen, weil sie nicht ordnungsgemäß gekleidet sei. Als sie vor den Zensurenkonferenzen den Vorschlag wagt, Lennox möge freiwillig die siebte Klasse wiederholen, stellt der Vater gegen sie Strafanzeige wegen Verleumdung, Rufschädigung und übler Nachrede. Da die Lehrerin eine mündliche Fünf nicht hinreichend dokumentieren kann (Datum, Thema, wörtlich protokollierte Schülerantwort), muss sie dem Jungen in Deutsch noch eine Vier geben. Der Vater weiß es auch zu verhindern, dass Lennox wegen ständiger Beleidigungen die Klasse wechseln muss. Stattdessen wird einfach die Lehrerin an eine andere Anstalt versetzt. Die Schulrätin muss schließlich den Schulfrieden wahren und auf eine gute Presse achten.

Ja, schulisches Ungemach muss man nicht mehr erdulden. Die Zeiten, in denen Lehrer ungestört Schüler drangsalieren konnten, sind vorbei. Zumal ja heute alle wissen, was für Pfeifen und Flaschen Lehrer werden: ängstliche, unsichere Kandidaten, nie vom echten Leben geküsst. Je öfter die Presse das schreibt, desto wahrer wird es. Eltern sind gut beraten, schon frühzeitig den Kontakt zu Anwälten zu suchen, die sich auf Schulrecht spezialisiert haben und davon gut leben können. Noch besser ist es, wenn die Eltern selber Jura studiert haben. Dann können sie sich erfolgreich zur Wehr setzen, etwa gegen Lehrer, die nicht politisch korrekt gendern: »Können mir mal drei starke Jungen helfen, die Tische zu tragen?« Damit werden eindeutig Klischees transportiert und die Mädchen beim Tischetragen stark benachteiligt. Oder man kann eine Lehrerin anzeigen, die ein Kind in der Sporthalle vergessen hat. Fünf Minuten lang muss der arme Ben-Lio gegen die Tür hämmern, ehe sie es bemerkt. Wie das Delikt im Fall des unkorrekten Genderns heißt, weiß ich nicht. Beleidigung? Diskriminierung? Beim vergessenen Kind ist es auf jeden Fall Körperverletzung und Vernachlässigung der Aufsichtspflicht. Das Disziplinarverfahren gegen die Lehrerin ist noch anhängig.

Sehen Sie zu, dass Ihr Kind gleich in der ersten Klasse die richtigen Freunde findet: Kinder mit viel Fantasie, die im Notfall bezeugen, dass der Lehrer Ihren Brian mit einem Finger in den Rücken gepiekt hat. Wenn man geduldig fragt, fällt den Mitschülern nach einer Weile ein, dass der Lehrer sie auch schon mal gezwickt oder geschubst hat. Diese

Suggestionsstrategie funktioniert allerdings nicht immer. Da ist zum Beispiel dieser Oberstudienrat Krause-Schwarz, der gern von Elternverantwortung und Erziehungszuständigkeit spricht und einfach nicht einsehen will, dass Schule heute ein paar Aufgaben mehr als früher zu erledigen hat (gesunde Ernährung und Bekleidung, Kompetenzen aller Art, Wirtschaftskunde, Genderkunde, Miet- und Verwaltungsrecht und vieles mehr). Diesen unbequemen Lehrer wollen manche Eltern gern loswerden. So sieht es zumindest der Richter, der den Lehrer vom Verdacht der schweren Körperverletzung freispricht. Die Schüleraussagen seien manipuliert. Sehr ärgerlich für die vier Mütter, die sich nach einem lebhaften Elternabend einig waren, dass man Krause-Schwarz stoppen müsse. Vermutlich ist der Richter mit einer Lehrerin liiert, sonst hätte er nicht so einseitig gegen die Eltern entschieden.

Lassen Sie sich durch so einen Einzelfall nicht entmutigen. Schulleiter und Schulräte wollen in der Regel keinen Ärger. Und wenn es gegen Lehrer geht, finden Sie überall unverzagte Bündnispartner. Kampfbereite und kampferprobte Eltern, vor Verschwörungstheorien und Interpretationskunst geradezu sprudelnd, warten nur auf ihren Einsatz. Sind die anderen Eltern allerdings von dieser destruktivliberalen Sorte (»Wir mischen uns da nicht ein. Lehrer sind Fachkräfte, die wissen schon, was sie tun!«), müssen Sie allein den Kampf aufnehmen. Zusammen mit Ihrem Anwalt. Wofür haben Sie diese Rechtsschutzversicherung. So erstreiten Sie für Brian die richtige Grundschule, die passende Oberschule und die nötigen Punkte auf dem Abschlusszeugnis. Sie schmettern einen disziplinarischen Verweis ab. Angeblich hat Brian Mitschüler gemobbt und bedroht. »Lächerliche Lappalien unter Gleichaltrigen« nennt das Ihr erfahrener Anwalt. Brian hat das Schulklo demoliert. Kann das jemand beweisen? Gibt es Zeugen oder Videoaufnahmen? Außerdem ist Brian erst 13 und nicht strafmündig. Und woher soll er wissen, dass man Klobecken nicht zerdeppern darf? Ihr Anwalt erreicht, dass Brian mit auf die Klassenfahrt genommen werden muss. Die Lehrer wollten ihn zur Strafe ausschließen.

Am Zielort agiert Brian nach Herzenslust weiter. Ihr Sohn ist eben temperamentvoll und für sein Alter körperlich weit entwickelt. Die hilflosen Lehrer schicken ihn zum Abendessen allein aufs Zimmer. Brian weint am Handy. Es bricht Ihnen das Herz! Am nächsten Tag erscheinen Sie beim Schulleiter. Sie werden die Begleitlehrer wegen Nötigung und Freiheitsberaubung anzeigen. Der Schulleiter bittet um dezente Regelung. Wenn die Schulinspektoren vorbeikommen, möchte er keine Strafverfahren am Hals haben. Sie sind so großzügig und verzichten auf eine Anzeige, wenn Brian dafür kurz vorm Schulabschluss noch vom Wahlpflichtfach Französisch (sichere Fünf) zu Sport wechseln darf.

Wenn Sie allerdings Pech haben, trifft Ihr Früchtchen Brian in den letzten Schulwochen auf einen älteren Mitschüler, der kickboxen kann und dessen Mutter Anwältin ist. Spezialistin für Schulrecht. Wenn Sie aber Glück haben, hat sich diese Frau ihr Abitur und ihre Examensnote auch nur auf dem Klageweg erstritten ...

Lehrer sind lernfähig. Nicht nur Schüler und Eltern werden zunehmend klagefreudiger. Auch Referendare rennen mittlerweile zum Anwalt, wenn sie durchs Examen fallen oder ihnen eine Note nicht passt. Und ein älterer Kollege bedroht regelmäßig seine Schüler, wenn sie faul oder frech sind: »Meine Frau ist Juristin! Ich zeig euch alle an!«

Alles ganz easy!
Spielerisches Lernen ist angesagt

Im Schlaf abnehmen. Im Schlaf Vokabeln lernen. Im Schlaf die Angst verlieren. Im Schlaf kreativ Konflikte lösen. – Das sind doch mal vielversprechende Buchtitel! Ich arbeite gerade an einem Verfahren, im Schlaf Unterricht vorzubereiten und Klausuren zu korrigieren. Was könnte ich an Zeit und Spaß gewinnen, wenn sich all das nachts im Schlaf bewältigen ließe!

Anscheinend hat die Menschheit schon immer von einem bequemen Leben geträumt. Im Märchen wachsen einem die Trauben direkt in den Mund. Eine Schüssel mit Reisbrei rennt einem hinterher. (Was mich persönlich sehr schrecken würde. Seit meiner Verschickung als Kind grusle ich mich vor Grießbrei, Haferschleim und Milchreis.) Wenn es im Märchen anstrengend wird, kommt ein hilfsbereiter Zwerg mit

Spinnrad oder ein Täubchen mit Zaubernüssen zu Hilfe. Nachts düsen Heinzelmännchen durchs Haus und wischen Staub. Ein dicker Plattfisch erfüllt mal eben so die Karrierewünsche einer Fischersfrau. – Gut, all diese Dienstleistungen haben auch im Märchen ihren Preis: Man muss vorher an Bären, Drachen und anderen Bestien lebensrettende Sofortmaßnahmen durchführen oder zum Dank sein liebstes Kind oder seine Seele hergeben. Und wenn man wie die unbescheidene Fischersfrau nach vielen erfüllten Wünschen auch noch gottgleich werden will, wird man hart bestraft.

Im modernen Märchen träumen Millionen Menschen von einem großen Lottogewinn. Ein Haus am See beziehen, nie wieder arbeiten gehen, sich nicht mehr anstrengen müssen. Sich stattdessen dem Chef auf den Schreibtisch setzen und ihm die Kündigung an die Stirn pappen. Was für ein Spaß! Auch ich gebe Woche für Woche meinen Tippschein ab. Ich wäre allerdings auch schon mit einer Million zufrieden. Einen Jackpot von 52 Millionen muss ich gar nicht haben. Einmal sagt mir die Frau im Zeitungsgeschäft: »Oh, den Gewinn können wir hier gar nicht auszahlen. Der ist zu hoch. Da müssen Sie in die Hauptgeschäftsstelle fahren!« Die Fahrt dauert 30 Minuten. Zeit genug, um zu überlegen, was man mit dem Geld alles anfangen könnte. Meine Vernunft flüstert zwar immer wieder: »Warte ab, wer weiß, wie hoch der Gewinn ist. Vielleicht sind es ja nur 5000 Euro. Da kannst du nicht kündigen, und eine Weltreise für zwei wird das auch nicht. Du willst ja nicht mehr im Zelt übernachten.« Aber meine Fantasie schlägt Purzelbäume: »Erst besorge ich meiner Mutter eine anständige Wohnung im Grünen. Meine Geschwister bekommen jeweils eine Million. Und ich suche mir zwei Villen am Wannsee, eine für mich und eine für meinen Mann. Mit einem Loch im Zaun, falls wir uns mal sehen wollen.«

Leider wird man eher vom Blitz getroffen als vom Millionengewinn. Ich habe nur 500 Euro gewonnen. Die sind im Nu in der Haushaltskasse verschwunden. Aber ich spiele hartnäckig weiter Lotto. Und zweimal in der Woche, wenn die Gewinnzahlen gezogen werden, spottet der Gatte: »Na, wie viel Richtige sind es denn diesmal?!«

So wenig, wie ich im Lotto Millionen gewinne, nehme ich im Schlaf ab oder bewältige im Traum meine Vergangenheit. Auch andere Erwachsene ahnen dunkel, dass die Chance auf einen Millionengewinn nur winzig ist und man ohne Anstrengung im Leben nicht viel erreicht. Trotzdem fordern sie unbeirrt, dass ihre Kinder in der Schule spielerisch lernen sollen. Im Vorbeigehen ein paar mathematische Formeln begreifen, ein paar Fremdwörter internalisieren, ein paar tiefgründige Gedanken entwickeln. Die blöden Hausaufgaben, die angeblich den Stoff vertiefen, gehören abgeschafft – sie bringen nur Zwist und Streit ins harmonische Familienleben.

Für das mühelose Lernen hatte man schon vor 300 Jahren den Nürnberger Trichter erfunden. Leider ist er in den Wirren der Geschichte verloren gegangen. Geblieben ist nur der unschöne Begriff »eintrichtern« für lernen, pardon, für »Wissen in die Schüler hineinpressen«.

Meine Lieblingsjournalistin überschlägt sich regelmäßig vor Begeisterung, wenn in einer Schule etwas »spielerisch« geschieht. Ob dabei Relevantes herauskommt, ist völlig irrelevant. Hauptsache, es macht Spaß! So schwärmt sie zum Beispiel von einer Lateinklasse, in der im Team diskutiert wird, was in einer Übersetzung am besten passt: ein Sklave, sein Sklave oder der Sklave? Ein genialer Lehrer, der die

Kleinen nicht mit Vokabeln vollstopft, sondern sie selbstbestimmt arbeiten lässt. »Arbeiten«? Was für ein hässliches Wort. Klingt so nach Schweiß und Tränen. »Spielen« muss es heißen.

Wobei der Begriff »Spiel« ja durchaus trügerisch ist. »Spiel« suggeriert Freude, Vergnügen, Leichtigkeit, Unbeschwertheit. Was aber ist mit Klavierspiel, Schachspiel, Fußballspiel? Kennt jemand eine Pianistin, die ohne ein gewisses Maß an »sturem« Üben eine einzige Beethovensonate beherrscht? Oder einen Tennisprofi, der ohne hartes Training an einen Pokal gekommen ist? Schachspielen kann so anstrengend sein, dass Turnierteilnehmer dabei jede Menge Körpergewicht verlieren. Spielen kann auch lebensgefährlich sein (Poker) und süchtig machen (Roulette). Doktoranden versuchen seit Jahren, den Begriff »Spiel« zu definieren. Das ist ausgesprochen schwierig.

Wie auch immer: Beim »spielerischen Lernen« werden die Schüler angeblich von allein aktiv und lernen ganz locker, ohne es überhaupt zu merken. Lässt der Spaßfaktor nach, ist das ein sicheres Zeichen dafür, dass etwas nicht stimmt. Ein neues Programm, eine neue Methode muss her. Nur furztrockene Lehrer von gestern behaupten, dass irgendwann immer der mühsame Prozess des Übens einsetzt. Selbst attraktive Dinge wie Breakdance und Popgesang würden nicht von allein glücken.

Merkwürdigerweise erwarten nicht alle, dass ihnen die Trauben in den Mund wachsen. Bei den beliebten Bundesjugendspielen will mein Kollege einem ungelenken Knaben mit Übergewicht etwas Gutes tun und schreibt ihm einfach 500 Punkte mehr auf. Der Junge freut sich überhaupt nicht über seine geschenkte Siegerurkunde. Offensichtlich will er nicht belogen werden. Vielleicht hat er aber auch gelesen, dass Glückshormone erst nach erfolgreicher Schinderei freigesetzt werden. Deswegen schwimmen Menschen im Haikäfig nach Kuba, fliegen in Wingsuits durch die Luft, klettern ohne Hilfsmittel in die Steilwand oder schießen kopfüber durchs Wildwasser. Üben stundenlang Geige und Flöte, bis der Nachbar kollabiert. Letztendlich sind bei den Brüdern Grimm die faulen Greten und Hänse, die faulen Spinnerinnen und Knechte auch keine leuchtenden Vorbilder, sondern nur schlaffe Weicheier ...

Geistig-moralisch gewendet

Voyeurismus und Verblödung im/durch Fernsehen

Als ich zwölf war, schafften meine Eltern sich einen Fernseher an. Bis dahin hatten sie Durbridge-Krimis und Scharfzüngiges von Wolfgang Neuss bei einem schratigen Junggesellen goutiert, der all sein Geld in Modelleisenbahnen, Fotoapparate und »moderne Medien« investieren konnte. Meine Geschwister und ich mussten uns vertraglich verpflichten, niemals ohne Erlaubnis unserer Eltern fernzusehen. Ein Gelöbnis, das mein kleiner Bruder umgehend brach, sobald die Eltern das Haus verließen. Dabei gab es nur ARD und ZDF – und manchmal einen Kinderfilm im DDR-Fernsehen. Alles in Schwarzweiß. Nachts erschien das Testbild, unbeweglich und stoisch, und kein lüsterner Aufruf zum kommerziellen Geschlechtsverkehr. Wir Kinder sahen am liebsten Werbung. Das HB-Männchen, das in die Luft ging.

Den Gilb von Dash, Palmolive-Tilly und Ariel-Klementine, die Mutti mit dem schlechten Lenor-Gewissen, Uwe Seeler, der »Barbara-Kuchen« mümmelte, und den Mann mit dem Weinbrand, der sich im Spiegel zuprostete: »Mit dir trink' ich am liebsten!« Noch war es völlig unvorstellbar, den Fernseher im Hintergrund weiterlaufen zu lassen, wenn Besuch kam. Mit siebzehn erschien mir das Leben draußen allerdings spannender als Familienquiz und Fahndungsaufrufe.

Aber dann öffnete sich plötzlich die Welt! Mit Kohls »geistig-moralischer Wende« hielt das Privatfernsehen Einzug in die öffentlich-rechtlichen Spießerstuben! Für die üblichen Schwarzseher schien damit der kulturelle Niedergang der Bundesrepublik besiegelt: völlige Kommerzialisierung der Medienwelt, seichte und sinnfreie Unterhaltung, Unzucht und Gewalt, Skandalmeldungen statt seriöser Nachrichten, alle fünf Minuten Werbung.

Aber die Zukunft lässt sich nicht aufhalten, auch nicht von notorischen Quenglern. »Tutti Frutti« wies den Weg in die moderne Fernsehwelt. Das Privatfernsehen bereicherte und demokratisierte das Land! Der Flachbildschirm ist nicht mehr nur Literaturpäpsten, Bundespräsidenten, Auslandsjournalisten und Volksmusikanten vorbehalten, auch alle anderen Verhaltensauffälligen dürfen sich heute ins Studio und in Szene setzen. Endlich kann der Zuschauer seine edelsten Charakterzüge rund um die Uhr ausleben: Schadenfreude und Voyeurismus – sorry, ich meine »negative Empathie« und »intensive Anteilnahme«. In vielfältigen Talkshows werden menschliche Nöte sensibel dargeboten: Schulden, Seitensprünge, Übergewicht, zänkische Nachbarn, Perversionen, Penisvergrößerungen, Kleptomanie und Sodomie. Endlich gelten bildungsmäßige Handicaps und enge

Weltsicht nicht mehr als Defizite. Im Gegenteil, man teilt sie selbstbewusst mit einem Millionenpublikum. Dummheit, äh, kognitiver Förderbedarf ist völlig kulturkompatibel und salonfähig geworden.

Das Privatfernsehen schafft Trends und setzt Akzente: Es beschert uns amerikanische Serien auf hohem Niveau und Traumberufe wie Pathologe und Model. Im Privatfernsehen wird geheiratet, gekocht, getanzt, gezeugt und geboren, es wird erbrochen, geturnt und abgenommen. Vaterschaftstests werden durchgeführt, schwierige Kinder ins Nirwana verbracht, die Supernanny droht mit Erziehungstipps, nackte Menschen flirten auf einsamen Inseln, abgehalfterte »Prominente« fressen Maden, Operationen werden am lebendigen Leib durchgeführt – und alle sind wir heilfroh, dass die Hintern der Fernsehkandidaten, ihre Missgeschicke und geistigen Tiefflüge noch viel ausgeprägter sind als unsere.

Das Privatfernsehen tröstet und nivelliert. Es beteiligt uns an existenziellen Entscheidungen: Welcher Kandidat soll aus der Sendung fliegen? Welcher Fettsack hat nicht genug geturnt, welcher Pseudo-Promi noch nicht genug Känguru-Hoden gegessen, welcher Ex-Boxer noch nicht genug Quickstep geübt? Wer hat sich beim Vorsingen, Ausziehen, Shoppen und Kochen besonders lächerlich gemacht und soll gehen?

Die Privatsender verlosen schicke Sportwagen, wenn man telefonisch hoch komplizierte Fragen beantwortet, beispielsweise: »Wie heißt das scheue Waldtier mit drei Buchstaben? Wildschwein? Hase? Reh? Känguru?«

Hier findet wahre Basisdemokratie statt! Rund eine Million Zuschauer ruft jeden Abend an und verhilft den Sendern durch die Telefongebühren zu beträchtlichen Einnahmen. Damit können weitere epochale Sendungen produziert werden, die sich im Nachmittagsprogramm in Endlosschleife wiederholen. Preisgünstig sind Castingshows und Scripted Reality. Alle Menschen wollen ins Fernsehen, deshalb geben sich Laiendarsteller mit ein paar Euros zufrieden, lassen sich »Stars« in Container und Bootcamps sperren, outen sich Talkshowgäste zu jeder beliebigen Problemlage. Politiker, die die Zeichen der Zeit erkannt haben, besuchen Container-Insassen oder beteiligen sich am Wetttanzen und Wettkochen. Nur Wertkonservative trauern um verloren gegangene Menschenwürde, fordern ethische Richtlinien und verantwortungsbewusste Programmchefs. − Menschenwürde? Niveau? Was ist das für ein altmodischer Firlefanz? Quote zählt, sonst nix. »Fresst Scheiße, Leute, Milliarden Fliegen können nicht irren!« Ein weiser Klospruch der 68er, der frühzeitig den kulturellen Fortschritt prophezeite.

Und ist es nicht wirklich ein großer Gewinn, dass man die Weihnachtsgans jetzt bei Thrill und Action verdauen kann und nicht immer nur auf den »Kleinen Lord« oder die Christmette im Zillertal zurückgeworfen wird? Ist es nicht grandios, dass es endlich Nachrichtensendungen gibt, die man auch ohne Fremdwörterlexikon versteht und die wirklich wichtige Meldungen bringen? Also nicht immer nur die Konflikte zwischen Nord- und Südkorea, sondern dass Kim Kardashian sich den Hintern hat aufpolstern lassen und dass ihr Stiefvater, ein Zehnkämpfer, jetzt eine Wahnsinnsfrau ist. Man ist nicht mehr auf die Zeitschriften beim Friseur angewiesen, wenn man etwas vom Glanz und Elend all unserer Celebritys erfahren will: Woher hat Jenny Elvers das blaue Auge? Was macht die Ehe von Nino de Angelo? Sind die nächsten Ehefrauen von Lothar Matthäus und Peter Maffay schon in der Pubertät? Was ist bloß aus Daniel Küblböck geworden?

Ab und zu befürchtet so ein weltfremder Gutmensch, das Privatfernsehen und seine Menschenverachtung könnten negative Auswirkungen auf die Schüler haben. Flugs wird das Schulfach Ethik eingerichtet, um gegen die Büchse der Pandora anzukämpfen. Aber meine Schülerinnen und Schüler sind knallhart. Was, der Programmchef soll eine moralische Verantwortung haben? Unsinn. Wer sich in Castingshows und Container begibt, ist selber schuld. Der weiß ja, was auf ihn zukommt. Und kann selbst entscheiden, wie weit er sich zum Horst machen will. Zwei Mädchen waren auch schon mal in einer Talkshow: »Ich habe einen verheirateten Freund, aber meine Mutter darf es nicht wissen.« Es gab ein beachtliches Honorar, und dafür haben die Mädchen gern eine Viertelstunde lang fantasiert.

Einige Kollegen in der Schule kämpfen noch mit ihrem veralteten Bildungsauftrag. In ihren Augen ist Lernen nun mal anstrengend. »Schule ist doch kein Spaßbad«, schimpft der Deutschfachleiter im Lehrerzimmer. »Stellt euch vor, die Klasse hat sich bekringelt weil ich nicht wusste, wer Naddel ist. – Wer ist das denn?« Ich kläre ihn auf. Ich habe den geistigen Wettbewerb mit dem Privatfernsehen schon längst aufgegeben. Meine Schüler sind von meinem profunden Wissen immer ganz angetan. Ich kenne nämlich nicht nur Dativobjekte, Goethe und Kleist, sondern auch Heidi Klum, Dieter Bohlen und Detlef Soost. Und wer ist letztendlich wichtiger? Shakespeare oder Gigi Hadid? Fragen Sie mal meine Schüler ...

Das Privatfernsehen hat uns allen kulturell und moralisch völlig neue Wege gewiesen. Mit Ausnahme dieser verantwortungslosen Eltern, die ihren Kindern einen Fernseher vorenthalten! Deren Nachwuchs muss Geige oder Oboe lernen, im Garten Insekten beobachten und Museen abklappern. Arme Kinder. Aber mit denen werden wir auch noch fertig!

Danke, geistig-moralische Wende! Du hast das Wertvollste in uns zutage gefördert, das kulturelle Niveau des Landes angehoben und innovativ den Alltag geprägt. Jetzt sind wir fit für die Zukunft!

Die besten Kapitäne stehen am Ufer

Bootsmetaphorik im maroden Bildungswesen ist äußerst populär

»Jetzt haben wir endlich alle an Bord!«, jubelt der Schulleiter. Er hat bei überregionalen Lehrer-Castings jede Menge Nachwuchskräfte geangelt. Zwar nicht in den Mangelfächern Musik und Mathematik, aber egal, Hauptsache, die Gesamtzahl stimmt. Die Stellvertreterin grübelt derweil ein wenig missvergnügt, wo sie die fünfte Fachkraft für Sozialkunde einsetzen soll. »Ich brauche Sport weiblich«, knurrt sie. »Kann die Sozialkunde-Tante auch Weitsprung und Stufenbarren?«

Unsere Anstalt will zu den »Leuchttürmen der Bildung« gehören. Einsam aufragend aus dem Meer der pädagogischen Mittelmäßigkeit. Unsere »Steuergruppe« trifft sich deshalb regelmäßig und legt sich in die Riemen, damit die Mannschaft nicht vom Kurs abkommt oder Schiffbruch erleidet. Schreibt Logbuch und maritime Zielvereinbarungen. Zu gern würde man als Lotsen einen bekannten Hirnforscher mit »ins Boot holen«, der ständig davon spricht und schreibt, dass Lehrer nicht frontal unterrichten, sondern als »Potenzialentwicklungscoachs« für jedes einzelne Kind wirken sollen. Was Abgänger anderer Schulen betrifft, die bei uns die 10. Klasse wiederholen wollen, um einen besseren Abschluss zu erreichen, ist unser Boot allerdings voll.

Boots- und Wassermetaphorik ist im Bildungsbereich sehr beliebt. Warum? Weil wir seit PISA herumrudern? Weil uns das Wasser bis zum Hals steht? Weil das Bildungssystem baden geht? Weil Ratten und Lotsen längst von Bord gegangen sind?

Ich kenne noch so einen Spruch aus der Schifffahrt: »Die besten Kapitäne stehen am Ufer.« Diese Volksweisheit trifft in erster Linie auf die Welt des Fußballs zu. Dort sitzen die wahren Profis nämlich dickbäuchig im Fernsehsessel und brüllen: »Du Flasche, schieß doch! Ne bessere Chance bekommst du nicht!« – »Mann, beweg dich mal für das viele Geld! Schneller! Oh Gott!!!«

Doch der Spruch mit den Festlandkapitänen lässt sich auch ohne Weiteres auf die Bildungslandschaft übertragen. Während das Schulschiff bei Sturm und hohem Wellengang an Eisbergen vorbeischrammt, steht das »Kompetenzteam« auf festem Boden und gibt gute Ratschläge. Aber »Ratschläge sind auch Schläge«.

Das Schulschiff ist in einem miserablen Zustand. Besser betuchte Passagiere sind auf luxuriöse Kreuzfahrtschiffe umgestiegen, weil die Beiboote und Rettungswesten auf dem Schulschiff nicht reichen, die Sanitäranlagen jeder Beschreibung spotten und die Kabinen dunkel, schlecht belüftet und eng sind. Das Navigationsgerät ist veraltet. Aber die verkalkten Matrosen könnten mit moderner Technik sowieso nichts anfangen, lästern die Kapitäne am Ufer. »Die würden am liebsten noch selber rudern und nach dem Polarstern Ausschau halten!« Die Kapitäne am Ufer halten generell wenig von der Besatzung. Dabei haben sie die ausgebildet und angeheuert. In dieser pauschalen Geringschätzung gleichen sie den »Fußballexperten« im Fernsehsessel.

Das Personal auf dem Schulschiff reicht hinten und vorne nicht aus. Wenn der erste Offizier aus Krankheitsgründen das Ruder aus der Hand geben muss, springt auch schon mal der Heizer ein. Manchmal kann man am nächsten Hafen Ersatz anheuern, der zwar von Seefahrt überhaupt nichts versteht, aber bereit ist, für wenig Geld zu arbeiten. Die Reederei (alles Landratten!) stopft ständig neue Passagiere an Bord. »Egal. Wo 100 Leute übers Wasser gebracht werden, geht das auch mit 150. Ihr müsst einfach überflüssigen Ballast von Bord werfen, dann läuft alles wie von selbst.«

Der Proviant ist mäßig. Die Passagiere knabbern lustlos am Schiffszwieback und mäkeln am Animationsprogramm herum. Es ist ihnen nicht individuell und kurzweilig genug. Aber wenn an jeder Ecke Servicekräfte fehlen, kann man halt kein differenziertes Angebot aufrechterhalten. Also ist heute wieder für alle Dauerlauf an Deck.

Die Kapitäne am Ufer kennen die Missstände nur zu gut, sie haben sie zum Teil ja mit verursacht. Aber das würden sie nie zugeben. Stattdessen überlegen sie, zu welcher Fortbildung man den Schiffskoch schicken könnte, damit er mal neue Zwiebackrezepte ausprobiert. Oder wie man den Funker dazu bekommt, seine Medienkompetenz zu erweitern. Oder ob man den Steuermann austauschen sollte. Das Kompetenzteam entwickelt neue Schiffsknoten und Resilienz-Programme für die Matrosen. Das lässt sich in der Öffentlichkeit als gute (und preiswerte) Reform verkaufen. Und wenn sich dadurch an den generellen Missständen nichts ändert, sind die unwilligen Matrosen daran schuld.

Die Kapitäne am Ufer sind froh, im sicheren Hafen gelandet zu sein und festen Boden unter den Füßen zu haben. Viele von ihnen sind selber mal mit dem Schulschiff mitgefahren, aber meist hat die Seekrankheit sie schnell wieder an Land gespuckt und ins Trockene gebracht. Darüber sind sie sehr erleichtert. Sie möchten nie wieder einen Fuß in eine staatliche Schule, äh, auf ein wankendes Schiff setzen. Lieber angeln sie am Ufer, als dass sie noch einmal rudern.

So segelt das Schulschiff weiter gegen den Wind, schlingert zwischen Untiefen und Klippen dahin und wappnet sich gegen Piraten und Klabautermänner. Der Kapitän überlegt, wo er einen neuen Smutje schanghaien könnte. Das Personal versucht die Passagiere bei Laune zu halten. Hin und wieder kommt ein Evaluationsteam der Reederei an Bord und erstellt eine Mängelliste. Dass das Schiff nicht untergeht, ist übrigens nicht den Kapitänen am Ufer zu verdanken...

Auf in den Kampf!
Wie Feministinnen arme Jungen und Männer unterdrücken

Wahrlich, es gibt im Kampf um die Gleichberechtigung noch viel zu tun! Eine Gewerkschaftszeitschrift hat angeblich im letzten Quartal 65,8 Prozent maskuline Nomen verwendet, anstatt im Synonymlexikon nach geschlechtsneutralen Varianten zu suchen. 75 Prozent aller Artikel wurden von Männern verfasst. Eine der wenigen Autorinnen benutzt in ihren Texten männlich dominierte Begriffe wie »Lehrerzimmer« und »Schülerausweis«. Jedes Mal muss die Redaktion nachbessern: »Schülerinnen- und Schülerausweis«, »Lehrerinnen- und Lehrertoiletten«, »Schulleiter- und Schulleiterinnentadel«.

Dabei offenbart sich die wahre Not der Geschlechter auf einem ganz anderen Schlachtfeld. In einschlägigen Internetforen beklagen Männer die schreiende Ungerechtigkeit,

dass es für Frauen eigene Parkplätze gibt, spezielle Sauna-
und Schwimmbadtage und bisweilen sogar freien Eintritt in
Diskotheken. Samt Gratisgetränk! Leicht depressive Frauen
bekämen sofort einen Therapieplatz, während bedürftige
Männer jahrelang auf einen Psychologen warten müssten. Es
gibt keinerlei Zufluchtsorte für geprügelte Männer, obwohl
nach Einschätzungen kompetenter Maskulinisten Frauen
mindestens ebenso gewalttätig wie Männer sind. Und wo
sind die Männerbeauftragten? Wenn ein Schiff untergeht,
sollen »Frauen und Kinder zuerst« gerettet werden. Warum
eigentlich?

Die Werbung führt Jungen als pummelige Trottel vor,
während Mädchen souverän an ihrem Softdrink nuckeln und
über Knaben spotten – das haben Männerrechtler recher-
chiert. Wir leben in einer »feministisch verseuchten Welt«,
falls Sie das noch nicht gemerkt haben. Nirgends mehr
»Respekt vor dem Mann«. Er werde nur noch als »verkrüp-
peltes Chromosom« betrachtet, als defizitäre Fehlentwick-
lung. Überall kursieren männerfeindliche Witze wie diese:

Das kleine Kind sitzt in der Wanne, fischt im Badeschaum
herum und fragt: »Mami, wo ist denn der Waschlappen?« –
»Ach, der, der sitzt im Wohnzimmer und sieht fern.«

Was macht eine schöne junge Frau morgens mit ihrem
Arsch? – Sie schmiert ihm Brote und schickt ihn zur Arbeit.

Über so was lachen Frauen und »lila Pudel«, das sind männliche Weichlinge und Sprachrohre des Feminismus. Die
Mehrzahl der Männer ist »traurig und angepasst« und traut
sich nicht, den dominierenden Feministinnen zu widerspre-

chen. Männer müssen als Sündenböcke für alles herhalten und finden nur noch im Fußball und bei Formel-1-Rennen geistig-seelisches Asyl. Sie wollen nicht mehr heiraten, weil sie Angst vor Frauen haben. Die Ehe ist für den Mann ein Gefängnis. Die Frau legt sich einmal für den Richtigen auf den Rücken und ist dann ihr Leben lang versorgt. Kinder wünscht sie sich nicht aus hormonellen Gründen, sondern als Spekulationsobjekt mit sicherer Rendite. Wobei verunsicherte Männer im Internet fordern, dass nach jeder Geburt ein obligatorischer Vaterschaftstest durchgeführt wird. Mütter schieben nämlich gar zu gern jemandem ihre Kuckuckskinder unter. Im Scheidungsfall, den meistens die Frau verursacht, wird dem Mann dann der Kindkontakt verweigert. Stattdessen mutiert er zum »rechtlosen Zahlesel«, zur »wandelnden Kreditkarte«. Da hilft es ihm auch nicht, wenn er sich im Ausland eine sanfte Frau sucht. Meist muss er dann ihre Großfamilie mit ernähren, und kaum kann die pflegeleichte Ehefrau ordentlich Deutsch, rennt sie zu einer Beratungsstelle, die feministisch und lesbisch unterwandert ist, und reicht die Scheidung ein.

Außerehelicher Geschlechtsverkehr ist auch nicht ratsam, weil Mann, besonders als Prominenter, ständig damit rechnen muss, hinterher der Vergewaltigung bezichtigt zu werden (noch nach Monaten!), bloß weil Mann nach Vollzug gleich eingeschlafen ist. Ich will jetzt gar nicht auf die seit Kinsey angeblich enorm gestiegene Zahl der Erektionsstörungen hinweisen. Daran sind natürlich auch die lauten und fordernden Emanzen schuld! Ein scharfer Blick, und der Schwanz, äh, der Mann knickt ein.

Das männliche Elend beginnt spätestens in Kindergarten und Schule. Ein berühmter Männerrechtler weint: Das gesamte Erziehungssystem sei verweiblicht. Die armen Jungen müssten in der Schule immer mehr Dinge tun, die ihrer Natur völlig fremd sind! Etwa im Sportunterricht mit Schleiern tanzen. Wenn sie sich verweigern, bekämen sie Ritalin!

Manche Jungen müssen in der Schule nicht nur still sitzen (wie haben sie das bloß früher in den reinen Knabenschulen ausgehalten?), sondern auch noch häkeln und stricken lernen! Ein Vater droht im Internetforum, er werde mit einem Panzer vorfahren, falls sein Sohn von Lehrerinnen auch zu Schleiertänzen gezwungen werde.

Lerninhalte und Schulbücher sind völlig feminisiert. Staatliche Institutionen und Medien betreiben ausschließlich »feministische Propaganda«. Deshalb sind Jungen die Verlierer im Bildungssystem, und deswegen gibt es so viele männliche Obdachlose!

Es ist an der Zeit, der »gefährlichen und zerstörerischen Ideologie des Feminismus« Einhalt zu gebieten! Beziehungen sind vergiftet, Gräben haben sich zwischen den Geschlechtern aufgetan. Schluss damit! Maskulinisten haben da auch schon eine gute Idee: Spätestens mit zehn Jahren wird das männliche Kind dem weiblichen Einfluss entzogen und in einer reinen Männergesellschaft sozialisiert. Hoffentlich findet sich dafür genügend männliches, missionsbereites Personal...

Wir wollen Rituale!
Mit Pomp und Aufwand gegen innere Leere

»Frau Frydrych, was sind eigentlich Spießbürger?« Ich druckse rum. »Spießbürger sind dasselbe wie Philister…« Dreißig Fragezeichen schauen mich an. »Also im Mittelalter waren Spießbürger was ganz Tolles. Das waren tapfere Leute, die ihre Stadt mit Spießen verteidigt haben. Aber als die Feuerwaffen aufkamen, wollten diese Bürger nicht von ihren Spießen lassen. Auch wenn sie damit hoffnungslos unterlegen waren. Heute ist ein Spießer ein altmodischer Mensch, der engstirnig gegen jede Veränderung ist.« Die Fragezeichen schauen mich immer noch an. Ich muss deutlicher werden: »Also, ein Spießer will vor allem in seiner schicken Wohnzimmergarnitur sitzen und in Ruhe fernsehen.« Meine Schüler runzeln die Stirn. Das Trachten nach einem behaglichen Leben soll verwerflich sein? Sie kennen sicher alle die Fernsehwerbung, in der sich ein vergammelter Vater vor seinem Trailer über Bausparer und Reihenhausbesitzer mokiert. Und seine Tochter sagt danach andächtig: »Papa, ich möchte auch Spießer werden!« Das kleine Mädchen hat, was den Zeiten- und Sinneswandel angeht, gute Chancen.

Fynn wird eingeschult. Bei der imposanten und lebenswichtigen Zeremonie sind allerdings die Plätze limitiert. So können die Urgroßeltern leider nicht mit in den Saal, weil Fynns Sippe mit allen Patentanten, Schwippschwagern, Patchwork-Großeltern und Kameras schon zwanzig Stühle okkupiert. Allein die riesige Zuckertüte und der Designer-Rucksack brauchen einen eigenen Stuhl. Fynn ist nervös, weil er noch nicht weiß, ob zwischen all den Buntstiften, Gummibärchen und Schreibblöcken das neue Smartphone steckt, das er sich dringend wünscht. Eine Stiefgroßmutter schenkt ihm zur Einschulung ihren alten Tornister. Zur Strafe wird sie nicht mit ins »Ristorante Pepi« geladen, wo die große familiale Einschulungsfeier stattfindet. Der Tisch musste Monate vorher bestellt werden. Alle Lokale im Umkreis der Schule sind vollgestopft mit Einschülern und ihren Großfamilien. Die Stiefgroßmutter, die draußen bleiben musste, denkt: »Komisch, früher war der erste Schultag kein großes Event. Wir sind einfach in die Klasse gegangen und hatten Unterricht. Eine kleine Zuckertüte gab es wohl, aber kein riesiges Erinnerungsfoto und auch keinen hochpreisigen Restaurantbesuch.« Fehlt gerade noch, dass sie hinzufügt: »Und es hat uns nicht weiter geschadet.«

Nach zwei Fehlversuchen hat Amber endlich ihr Abitur geschafft. Der Schulleiter mietet in diesem Jahr das Auditorium Maximum der Universität, damit alle Abiturienten, ihre Fans und Angehörigen Platz finden. So ein Abiturzeugnis ist

schließlich eine Welt bewegende Sache. Ein Junglehrer, der
vor allem beliebt sein will, rollt einen roten Teppich für die
Abiturienten aus. Mit seiner 7. Klasse hat er schwarze Dok-
torhüte, wie sie die Absolventen in den USA tragen, gebastelt
und stülpt nun allen Vorbeidefilierenden so ein Ding über.
Die Kollegin, die jedem Ausgeschulten eine Rose überreichen
soll, schaut säuerlich. Das mit den Doktorhüten war nicht
abgesprochen. Amber hat schon zwei »Abitur 2018«-Auf-
kleber für ihren Smart, obwohl anfangs noch unklar ist,
welchen Lehrern sie die fehlenden Punkte fürs Reifezeug-
nis abschwatzen wird. Bei zwei pädagogischen Weicheiern
hat sie Erfolg, sie bekommt in Englisch und Psychologie
eine bessere Zensur. Nur der sture Deutschlehrer will ihr
keinen Punkt schenken. »Sie sind schuld daran, wenn ich
nicht Medizin studieren kann!« Nicht einmal diese Drohung
erweicht ihn. Amber hat lange nach dem passenden Kleid für
die Zeugnisverleihung gesucht. Schließlich werden die Abiturienten einzeln auf der Schulwebsite und bei Fatzebook
ausgestellt. Für den Abschlussball braucht Amber ein weiteres Abendkleid. Sie will ja nicht wie ihre Tutorin in immer
denselben Klamotten rumlaufen. Die Schüler-Organisatoren
des Abschlussballs sind frustriert. Sie haben einen Saal mit
DJ, Getränken und Security gemietet und im Vorfeld einen
Vertrag unterschrieben. Einige haben sogar im Schnellkurs
Walzer und Disco-Fox gelernt. Und nun wollen manche
Mitschüler nicht kommen, weil ihnen die Feier ganz plötzlich zu teuer erscheint. Glücklicherweise springen der Förderverein und ein paar Lehrer finanziell ein. Kollegin Weiß-
müller, kurz vor der Pensionierung, knurrt: »Nix gebe ich
für so einen Firlefanz. Wir haben damals in der Aula gefeiert
und unsere Musik selber aufgelegt. Jeder hat was fürs Büfett

mitgebracht. Wir brauchten kein Catering und keine Saalwachen, um uns zu amüsieren!«

Fynns und Ambers Familien haben mit Religion nicht viel am Hut. Trotzdem ist der Gottesdienstbesuch zu Weihnachten obligatorisch. Das ist so schön folkloristisch. Mit Krippenspiel, Knabenchor und ergreifender Predigt. Die Waldkirche an der Havel ist jedes Jahr ausgebucht, obwohl die Christmette fünfmal wiederholt wird. Der Pfarrer lässt dafür sogar Eintrittskarten drucken. Das ist es ihm wert. So viele Menschen sieht er das ganze Jahr über nicht in seiner Kirche. Es sei denn, sie wird als »Location« für Hochzeitsfeiern gewählt.

Über derlei Locations und Hochzeitsbrauchtum macht sich auch Amber schon so ihre Gedanken. Sie verfolgt jeden Tag aufmerksam die Sendung »Zwischen Tüll und Tränen«. Dort suchen sich Bräute in Übergröße, mit Gothic-Appeal und schicken Tätowierungen, inmitten von Freundinnen und Müttern, das richtige Hochzeitskleid. Ein tränen- und sektreiches Happening. Das Opfer für ihre Hochzeit hat Amber zwar noch nicht, aber Frisur, Tischdekoration und Kleid stehen bereits fest. Amber will ein »Meerjungfrauenkleid«. Das liegt bis zu den Knien eng an und endet nicht etwa in Flossen, sondern in viel Spitze und einem riesigen Stoffhaufen. Der Junggesellinnenabschied wird auf einem Wellness-Schloss in Polen stattfinden, und mit der Hochzeitsfeier muss sie auf jeden Fall ihre Cousine Graziela toppen. Champagnerempfang im First Class Hotel, Standesamt mit fünf Blumenstreukindern und vier lila Brautjungfern, bretonische Austern und Sektempfang, Kirche und vier Kinder, die die Schleppe trugen, anschließend Petit Fours und Sektempfang, Feinschmeckerdinner vom Fünf-Sterne-Caterer und Champagner auf einem Ausflugsschiff, abendliche Gala mit Cool Jazz, Reggae-Band und Butler, Sekt bis zum Umfallen und, am wichtigsten: die große Box für die Spendengelder, damit die Flitterwochen nach Polynesien klappten. Bei so einer Ganztagshochzeit wechseln die weiblichen Gäste dreimal ihr Outfit. Abends sind lange Kleider und für die älteren Damen riesige Hüte, alternativ Fascinators vorgeschrieben. Alle Gäste sind angehalten, in Weiß zu erscheinen, damit das karmesinrote Kleid der Braut zur Geltung kommt. Die offiziellen Fotos shootet ein Modefotograf, mit dem irgendeine Patentante liiert ist. Da alle Gäste eifrig ihre Smartphones benutzen, braucht das junge Paar Monate, um die Auswahl für seine schicke Hochzeits-Website zu treffen.

Nur Grazielas Vater meckert über das ganze Brimborium: teuer und überflüssig. Er als 68er-Epigone habe nicht so hart gekämpft, nur damit diese sinnentleerten Formen wiederauferstehen. »Spießer!«, brabbelt er vor sich hin. Im Widerstand gegen bürgerliche Konventionen hat er selber tapfer auf Konfirmation und damit verbundene Geschenkeberge verzichtet. Er hat sich erfolgreich der Tanzstunde und dem Benimmunterricht verweigert. Zur Abiturfeier erschien seine Klasse in den alten Klamotten der Eltern, um die wertkonservativen Lehrer zu ärgern. Weder Opa noch Oma kamen auf die Idee, seiner Einschulung oder Abiturfeier beizuwohnen. Als er aus Sorgerechtsgründen eine bürgerliche Ehe eingehen musste, erschien seine hochschwangere Freundin in Latzhosen und grinste nur spöttisch, als der Standesbeamte feierlich fragte: »Wollen Sie jetzt Ringe tauschen?« Geschenketische im sauteuren Lifestyle-Kaufhaus gab es auch nicht. Und jetzt steht da seine Ex-Frau mit Tränen in den Augen, weil weiße Täubchen und weiße Luftballons über der Hochzeitstorte flattern. Bevor Grazielas Vater zu seiner Brautrede schwankt, legt er heimlich Wieczoreks »Verblödete Republik« auf den Gabentisch. Dann greift er zum Mikro: »Je mehr die Welt bröckelt, desto wichtiger erscheinen uns hohle Rituale, an denen wir uns festhalten können. Die Form hat längst über den Inhalt gesiegt.« Als er darauf hinweist, dass nahezu jede zweite Ehe geschieden wird, dreht sein Stiefsohn (im weißen Dinnerjacket!) ihm einfach das Mikro ab und geleitet ihn nach draußen zum Taxistand: »Willi-Peter, 1968 ist lange vorbei! Gewöhn dich endlich dran!«

Luxus und Glitzer für alle!

Luxuriöse Einkaufsparadiese und marode Schulbauten

Alle Berlin-Touristen wollen ins Schloss! Nee, nicht ins Schloss Charlottenburg oder nach Sanssouci. Sondern ins Einkaufszentrum »Schloss«. In dieser mondänen Glitzerwelt lässt es sich besonders schön shoppen. Sogar auf dem Klo und im Wickelraum ist alles aus Marmor. Das Personal in den sanitären Anlagen trägt Uniform mit goldenen Epauletten. Warmes Licht schmeichelt den Besuchern. Die Spiegel präsentieren einem das eigene Gesicht so vorteilhaft, dass man sich gar nicht sattsehen kann. Müll verschwindet in güldenen Eimerchen, das Toilettenpapier ist weich und flauschig. Duftkerzen verströmen alle Wohlgerüche des Orients. Ständig rennt jemand mit Besen und Eimerchen durch die Gänge und entfernt jedes Fitzelchen Papier.
Dezente Musik animiert zum exklusiven Einkaufserleb-

nis. Touristen aus aller Welt schießen Selfies vor funkelnden Glasfronten und riesigen Kristalllüstern. Die Rolltreppen haben goldene Geländer und befördern einen zu exquisiten Parfümerien, bekannten Mode-Labels und luxuriösen Schuhen, die nicht zum Laufen, sondern zum dekorativen Rumstehen geschaffen wurden. Der geschmackvolle Innenhof mit all seinen exotischen Pflanzen ist gläsern überdacht. Die Sonne bricht sich in den vielen Facetten und schickt Regenbogenstrahlen in die Warenwunderwelt. Kleine Brücken führen über die Innenhofschlucht von einem Einkaufserlebnis zum anderen. Auf edlen Zedernholzbänken kann man mit seinen Designer-Taschen und Tüten verweilen, darin rumsuchen und rascheln und vor Glück leise seufzen.

Hierher kommen meine Schülerinnen und Schüler gern nach Unterrichtsschluss. Manchmal auch schon vorher oder anstelle des Unterrichts. Sie setzen sich zwischen Palmen und Farnen auf ein Bänkchen und schauen andächtig in diesen modernen Sakralbau, bis die Tempelwachen der Security sie ungnädig weiterschicken. Dann probieren sie in einer funkelnden Parfümerie stundenlang Wässerchen und Lidschatten aus, bis eine Hohepriesterin der Schönheit sie an die frische Luft setzt. Ein paar Türen weiter kann man Videospiele testen. Oder bei Victoria's Secret ein paar Hemdchen anprobieren. Leider sind die aufwendig gestylten Verkäuferinnen schwer auf Zack: Man hat keine Chance, eins dieser Hemdchen unter seinem Hoodie zu vergessen.

Ich kann meine Schülerinnen und Schüler verstehen. Abgesehen davon, dass Shoppen, Videospiele und kosmetische Aktivitäten allemal attraktiver sind als Trigonometrie, Dreisatz und Fack ju Göthe. Hier im »Schloss«, im Einkaufsparadies, ist es einfach schon äußerlich viel, viel schöner als im maroden Schulbau. Hier klebt nirgends Kaugummi auf den Sitzflächen. Kein Kabel hängt aus der Wand, kein Putz bröckelt einem in den Nacken. Gegen ein kleines Entgelt kann man saubere Toiletten benutzen, auf denen noch alle Spiegel intakt sind. Die hochmodernen Waschbecken strahlen 100 Prozent Hygiene aus. Es gibt Seife und Papierhandtücher. In einem kleinen Fach sogar Tampons. Es ist warm und kuschelig. Nicht wie in der Schule, wo ständig die Fenster offen stehen, damit der Gestank aus den Abflüssen abzieht. Und wo man an den Klobrillen festfriert und lieber nicht ins Becken schaut, weil man nicht weiß, ob in der grüngelben Keramik nicht doch etwas Unheimliches lauert.

Hier im »Schloss« hängt nicht das Dämmmaterial aus der Decke, hier riecht es nicht dumpf und muffig. Die Leitungen sind alle verlegt und verputzt. Nirgends nässen geplatzte Wasserrohre durch den Anstrich. Nirgends grünt und blaut Schimmel. In den riesigen spiegelblanken Glasscheiben gibt es keine Löcher und keine Sprünge. Keine Maus, geschweige denn eine Ratte käme auf die Idee, mal schnell vorbeizuhuschen. In den Geschäften blinkt und blitzt es. Hinter den Heizkörpern wirbeln keine Wollmäuse, in den Ecken lagern keine Dreckhäufchen. Man hat nicht das Gefühl, sich ständig die Hände waschen zu müssen.

Nirgends wird krasser deutlich, was uns Schule und Bildung wirklich wert sind. Hier die maroden Schulbauten, dort die glitzernde Einkaufswelt. Aber kein Berliner Schulleiter soll öffentlich verraten, dass er in einer »Schrottimmobilie« residiert. Das hat die zuständige Senatorin so verfügt. Wenn das Fernsehen kommt, um heruntergefallene Decken und geplatzte Rohre zu filmen, muss sogar der Schulhausmeister sich in Schweigen hüllen. Der Schulrat persönlich drängt das Kamerateam aus.

Vielleicht lässt der Staat seine Schulen wissentlich und willentlich so vergammeln, damit er sie irgendwann einmal privatisieren kann? Dann ist er endlich diese lästigen Themen (PISA, schlechte Testergebnisse, Kultusministergezicke) los. Einkaufsparadiese, Banken, Windows und Amazon sponsern dann die Bildung, und wir Lehrer unterrichten im Gegenzug richtiges Konsum-, Markt- und Investitionsverhalten. Und so tobt zu guter Letzt doch noch »das wahre Leben« durch die Schulen!